高等职业教育“十四五”规划教材

北京农业职业学院“双高”“特高”建设项目规划教材

北京三农发展概论

郑伯坤　梁　冲　主编

中国农业大学出版社
· 北京 ·

内容简介

《北京三农发展概论》以中华人民共和国成立70周年为时间轴，以北京市农业、农民与农村的发展为视野，介绍北京三农的历史、现状与未来发展趋势。教材用马克思主义社会学、经济学原理指导北京三农的研究，简明扼要地阐述了北京三农的发展规律、现实矛盾与发展对策。本教材尽量吸纳有关北京三农的现有科研成果、最新数据资料，为读者了解北京三农提供了相对清晰的图谱。

《北京三农发展概论》可作为农业职业院校、高校涉农类专业学生学习使用的通用教材，亦作为大学生"村干部"、农村高级实用人才、新型职业农民培训教材。

图书在版编目(CIP)数据

北京三农发展概论／郑伯坤，梁冲主编.—北京：中国农业大学出版社，2021.12
ISBN 978-7-5655-2661-9

Ⅰ.①北… Ⅱ.①郑… Ⅲ.①三农问题-研究-北京 Ⅳ.①F327.1

中国版本图书馆CIP数据核字(2021)第240619号

书　　名　北京三农发展概论
作　　者　郑伯坤　梁　冲　主编

策划编辑　康昊婷　　**责任编辑**　李卫峰
封面设计　郑　川
出版发行　中国农业大学出版社
社　　址　北京市海淀区圆明园西路2号　　**邮政编码**　100193
电　　话　发行部 010-62733489，1190　　读者服务部 010-62732336
编辑部 010-62732617，2618　　出　版　部 010-62733440
网　　址　http://www.caupress.cn　　**E-mail** cbsszs@cau.edu.cn
经　　销　新华书店
印　　刷　涿州市星河印刷有限公司
版　　次　2021年12月第1版　2021年12月第1次印刷
规　　格　787×1 092　16开本　14.5印张　265千字
定　　价　48.00元

前　言

《北京三农发展概论》旨在研究新中国成立七十多年来北京郊区农业、农村与农民的发展历程、发展现状与发展方向；分析北京三农发展的成功经验、利弊得失；阐释北京市贯彻落实党和国家关于三农的各项方针政策的举措和成果，为有志于投身三农事业的青年学子提供一本通识教材。

本书尝试建立一个完整的理论体系。开篇概括地阐述北京农村经济社会发展的历史与现状，为读者了解北京农村经济社会构建一个宏观框架，继而介绍北京农业发展的基础条件，农业发展概貌，都市农业发展现状与发展方向。本书力求让读者理解北京农业从传统农业到现代都市农业的发展过程，北京市农业政策成功的历史。在农民问题的研究方面，着重阐述北京农民组织化、市民化以及新型职业农民的培育等几个问题，为读者了解北京农业劳动者从传统农民到现代农民的发展历程、发展方向提供一些重要视角。在农村问题研究方面重点阐述北京农村的基层治理模式，城乡一体化发展与实施乡村振兴战略等内容，使读者了解北京农村的现代化过程以及郊区发展的辉煌前景。需要说明的是，本书的体系安排还十分稚嫩，三农问题涉及面广泛，本书受篇幅限制不能面面俱到，又因《北京三农发展概论》为初创教材，没有可供借鉴的体系体例，只能选择作者认为必要的内容纳入教材，难免选材不精，取舍不当。

本书努力学习历史与逻辑相统一的论述方法，从历史的发展中总结规律，从政策的演进中总结成功的经验，从既有现状中阐明发展趋势。但由于作者水平能力局限，加之参考资料不足，书中难免存在疏漏乃至错谬，敬请读者批评指正！

《北京三农发展概论》在编写过程中汲取了北京市农业领域理论研究的既有成

果，引用资料的时间下限为2019年。众所周知，社会实践永远是鲜活的、生动的，北京三农的发展更是日新月异。本书编写和出版的过程历时两年多，此间，北京郊区在集体经济产权制度改革、农村产业结构优化、生态文明建设、乡村振兴等领域都有新的实践、新的政策、新的成果。因此，书中使用的数据、描述的“现状”，阐释的政策、理论难免出现滞后现象，敬请读者在阅读本教材的同时，更加关注北京郊区经济社会发展的最新实践，才能真正了解北京三农，把握其发展规律，做“懂农业、爱农村、爱农民”的新时代“三农通”！

作者

2021年11月

目　录

第一章
北京农村经济社会发展概述

北京是中华人民共和国的首都，全国的政治、文化、国际交往和科技创新的中心。辖城六区（东城、西城、朝阳、海淀、丰台、石景山）和10个郊区（通州、顺义、平谷、密云、怀柔、昌平、延庆、门头沟、房山、大兴），总面积为16 410.54 km^2，常住人口为2 154万人（2018年）。北京地处北纬39°56′、东经116°23′，位于华北平原北端，东南局部地区与天津相连，其余为河北省所环绕。

第一节　北京区域内行政规划的历史演变

世界上任何一个地区，其当代的样貌都是由历史发展而来，无论其历史长短，都会程度不同地影响今天的政治、经济、科技、文化，影响到现实社会的方方面面。要准确认识一个国家、一个地区社会经济面貌的本质特征，必须了解它的历史。我们要研究"北京三农"也要首先了解它的历史。

这里所讲的"北京"，指的是当代的"北京市"所辖的区域，这一区域因有燕山这一地理标志，古称"燕地"。上古时代天下分为九州，"燕地"属幽州。本节着重介绍在北京16 000多 km^2 的土地上，古往今来的沧桑之变。

一、北京建城、建都及历代治域演变

（一）建城

根据司马迁《史记》记载，北京建城可以追溯到西周初年。公元前1122年周武王灭商后，封帝尧后代于蓟，国都在今北京广安门一带。封周宗室召公于北燕，国都在今琉璃河一带，后来燕侯吞并了蓟，就以蓟为中心，建立自己的国家。所以从西周到春秋时代，北京都一直被叫作蓟城。后燕国灭蓟国，迁都于蓟，统称为燕都或燕京。战国时期，燕国为"七雄"之一，燕以北京为根基，拓展疆土至辽宁西部。

公元前221年，秦统一六国，废分封、设郡县。在北京地区设蓟县，属广阳郡辖区，据史书记载，广阳郡辖蓟县、良乡两县，但郡治所在地语焉不详。今良乡附近有“广阳城”村，地铁房山线有广阳城站。这里应是广阳郡地名的遗存。

汉初，北京地区被划入燕国辖地。汉代燕国存在了120年，在汉武帝时其界内称幽州，辖有10余个郡国，其中广阳国、渔阳郡、上谷郡、涿郡一部分在今北京地域之内。从晋朝开始，北京改称幽州，现存的最早寺院潭柘寺就始建于晋朝。唐朝以后，幽州驻所迁回蓟县，燕国改设为燕郡，历经前燕、前秦、后燕和北魏的统治而不变。936年，后晋石敬瑭把燕云十六州割让给契丹，使得辽国的疆域扩展到长城沿线，往后中原数个朝代都没有能够完全收复。燕云十六州的战略意义使得中原的北宋政权感受威胁持续长达200年。

（二）建都

926年契丹人建立了自己的政权，在接收后晋割让的燕云十六州后即改国号为“辽”，938年（辽会同元年），辽在幽州建立了陪都，因为其陪都建立在大辽疆域的南部所以称“南京”，又叫“燕京”，号南京幽都府，辽开泰元年（1012年），幽都府改称析津府。

析津府直辖析津、宛平、昌平、良乡、潞县、安次、永清、武清、香河、玉河、漷阴11县，檀州、顺州、涿州、蓟州、易州、景州六州，州下辖密云、行唐、怀柔、范阳、固安、新城、容城、渔阳、三河、玉田、易县、涞水、遵化13县，总计24县。北京现域之地，除延庆外多在其内。

辽金朝间，其有三年时间的北京曾回归于宋，宋于北京设燕山府，府下辖12县。其地域比析津府较小。

（三）历代治域演变

1. 金朝

金朝是女真人建立的封建王朝，1114年，金太祖完颜阿骨打统一女真诸部后起兵反辽。1115年，在今黑龙江哈尔滨阿城建立大金，1125年，金灭辽，1127年，金朝发动靖康之变灭北宋。1153年，海陵王完颜亮迁都北京，时称中都。1234年，金朝灭亡，历时119年，中都作为金朝都城81年。

金入主北京后，改南京为中都，1153年，将析津府改为永安府，1154年再改大兴府，下辖大兴、宛平、安次、漷阴、武清、香河、昌平、良乡、永清、宝坻10县。位于今北京界内的通州、顺州则直属中都路。

2. 元朝

1206年，成吉思汗统一蒙古各部建立大蒙古国，1260年，元世祖忽必烈将统治中心南移到燕京，并在原金中都城址的东北侧兴建了元大都。元代中书省直辖北京、天津、河北、山西、山东及内蒙古与河南的部分称作“腹里”，北京地区隶属“大都路”，其辖区相当于今北京、天津及河北北部，大都路治所设在大兴县。元大都路“领二院、县六、州十、州领十六县”。二院为左、右警巡院，分领坊市民事。六县为大兴、宛平、良乡、永清、宝坻、昌平。今北京界内的通州、顺义、密云、延庆为其属区域。

3. 明代

1368年，朱元璋称帝，建都应天府（今南京），将大都路改为北平府，这是这座城市第一次被命名为“北平”。1402年燕王朱棣即位，遂改北平为“北京”，1421年迁都北京，并改北平府为顺天府，属京师，下领五州22县。其中大兴、宛平、良乡、固安、永清、东安、香河直属于顺天府，通州（下领三河、武清、漷县、宝坻）、昌平州（下领密云、顺义、怀柔）为府属州。另外三个属州霸州（下领文安、大城、保定三县）、涿州（下领房山县）、蓟州（下领玉田、丰润、遵化与平谷四县），除个别州属县之外，均不在今北京界内。

4. 清代

1644年（明崇祯十七年，清顺治元年），中国东北少数民族政权的军队在明朝将领吴三桂的带引下，大举进入山海关内、攻占京师（今北京），开始成为统治中国的中央政府。清兵入关后即进驻北京，也称北京为京师顺天府，属直隶省。清政府在北京实行旗民分居政策，即八旗居住内城，汉人和回民居住外城。清沿明制，但所辖州县时有变化，至乾隆期间，顺天府共辖大兴、宛平、良乡、固安、永清、东安、香河、通州、三河、武清、宝坻、宁河、昌平州、顺义、怀柔、密云、霸州、文安、大城、保定、涿州、房山、蓟州、平谷等总计24州县，属直隶省。其中有10州县位于今北京市辖域内。

二、民国时期北京的隶属与辖区

“中华民国”初期(1912—1928 年)

1911 年辛亥革命后,在民国元年(1912 年)1 月 1 日,“中华民国”定都南京,1912 年 3 月迁都北京,直至民国十七年中国国民党北伐军攻占北京,张作霖败回东北,北洋政府垮台。

民国初期,北京的地方体制仍依照清制,称顺天府。直至民国三年(1914 年 10 月),改顺天府为京兆地方,直辖于北洋政府。其辖区包括 20 个县,远远小于清顺天府。其中大兴、宛平、通县、昌平、顺义、密云、怀柔、房山、平谷等 10 县均属当代北京市辖区。

1928 年,北伐战争后,民国政府将首都迁到南京,撤销原京兆地方,北京再改名为北平特别市。1930 年 6 月,北平降格为河北省省辖市,1930 年 12 月复升为院(政务院)辖市。

1937 年“七七事变”后,北平被日本占领。伪中华民国临时政府在此成立,并将北平改名为北京。

1945 年 8 月 15 日,日本宣布投降,随后于 1945 年 10 月 10 日国民党军第十一战区孙连仲部在北京举行受降仪式,后重新更名为北平。

三、新中国成立初期北京市辖区的演变

1949 年 1 月 31 日,中国人民解放军进入北平市,实现了北京的和平解放。1949 年 9 月 27 日,中国人民政治协商会议第一届全体会议通过《关于中华人民共和国国都、纪年、国歌、国旗的决议》,北平更名为北京。1949 年 10 月 1 日,中华人民共和国中央人民政府在北京宣告成立。

1949 年新中国成立时,全国划为华北、东北、华东、中南、西南、西北六个大行政区。华北区隶属于政务院华北行政委员会,下辖北京市、天津市、河北省、山西省、绥远省、内蒙古自治区。其时,北京辖区面积较小,城郊划共为七个区,分别是东郊(相当于今朝阳区)、南郊(今南苑地区)、西南郊(丰台)、西郊两个区(石景山区和门头沟区)、西北郊(海淀)、北郊(德胜门外)。七个区共有 264 个村子,10 个关厢、六个镇,人口 64 万人。农户 8.17 万户,农村人口 38.2 万人,耕地 111.02 万亩

(1 亩≈0.066 7 hm^2)。这一时期的北京的辖区面积相当于今北京东城、西城、朝阳、海淀、丰台、石景山及门头沟地区。

1952 年 7 月,华北行政委员会将宛平县和房山县的 75 个村、良乡县的 3 个村划入北京市。北京市行政区域面积增加 1961 km^2,增加人口 13.1 万人。其中,农户增加到 12.6 万户,农村人口增加到 54.49 万,耕地面积增加到 129.96 万亩。

1954 年,六大行政区撤销,北京市改由中央直辖。1956 年 2 月,昌平县(高丽营镇除外)划归北京市,并改设为昌平区,高丽营镇划归顺义县。1956 年 3 月,再划入通县的金盏、孙河、上新堡、崔各庄、长店、前苇沟、北皋等 7 个乡归北京市东郊区。增加面积 1 604 km^2,增加人口 29.2 万人。1957 年 9 月,大兴县的新店乡划归北京市。1957 年 12 月,顺义县的中央机场场区和进场公路划归北京市。1958 年 3 月,河北省通县、顺义、大兴、良乡、房山五县及通州市划归北京市管辖。1958 年 10 月,划进平谷、密云、怀柔、延庆 4 个县。

至此,北京市行政区划成型,至今 60 多年未变。

第二节 新中国成立后北京农村的社会变革

新中国成立前,北京农村与全国农村一样,都处于封建土地关系的束缚之中。封建土地所有制使广大劳动者(农民)成为被剥削被奴役的对象,从而严重阻碍农村社会生产力的发展。在帝国主义、封建主义、官僚资本主义重重压榨下,农村成了贫穷落后的代名词。

新中国成立后,中国共产党带领农民进行了史无前例的社会变革,探索并走上了一条具有中国特色社会主义道路。

一、土地改革

土地是农业社会的主要生产资料。在半殖民地半封建社会,地主阶级通过占有土地剥削农民的剩余劳动,其主要剥削方式是出租土地,收取地租。在出租土地的过程中,“上打租”很普遍,所谓“上打租”即预收地租,每年 10 月便收取下一年的地租,租额一般占农民丰年土地收入的一半以上。如遇到歉收年,农民土地收入常常不够交地租。

北京郊区农村的封建土地制度根深蒂固，具有上千年历史。封建统治阶级依托特权大量占有土地，对农民进行残酷剥削。封建制度导致大量小农破产，使土地日益集中到少数官僚、地主手中。据史料记载，清朝太监李满庭在南郊旧宫、福源庄、广德庄占有土地 3 300 余亩。民国期间，不少达官显贵都占有大量土地。这些封建遗老遗少不仅靠地租养肥自己，而且他们收租多靠“管家”或“二地主”“三地主”，这些附庸也成为盘剥农民的寄生虫。所以，农民往往遭受多重剥削。

中国共产党领导中国人民进行新民主主义革命任务之一就是打破封建主义的生产关系、解放社会生产力。因此在解放战争中，解放军每解放一地，人民政府所做的第一件事就是进行“土地改革”。

北京郊区的土地改革主要依据的是北平市军事管制委员会发布的《关于北平市辖区农业土地问题的决定》(以下简称《决定》)。《决定》要求为了不影响城市人民生活及奖励进步生产方式，京郊土改要采取“四不动”原则：一是，中农的土地是绝对不能动；二是，为供给城市人民蔬菜而经营的园艺用地不能动；三是，有进步或改良设备的农田不能动；四是，如果雇工不愿分所租土地者不必动。给贫农调剂土地主要是先在以下五种土地中进行调剂：一是，地主富农的或公有的荒地；二是，恶霸地主富农强占强租的土地；三是，地主富农租入的公地及租入其他地主富农的土地；四是，和尚道士经营的庙地；五是，地主富农无力经营或者经营不良的土地。

北京郊区的土改工作自 1949 年 2 月起至 1950 年 3 月底完成，历时 14 个月。土改工作经历了调查研究和制定政策阶段；典型试验、完善政策、训练干部阶段；正式土地改革、任务完成阶段。

北京郊区的土改工作一般按四个步骤进行。

第一步　宣传教育。土地改革工作组组建，进驻村庄，发动群众，宣讲土改的政策，让群众领会土改的意义及相关政策精神。

第二步　划分阶级(划成分)。在群众掌握划分标准的前提下，采取自报公议的方式划分阶级成分，即由本人自报成分，群众依据标准来评定。

第三步　废除地主土地所有权。土地改革工作组没收地主应该被没收的土地等生产资料。

第四步　分配土改果实。土地改革工作组对没收来的土地、农具、耕畜、粮食和房屋等进行分配。分配过程采用的是自报公议的方法，尽量实现公平而不平均。

北京市郊区在土地改革中，共没收地主与征用富农出租土地 394 796 亩，没收或征用地主多余粮食 1 331 894 斤（玉米）。房屋 22 278 间，农具 66 804 件（外有水车 1 052 辆、大车 1 227 辆），耕畜 1 743 头。得到土地的农民共计 229 892 人。经过土地改革，废除了封建土地所有制，农民成了土地的主人，实现了“耕者有其田”。

二、生产资料的社会主义改造

生产资料的社会主义改造，用一句话概括，就是用生产资料公有制代替生产资料私有制。农村的社会主义改造，就是农业合作化运动。农业合作化是在中国共产党领导下，通过各种互助合作的形式，把以生产资料私有制为基础的个体农业经济，改造成为以生产资料公有制为基础的农业合作经济的过程。这一社会变革过程，亦称农业集体化。

（一）农业集体化的具体组织形式

农业集体化有三种，即互助组、初级农业生产合作社、高级农业生产合作社。三种形式的组织化程度从低到高，其社会属性亦不相同。

1. 互助组

互助组是个体农民的劳动互助组织。互助组一般由几户、十几户农民自愿组成，主要机制是人力、畜力、大型农具的劳动互换，即互助组内部劳动力、畜力、大型农具共同使用，分别在互助组成员各自的土地上组织生产劳动，土地的收获仍为各户所得。互助组内部实现了简单的分工协作，较农民单干劳动效率更高。互助组有临时互助和常年互助之分，临时互助组是农忙时互助，农闲时分散；常年互助是建立稳定的组织，长期合作。互助组特别是常年互助组，带有“社会主义萌芽”性质，在中国革命的历史上，组织翻身农民以互助合作形式发展生产，是中国共产党建设革命根据地的成功经验。

2. 初级农业生产合作社（初级社）

初级社是个体农民遵循自愿原则将土地等主要生产资料，作价折股加入生产合作社，（俗称“入社”），合作社组织集体劳动、实行统一经营。合作社的总收入的分配分成三部分：一是扣除当年生产费用、税金、公积金和公益金；二是社员的劳动所得，及按劳分配部分；三是土地等生产资料的报酬即“土地分红”。社员劳动报酬一般高于土地报酬，大部分地区按劳分配与土地分红的比例一般是6∶4或7∶3。

初级社实行民主管理，最高管理机关是社员大会。社员大会选出管理委员会管理社务，选出监察委员会监察社务。初级社虽然土地和其他主要生产资料仍是私有的，但由于实行统一经营，并且积累了公共财产，因此具有了半社会主义性质。它是合作农业经济的一种形式，是中国农民走上社会主义道路的决定性步骤。初级社的进一步发展是高级农业生产合作社。

3. 高级农业生产合作社(高级社)

高级社即农民将土地无偿地交由合作社集体所有，其他大型生产资料如耕畜、大中型农机具则按合理价格由合作社收买变为集体财产。社员的生活资料和零星树木、家畜、家禽、小农具以及家庭副业所需要的工具等，仍属社员私有。高级社组织社员开展集体劳动，实施统一经营。其收益分配，在扣除生产费用、税金、公积金和公益金的基础上剩余部分实行按劳分配。

高级社实行民主管理，最高领导机关是社员大会或社员代表大会。它选出管理委员会管理社务，选出监察委员会监察社务。由于高级社实现了土地等主要生产资料的公有制和按劳分配，因此是完全社会主义性质的合作经济组织。

(二)历史上，我国的农业合作化经历了三个阶段

第一阶段　1949年10月至1953年，农业合作化以办互助组为主，同时试办初级形式的农业合作社。到1952年底，全国农业互助合作组织发展到830余万个，参加的农户达到全国总农户的40%。其中，各地还个别试办了农业生产合作社(初级社)3 600余个。

第二阶段　1954年初至1955年上半年，在全国普遍建立和发展初级社。1954年春，农业生产合作社有9.5万个，参加农户达170万户。到1955年4月，合作社发展到67万个。

第三阶段　1955年下半年至1956年底，是农业社会主义改造的第三个阶段，也是农业合作化运动迅猛发展时期。到1956年底，参加初级社的农户占总农户的96.3%，同期转成高级社的总数达到农户总数的87.8%，基本上实现了社会主义改造，完成了由农民个体所有制到社会主义集体所有制的转变。

（三）北京郊区的农业合作化与全国基本同步，但在具体做法上有其自身特点

第一阶段 1952年春到1953年春，北京农业合作化处于试点阶段，即“试办合作社的阶段”。1952年春，郊区（当时北京郊区的范围相当于现在的朝阳、海淀、丰台、石景山加门头沟矿区）试办了10个农业生产合作社。10个合作社分布在丰台、朝阳、海淀、石景山、门头沟矿区，每区两个。这10个合作社是北京第一批合作社，是在互助组基础上发展起来的，一般规模较小，由10～20户组成。社员将自家土地入社，集体劳动集体经营。收入分配中的60％～70％按劳分配，30％～40％按土地分配。

经过一年试办，合作社初步显示了优越性。一是合理利用土地，统筹安排，地尽其利；二是合理利用劳动力、畜力、物力；三是改进了耕作技术，使用新农具，提高了生产效率；四是因地制宜开展副业生产，增加了社员收入。

第二阶段 1953年12月到1955年9月，史称：第一次农业合作化高潮。

遵循“典型示范、逐步推广”的工作方针，郊区办社有序进行。1953年底，全郊区有农业合作社64个，入社农户1 004户，占总农户的0.8％。到1954年春，合作社发展到412个，入社农户9 860户，占总农户的8％。到1955年春，合作社增加到701个，入社农户比例达到47％，其中菜田区入社农户比例达到68％。

第三阶段 1955年7月到1956年1月，建立高级农业生产合作社。史称：第二次合作化高潮。

北京郊区高级社发展有一个从少量试点到大面积重点试办再到普遍推进的过程。合作化初期，最早创办的一批合作社就有约10％是以高级社形式出现的。这批高级社大多集中在菜区，菜区土地原是没收地主或征收富农的，属国家所有，农民只有使用权；另外，菜区生产项目属于劳动密集型、技术密集型，在增加生产效益上，劳动和技术起着决定性作用。因此菜区合作社一开始就没有土地分红，直接是按劳分配。

1952年到1953年是高级社少量试点阶段，全郊区高级社只有18个。1954年到1955年为重点试办阶段，全郊区共有合作社412个，其中高级社114个。这一年，全国有高级社201个，北京郊区占56％。1955年7月到1956年1月，普遍推进阶段，合作社规模扩大，从20户左右一社扩大到200户至800户一社。合作社

数量减少了，入社农户增加了。到 1955 年底，北京市委认为郊区农业生产合作社转为高级社的条件已经成熟，1956 年初开始普遍推进建立高级社。仅用了两个月时间，郊区就完成了高级合作化。郊区 99.6%的农户组建了 427 个高级社，其中 46 个是 1 000 户以上的大社。

（四）其他远郊区县合作化

1956 年至 1958 年，河北省通州专区和张家口专区所属的昌平、通州、大兴、房山、良乡、顺义、怀柔、平谷、密云、延庆 10 个县划归北京市。这 10 个县从 1952 年开始组织互助合作组。到 1955 年 10 个县共有互助合作组织 25 603 个，33.5 万农户参加，其中互助组 19 775 个，参加农户 18.3 万户；初级农业生产合作社 5 821 个，有 15.2 万农户参加；高级社 7 个。1956 年，10 个县有农业生产合作社 924 个，43 万农户参加，全部为高级社。

经过农业合作化运动，郊区农民从小私有的个体生产者转变为集体所有的合作社社员，农业生产经营体制从个体经营转化为合作社统一经营。农村经济从私有制小农经济转变为劳动者集体所有制的合作经济。农业合作化对于引导个体农民走社会主义集体化道路，防止私有制小农经济两极分化，进一步解放农业生产力，实现农业机械化、现代化是必由之路。但是在我国的合作化运动中，也出现了过急、过快，违背农民自愿原则的一系列问题。特别是 1956 年，在短短几个月内就将大量刚刚组建不久的初级社直接升级为高级社，取消了农民的土地、大牲畜、大车等生产资料私有权；集体财产统一归大社，在一定程度上挫伤了老社富社农民的积极性；另外，一味追求合作社规模，建立了许多数百户组成的大社，干部管理水平跟不上，造成生产经营瞎指挥，直接危害了集体经济的发展。

三、人民公社化运动

农村人民公社化运动是 20 世纪 50 年代末我国在全面开展社会主义建设中，伴随着“大跃进”发生的社会变革。这一运动中所形成的“人民公社”体制在我国农村实行了 20 余年，对我国农村经济社会发展影响深远。

（一）人民公社化运动的历史背景

1956 年，我国的社会主义改造基本完成。社会主义生产关系的建立，为生产力发展提供了广阔的空间，人民群众建设社会主义的积极性空前高涨。加快社会主义建设，尽快改变我国贫穷落后的面貌成了全党、全国人民的共同愿望。

1957 年冬，全国农村掀起了兴修水利、改良土壤为中心的农业生产高潮，拉开了“大跃进”的序幕。1958 年 5 月，党的八大二次会议通过了“鼓足干劲、力争上游，多快好省地建设社会主义”的总路线。会后“大跃进”运动在全国范围内开展起来。“大跃进”运动在经济建设中不顾客观规律，急于求成，结果，经济建设不仅没能实现所谓“跃进”反而遭遇严重挫折。

在“大跃进”轰轰烈烈迅猛发展的同时，我国农村掀起了人民公社化运动高潮。1958 年 8 月，中央做出《关于在农村建立人民公社问题的决议》。此后，全国仅用了一个多月时间就基本实现了人民公社化。

(二)人民公社化运动的过程

在农业合作化的进程中，初期所办合作社大都规模较小，一般 20 至 30 户组建一个合作社。这些小型合作社人少、地少、资金少，不能进行大规模经营，不利于农业机械化。中央认为这种小社仍然束缚生产力的发展，不能停留太久，应当逐步合并。但是小社并大社要有步骤，要有适当的干部，要得到群众的同意。

1957 年冬到 1958 年春，全国农村开展大规模的农田水利基本建设活动，需要土地连片和人员集中以便于管理，为此，1958 年 3 月在成都召开的政治局扩大会议通过了《中共中央关于把小型的农业合作社适当地合并为大社的意见》(以下简称《意见》)。《意见》颁发后，河南省遂平、平舆县率先行动，4 月份各办了一个有 6 000 至 7 000 农户的大社。5 月至 6 月，两县的农业社又都并成了大社。当时，中央关于新的农村社会基层组织的构想是逐步地有次序地把工(工业)、农(农业)、商(交换)、学(文化教育)、兵(民兵，即全民武装)组成为一个大公社，从而构成为我国社会的基层单位。中共中央政治局于 1958 年 8 月 17 日至 30 日在北戴河举行扩大会议，8 月 29 日正式通过了《中共中央关于在农村建立人民公社问题的决议》。北戴河会议公报于 9 月 1 日公开发表，关于建立人民公社的决议也于当月 10 日下达公布，全国随即迅速掀起了大规模的人民公社化运动。中央级报刊也连发社论，号召高举人民公社的红旗前进，要求先把人民公社的架子搭起来，使运动进入高潮。运动从 7 月份开始发展，8 月份普遍规划、试办，9 月份进入全面高潮，截至 9

月底，全国已基本实现人民公社化，高潮时期前后仅1个多月。全国29个省、市、自治区有12个省、市、自治区100%的农户加入了人民公社。10个省、区已有85%以上的农户加入了人民公社。

（三）北京郊区的人民公社化

北京郊区的人民公社化也是与“大跃进”紧密联系的，大规模的农田水利建设和农业机械化的规划要求把土地、劳动力、资金等资源在更大范围内统一使用，突破原来农业生产合作社的界限。根据中共中央1958年4月发出的《关于把小型农业生产合作社适当合并为大社的意见》自1958年5月起开始了并社工作。1958年8月，中共中央北戴河会议做出《关于在农村建立人民公社的决议》后，北京市委在昌平县沙河镇和石景山区搞试点。同年8月下旬，丰台区成立了5个公社，海淀区将19个农业社合并成6个公社，9月，门头沟区9个农业社合并为3个公社，通州区33个农业社合并成8个公社，昌平县58个农业社合并为6个公社，到9月10日，全郊区2 647个农业合作社合并为73个人民公社，平均每个公社10 550户、5万口人、99万亩耕地。其中39个公社为公社统一核算。

（四）人民公社的管理体制

农村人民公社是20世纪50年代末（1958年）到80年代初（1983年），在我国农村实行的政社合一的组织。人民公社既是基层政权组织，又是社会经济组织。一方面，根据农村人民公社工作条例的规定：公社管理委员会，就是乡人民委员会（即乡人民政府），受县人民委员会（即县人民政府）和县人民委员会派出机关的领导。在管理生产建设、财政、粮食、贸易、民政、文教卫生、治安、民兵和调解民事纠纷等项工作方面，行使乡人民委员会的职权。公社的社长，就是乡长。

另一方面，农村人民公社是适应生产发展的需要，在高级农业生产合作社的基础上联合组成的。它在一个很长的历史时期内，是社会主义的互助、互利的集体经济组织，实行各尽所能、按劳分配、多劳多得、不劳动者不得食的原则。

人民公社，实行“三级所有、队为基础”的管理体制，即生产资料归生产队、生产大队、公社三级所有，基本核算单位是生产队。一般情况下，一个行政村为一个生产大队，一个生产大队下分设几个生产队，每个生产队由50—100户农户组成，生产队集体占有生产资料，集中劳动，统一经营。作为基本核算单位，在扣除生产成本、纳税，留足公积金、公益金后，生产队的其余劳动成果，作为个人消费品，根据按劳分配原则，在本队社员间统一分配。

“三级所有”体制中的生产大队，一般由行政村组成。大队管理委员会，由全村社员大会选举产生，管理委员会既管经济，又管村务，大队长既是队长又是“村长”。大队管委会在公社管理委员会的领导下，管理本大队范围内各生产队的生产工作和行政工作。主要职责是：帮助生产队做好生产计划；对生产队的生产工作、财务管理工作和分配工作，进行正确的指导、检查和督促，帮助它们改善经营管理；领导兴办和管理全大队范围的或者几个生产队共同的水利建设和其他农田基本建设；根据生产的需要，按照自愿互利和等价交换的原则，组织各生产队之间必要的协作；管好、用好大队所有的大型中型农业机具和运输工具；经营好大队所有的山林和企业，领导好生产队联营的企业，督促和帮助生产队经营好山林和企业；在全大队范围内，督促生产队完成国家规定的粮食和其他农副产品的征购、派购任务；帮助生产队安排好社员生活；管理全大队的民政、民兵、治安、文教卫生等项工作；进行思想政治工作，贯彻执行中央的政策、法令。

生产队是人民公社中的基本核算单位。它实行独立核算，自负盈亏，直接组织生产，组织收益的分配。

生产队范围内的土地，归生产队所有。生产队所有的土地，包括社员的自留地、自留山、宅基地等，一律不准出租和买卖。生产队所有的土地，不经过县级以上人民委员会的审查和批准，任何单位和个人都不得占用。

生产队对生产的经营管理和收益的分配，有自主权。在接受国家计划指导和不破坏自然资源的前提下，生产队有权因地制宜、因时制宜地进行种植，决定增产措施。

在不破坏水土保持，不破坏山林，不破坏草原的条件下，生产队有权在本队范围内，开垦荒地、经营荒山和充分利用一切可能利用的资源。

在保证完成国家规定的农副产品交售任务的前提下，生产队经营所得的产品和现金，在全队范围内进行分配。这些产品和现金的分配和处理，由社员大会讨论决定。

社员的口粮，应该在收获以后一次分发到户，由社员自己支配。

第三节 改革开放以来北京农村的社会变革

一、农村治理体制的变革

(一)人民公社解体

人民公社体制诞生于1958年,在1962年形成“三级所有,队为基础”体制,从此稳定了近20年。1983年10月,中共中央、国务院《关于实行政社分开,建立乡政府的通知发布的》及其贯彻,撤销了人民公社的建制。

20世纪80年代初期,农村普遍实行“联产承包责任制”,打破了干活“大呼隆”、分配“大锅饭”的体制。土地承包到户,农民自主经营,生产队统一组织生产经营的功能消失了,从而导致生产队解体。生产队解体了,“三级所有、队为基础”的这个基础不复存在,进而人民公社整体架构开始解构。

从20世纪80年代中后期到90年代末,在普遍恢复了乡镇建制以后,乡镇政府在履行行政管理职能的同时也履行了经济管理职能,实际是将原来公社的“政社合一”变成了“政经合一”。

(二)恢复乡镇建制

中华人民共和国成立后,在全国范围内逐步开始了土地改革和基层政权建设,实行县、区、乡三级人民代表会议。1950年12月,政务院颁布《乡(行政村)人民政府组织通则》,明确乡与行政村同为农村基层行政区划,同属区管辖,一般不设内部机构,只配备数名专职甚至是不脱产的工作人员,分管民政、公安、财政、粮食、调解等事务。

1954年,宪法和地方组织法首次明确规定乡镇是我国最基层的政权组织,村一级退出政权体系。1957年农村开始撤区并乡。

1958年10月底至1983年,全国农村实行人民公社体制。1978年12月党的十一届三中全会以后,随着农村家庭联产承包责任制的普遍实行,人民公社体制逐渐开始解体。1982年12月,宪法规定“乡、民族乡、镇设立人民代表大会和人民政府”“乡、民族乡、镇的人民政府执行本级人民代表大会的决议和上级国家行政机关的决定和命令,管理本行政区域内的行政工作”“城市和农村按居民居住地设立的居民委员会或村民委员会是基层群众性自治组织”，从此确立起“乡政村治”体制模式。

二、农村经营体制的变革

党的十一届三中全会召开后，北京市同全国其他地区一样，率先在农村打破了传统的高度统一的计划经济体制和人民公社政社合一的组织形式，推行了以农业生产责任制为中心内容的经济体制改革。

（一）联产承包责任制的确立

北京市农村联产承包责任制经历了逐步完善的过程。1979 年 4 月，北京市农村工作会议提出“生产队可以实行包工到作业组，联产计酬，超产奖励”。1980 年，北京市郊区进一步推广了以专业承包、联产计酬为主的多种形式的责任制。

到 1983 年底，北京市平原地区的粮田基本实行集体机耕、机播、机灌。包产到户或包产到劳的生产队占生产队总数的 93%，有 6%的生产队继续实行专业承包，有 1%的生产队仍实行农场式集体统一经营。

（二）发展适度规模经营

随着城市经济体制改革以及乡镇企业的兴起，农村劳动力开始向非农产业转移。1985 年北京市出台《完善和发展农业生产责任制，防止农业萎缩的意见》，要求条件具备的地区积极引导土地向种田能手集中。随后北京市提出在“七五”期间，郊区农业必须改变“人人包地、家家种田”的状况，走适度规模经营之路，进一步将以工补农转变为以工建农，增强农业适度规模经营的科技力量。

1986 年，顺义县被确定为推行农业适度规模经营试点。在随后 2 年内，北京市农业适度规模经营步入了快速发展期，实行各种形式适度规模经营的村队的农户数占郊区农村总户数的比重达到 63%，实行适度规模经营的粮田占粮田总面积的 64.6%。

1988 年，《北京市农村土地联产承包责任制合同管理暂行条例》正式出台，从而为农村合作社实行适度规模经营提供了法律依据。截至 1990 年 9 月，北京市农村中实行适度规模经营的村达到 3 124 个，占郊区农村总村数的 75%；适度规模经营粮田面积 320 万亩，占承包粮田总面积的 73%。

1993 年 8 月，北京市下发《深化改革，把农业适度规模经营提高到新水平的意见》，从经营目标、经营规模、劳动用工、经营人员素质、经营内容、经营形式、服务体系、宏观管理等方面对农业适度规模经营做出了具体要求，从而为适度规模经营的发展指明了方向。

（三）产业化经营模式的发展

改革初期，北京市的一些畜禽、水产生产中已经采用了产加销的经营模式。到20世纪90年代，这些模式有了进一步发展。1996年1月，中央提出推进农业产业化。为落实中央精神，北京市确定了因地制宜发展主导产业、办好龙头企业、加强社会化服务体系建设等发展思路，实践中逐渐形成了“龙头企业+合作组织+农户”的产业化发展模式。

2002年，北京市成立了农业产业化领导小组，出台了信贷支持农业产业化实施意见。到当年年末，北京市各类农民专业合作经济组织达到2 030个，入社农户34.2万户，资产总额40亿元。

2003年，全市龙头企业达到了832家，其中北京三元食品股份有限公司等47家企业为本市首批农业产业化重点龙头企业。各类龙头企业当年年均销售收入4 173万元，平均带动本地劳动力就业4.3万人。2006年，根据中央的部署北京市着重推动了农产品加工业的发展。同年，北京市农业产业化组织达到3 354个，出现了龙头企业带动型、中介组织带动型、专业市场带动型、农村经纪人带动型和专业大户带动型等多种组织形式，以及合同契约制、股份合作制和合作制等多种组织利益联结方式。

三、村级治理形式改革

1985年，人民公社在全国范围内彻底解体，农村治理模式面临急剧转型。20世纪80年代初，广西农民根据当地实际情况，自发创造出一种新的组织形式——村民委员会，目的在于村民自己管理自己，实现村民自治。1982年新《中华人民共和国宪法》肯定了村民委员会为基层群众性自治组织的法律地位，从而明确村级不再作为基层行政组织。

1987年《中华人民共和国村民委员会组织法（试行）》施行，农村实现了自治，村委会成为农村的治理实体，村民自治在全国广泛推行。村民自治制度的确立标志着农村治理模式的创造性转换，更是民主政治建设在农村的一大进步。乡镇作为国家的基层政权机构，村不再作为乡镇的下级结构存在，而作为独立机构存在。在乡以下实行村民自治的形式由村民自己处理与自己有关的事务，由此形成“乡政村治”的格局。

新中国成立70多年来，北京农村经济社会的发展日新月异，变化天翻地覆。历史是现实的苗床，现实是未来的历史。研究北京“三农”既要有历史的眼光，也要有发展的视角。用历史唯物主义的方法探索事务演化的进程，揭示其发展规律，才能深刻认识“三农”、准确理解“三农”、为北京“三农”的发展提供理论支撑。

参考资料

1. 北京市社会科学界联合会．史说北京[M]．北京：中国人民大学出版社，2011.

2. 王振业，张一凡，廖沛．北京农村经济史稿[M]．北京：中国农业出版社，2016.

思考题

1. 北京区划的变化对当地经济社会发展有何影响？
2. 新中国成立后北京农村社会有哪些变化？
3. 改革开放以来北京农村社会有哪些巨变？

第二章
农村资源及其开发与利用

自然资源及社会资源是一个地区人民生存和发展的基础。研究北京“三农”发展，需要了解北京郊区的资源禀赋。特别是对于那些关系国计民生的稀有的不可再生的资源，我们要了解它们的存量，研究开发利用中存在的问题，从而提高我们认识、保护资源的自觉性。

第一节　北京的水资源

北京市是世界上严重缺水的大城市之一，人均水资源量不足 300 m^3，仅为全国人均水资源的 1/8，世界人均水资源的 1/30。在世界 120 多个国家的首都及主要城市中北京的人均水资源占有量居百位之后。人均水资源占有量远远低于国际公认的人均 1 000 m^3 的下限。而且人口、资源与环境之间的矛盾十分突出，水污染状况相当严峻。

北京市属于资源性缺水地区。新中国成立以来，北京市曾出现几次比较严重的用水危机。特别是 20 世纪 80 年代初期连续五年的枯水时段导致的水资源危机，对北京发展造成极为严重影响。

一、北京水资源概况

北京市年均可利用水资源量 41.33 亿 m^3，其中地下水 26.33 亿 m^3，地表水 15 亿 m^3。当前的水源和供水工程建设已难以满足发展的需要，水资源总量不足，已成为制约发展的主要因素。

(一)北京的降水

北京多年平均降水量 595 mm，但年际、年内分布极不均匀。最大年降水量 1 406 mm(1963 年)，最小年降水量只有 274 mm。一般干旱年份的降水量在

500 mm 以下，特别干旱的年份在 300 mm 以下，一年之中，85%左右的降水集中在汛期的 6、7、8 三个月内。年际降水量的特征又表现为连旱连涝、旱涝交替；春季十年九旱，汛期常出现暴雨洪水和泥石流等灾害。

2018 年全市平均降水量 590 mm，与 2017 年降水量 592 mm 基本持平，比多年平均值 585 mm 多 1%。然而，2019 年全年降水量只有 406.3 mm，比北京市年平均降水量锐减 31%。由此可见，北京地区的降水量变化之巨。

(二)北京的地表水

北京市的地表水资源由入境地表水、境内地表水组成，地表水主要靠降雨补给。北京的湖泊都很小，水量有限，地表水主要来自河水和人工修建的水库。北京境内有大小河流 100 多条，分属永定河、北运河、潮白河、大清河和蓟运河五大水系，总长约 2 700 km，同属海河水系。

全市 18 座大、中型水库 2018 年末蓄水总量为 24.19 亿 m^3，可利用来水量为 9.51 亿 m^3。

2018 年全市地表水资源量为 14.32 亿 m^3，比 2017 年 12.03 亿 m^3 多 19%，比多年平均 17.72 亿 m^3 少 19%。从流域分区看，潮白河水系径流量最大，为 6.05 亿 m^3；蓟运河水系径流量最小，为 0.97 亿 m^3。

2018 年全市入境水量为 8.19 亿 m^3，比 2017 年 5.03 亿 m^3 多 63%，比多年平均 21.08 亿 m^3 少 61%；全市出境水量为 20.65 亿 m^3，比 2017 年 17.26 亿 m^3 多 20%，比多年平均 19.54 亿 m^3 多 6%。

到 2019 年，地表水资源仅有 8.6 亿 m^3，比上年减少近 40%，仅相当于近 20 年最高年份(2012 年)的 18 亿 m^3 的 47.8%。

(三)北京的地下水

北京市的地下水主要来源于山区河谷潜流补给，同时还包括大气降水及河水入渗。北京一直以地下水为饮用水源。随着经济的快速发展，人口的增加，长期超量开采地下水致使地下水位下降、水的硬度升高、地面下沉，东郊已出现 1 000 km^2 的漏斗区。近年来，北京市开展地表水和地下水联合调度、雨洪利用、地下水回灌、调控利用等措施，使地下水位的下降趋势初步得到了控制，为改善水环境，实现水资源的可持续利用奠定了基础。

2018 年全市地下水资源量 21.14 亿 m^3，比 2017 年 17.74 亿 m^3 多 3.40 亿 m^3，比多年平均 25.59 亿 m^3 少 4.45 亿 m^3。

2018 年末平原区地下水平均埋深为 23.03 m，与 2017 年末比较，地下水位回升 1.94 m，地下水储量相应增加 9.9 亿 m^3；与 1998 年末比较，地下水位下降 11.15 米，储量相应减少 57.1 亿 m^3；与 1980 年末比较，地下水位下降 15.79 米，储量相应减少 80.8 亿 m^3；与 1960 年初比较，地下水位下降 19.84m，储量相应减少 101.6 亿 m^3。

二、北京水资源问题

(一)水资源供需矛盾加剧

历史上，北京并非缺水地区。时至 20 世纪五六十年代，北京地区湿地仍占 12%以上，年降雨量在 600 mm 左右，域外来水 25 亿 m^3，地下水资源量 27 亿 m^3/年。北京人均水资源量 1 000 m^3。自 20 世纪 70 年代以后，北京成为缺水城市，社会经济发展与水资源的矛盾日趋尖锐。究其原因，一是人口增加、经济发展导致水资源需求量增加；1978 年北京市常住人口 871.5 万，到 2018 年北京常住人口达到 2 154.2 万，40 年间北京常住人口增加 1.47 倍。在人口规模逐年扩大的情况下，生产、生活用水不断增加，到“十三五”期间全市年用水量超过了 50 亿 m^3，人水矛盾更加突出。二是入境水量减少，20 世纪 70 年代前，潮白河、永定河、蓟运河入境水量为 25 亿 m^3/年，最近 10 年，入境水量不足 8 亿 m^3/年；设计库容 43 亿 m^3 的密云水库，最高蓄水量曾达到 37 亿 m^3，但在最为欠水的年份蓄水量只有 7.5 亿 m^3，除去 4.5 亿 m^3“死库容”，连北京市 2 000 万人口的饮用水都不能满足。

(二)地下水严重超采

地表水不能满足用水需求，只能靠开采地下水来补充。自 20 世纪 80 年代起，北京市地下水超采严重，每年都有数亿 m^3 的超采量。地下水超采的直接结果即地下水水位下降，北京平原区地下水位 20 世纪六七十年代只有 3 m 多，到 2019 年为 23.49 m 比 2018 年又下降了 0.46 m。地下水超采造成了一系列严重后果。

一是地面沉降。有数据显示，1980—2005 年北京平原地区地下水超采面积达 5 980 km^2，占平原区面积的 86.7%，其中严重超采区面积达 2 288 km^2。由于地下水超采，北京平原地区地面沉降范围和幅度不断增加，形成了南北两大沉降区。北区有朝阳东八里庄—大郊亭、朝阳来广营、昌平沙河—八仙庄、顺义平各庄四个较大的沉降中心，南部有大兴榆垡—礼贤沉降中心。根据调查，北区的最大累积沉降量早已经超过了 1 000 mm。南区地面沉降量最大的大兴礼贤已接近 1 000 mm，其余，昌平小汤山 700 mm、朝阳大郊亭 620 mm、朝阳来广营 420 mm。

二是水井供水衰减或报废。北京市饮用水的一半靠自备井提供，这些水井有的已有上百年历史，多属于浅水井，一般三五米到一二十米深。随着地下水水位下降，许多浅层老式水井干涸报废，只好继续打更深的井。20 世纪 70 年代，北京郊区为了农田灌溉，打了许多“大口井”，目前基本完全报废。

三是水质发生变化。由于长期超采，地下水储量急剧下降，造成水中矿物质增加水质硬化。地表污水渗漏、土地污染物沉积也给地下水水质造成严重损害。

（三）水环境污染严重

北京在监测的 80 条河段中，受污染的河段 51 条，长度 1 100 km，占监测河流长度的 50. 8%，其中重度污染 11 段，占监测长度的 10. 1%，严重污染 21 条段，占监测总长度的 16. 6%。水质污染主要集中于城郊区。据有关专家估算，北京市由于水污染所造成的工农业经济损失约占北京市国民生产总值的 1%，加上间接损失达 3%。

三、合理利用水资源的政策

为缓解水资源短缺与经济社会发展的矛盾，北京市近年来出台了一系列水资源开发利用保护政策。主要措施有下述 8 项。

（一）实施用水管控

严格水资源开发利用红线管理，按照生活用水控制增长、生产用水负增长、生态用水适度增长的原则，到 2020 年，全市用水总量控制在 43. 0 亿 m^3 以内，其中生活用水 18. 2 亿 m^3，工业用水 5. 1 亿 m^3，农业用水 5. 0 亿 m^3，林地用水 2. 7 亿 m^3，河湖环境用水 12. 0 亿 m^3。北京市将用水总量逐年分解到各区、各行业，控制用水强度，发挥水资源管理的约束引导作用。

（二）强化重点行业节水

北京市大力推进农业节水，到 2020 年，实现农业高效节水设施和农用机井计量设施全覆盖。工业加快调整产业结构，提高冷凝水、冷却水循环利用率，加大工业用水重复利用率和废水深度处理回用，实现用新水零增长。建筑工程严格控制新水取用量，大力推广使用再生水，优先采取帷幕隔水等新技术、新手段限制施工降水。园林绿化加强节水技术推广应用和集雨型绿地林地建设，扩大城市园林绿地再生水利用规模，到2020年城六区公共绿地使用非常规水资源灌溉比例不低于50%。生活及公共服务业开展生活用水产品水效提升行动，到2020年实现机关、学校、医院等用水单位高效节水型生活用水器具全覆盖，农村地区基本实现生活用水全部计量收费。

（三）加强管理节水

相关部门完善法规制度体系，加强执法能力建设，强化监督管理；落实量水发展相关制度，充分发挥市场机制，强化经济杠杆作用，探索推行合同节水模式；落实节水器具市场准入制度和水效分级认证制度，逐步推进节水器具标识水效等级；探索建立水效领跑者激励政策。

（四）推进科技节水

相关部门完善节水标准体系，加强节水新技术研发推广和国内外节水科学技术交流与合作，加快节水信息化建设，完成年用水量5万 m^3 以上用水户远传计量设施安装，实现用水远程监控。

（五）深度开发雨洪水资源

北京地区可以根据不同的情况进行雨洪水深度开发。城区可通过整修沙石坑、扩大河湖水面，以及铺设透水路面、停车场、广场、建设屋顶渗井系统等，拦蓄雨洪水。平原地区可通过修建橡胶坝和田间集雨系统，使降雨就地入渗。山区可通过兴建"五小水利工程"和建设沟道拦蓄工程缓洪和回补地下水。雨洪深度开发不仅可以减缓雨洪流量和峰量，提高防洪标准，回补地下水，增加可用水资源，同时还可改善城乡的生态环境。据初步测算，到2020年遇平水年可增加供水2.03亿 m^3，遇枯水年可增加供水0.71亿 m^3。

（六）加快再生水利用

北京市每年污水排放量超过12亿 m^3，按照正在实施的环境综合治理要求，本着上中下游、大中小型、集中与分散相结合等原则，全市将规划建设36座污水处理厂。其中城区16座，日污水处理能力达到325万 m^3。污水处理厂处理后的二级出水完全能达到农业灌溉和城市下游河湖景观用水水质要求。如果对再生水进行深度处理，还可以用于工业冷却、市政杂用及居住中水。也就是说，通过对污水的处理，北京每年可利用的再生水资源至少为11.5亿 m^3。这些再生水除可用于农业、河湖环境、工业、市政杂用和居住中水等外，也可为河北、天津部分地区供水。

（七）利用市场手段实现水资源的优化配置

北京现行的水价标准虽然已接近全国的平均水平，但与严重的缺水状况仍是极不相适应的。国内外的经验表明，水价要体现水的自然特性、社会特性和水资源的稀缺性。因此，要建立适应市场经济体制的水价格体系，第一要通过政府行为进行宏观调控，实施基本水价限定制度，保证人人都平等享有用水权利；第二要实行累进加价制度，谁使用多谁就应付出多；第三要实行季节价格、丰枯价格，保证水资源丰枯季节都能达到供需平衡；第四要实行质量差价，鼓励利用再生水；第五要分行业定价，谁收益多谁就付出多，如高级宾馆的电话费标准可比街头公用电话费贵得多，用水的价格也应该比一般单位高得多。另外，水价不仅要考虑生产成本，还要考虑环境成本，即水价应包括污水处理费、地下水回灌养蓄费、生态环境保护和恢复费、节约用水及其技术投入费等。

（八）营造节水社会氛围

政府部门应加强节水文化培育和公众参与，在全社会营造爱水护水惜水节水的良好氛围；开展以各区政府为责任主体的节水型区创建工作，到2020年全市所有行政区全部达到节水型区创建考核标准。

四、北京市水资源开发利用规划

（一）实行最严格的水资源管理制度

一是，严格控制用水总量。落实以水定城、以水定地、以水定人、以水定产，全市年用水总量现状约38.2亿 m^3，到2020年控制在43亿 m^3 以内，到2035年用水总量符合国家要求。提高人均可供水量，到2020年人均水资源量（包括再生水量和南水北调等外调水量）由现状约176 m^3 提高到约185 m^3，到2035年提高到约220 m^3。远期考虑将淡化海水作为战略储备水源。

二是，加强本地水源恢复与保护。严格保护两库一渠，涵养地下水。到 2020 年密云水库蓄水量明显增加，到 2035 年力争达到历史最好水平。有序实施官厅水库、永定河流域生态修复，到 2035 年恢复官厅水库饮用水源功能。增强地表水调蓄能力，优先利用外调水，提高再生水利用比例，压采和保护本地地下水，加大地下水回灌量，逐步实现地下水采补平衡。

三是，调整用水结构。按照农业用水负增长、工业用水零增长、生活用水控制增长、生态用水适度增长的原则，加强用水管控。

四是，全面建设节水型社会。强化农村、园林绿地、城乡接合部地区用水节水规范化、标准化、精细化管理。生态环境、市政杂用优先使用再生水、雨洪水。促进生产和生活全方位节水，到 2035 年达到国际先进水平。到 2020 年单位地区生产总值水耗在现状 16.6 m^3/万元的基础上下降 15%，到 2035 年下降 40%以上。

(二)保障水安全，防治水污染，保护水生态，建设海绵城市

一是，提高城市防洪防涝能力，保障供水安全。实施流域调控、分区防守、洪涝兼治、化害为利的雨洪管理对策，完善水库、河道、蓄滞洪区等工程与非工程防洪防涝减灾体系。加强水库、蓄洪涝区体系建设，强化骨干河道、重点中小河道治理，保留山区河道行洪通道。

二是，系统推进水污染防治，实现水环境质量全面改善。强化源头控制、水陆统筹，构建全流域、全过程、全口径的水污染综合防治体系。系统整治水体污染，深入推进工业和生活污水防治，全面控制城市和农业面源污染，严格保护饮用水源。

三是，加强水系生态保护与修复，实现水城共融。

四是，加强雨洪管理，建设海绵城市。到 2020 年 20%以上的城市建成区实现降雨 70%就地消纳和利用，到 2035 年扩大到 80%以上的城市建成区。

第二节　北京的土地资源

1972 年，联合国粮农组织对土地下的定义："土地包含地球特定地域表面及以上和以下的大气、土壤及基础地质、水文和植被。它还包含这一地域范围内过去和目前人类活动的种种结果，以及动物就它们对目前和未来人类利用土地所施加的重要影响。”中国地理学家普遍赞成土地是一个综合的自然地理概念。认为“土地是地表某一地段包括地质、地貌、气候、水文、土壤、植被等多种自然要素在内的自然综合体”。

一、北京土地资源概况

北京市位于华北平原北部，辖区范围南北从北纬 39°38′至 41°51′，直线距离约 170 km；东西从东经 115°25′至 117°30′，直线距离约 160 km。西部分别为西山和燕山山区，东南部为永定河、潮白河的冲积平原。全市平均海拔 43.5 m，平原的海拔高度在 20—60 m，山地一般海拔 1 000—1 500 m。

据 2014 年北京市土地变更调查资料，北京市土地总面积为 16 410.54 km^2，其中耕地 219 948.76 km^2、园地 135 103.71 km^2、林地 737 542.89 km^2、草地 85 139.49 km^2，水域及水利设施用地 78 378.65 km^2、城镇村及工矿用地 302 939.17 km^2、交通运输用地 47 006.28 km^2、其他土地 34 557.11 km^2。农用地所占面积最大，是以林地和耕地为主，其中林地占到全市土地总面积的 44.96%，但是耕地面积仅占全市总面积的 13.41%，可耕种的面积较小；建设用地以城镇村及工矿用地为主，占土地总面积的 18.46%，水域及水利设施用地次之；其他土地面积不多，仅占 2.10%，可利用的土地面积较少。

(一)北京的地形地貌

北京市域总面积 16 410.54 km^2，主要地貌类型有平原、台地、丘陵、山地四种类型。

平原　按照现代汉语词典解释，“平原”是起伏较小海拔较低的广大平地。北京平原区属于华北平原，面积为 6 802 km^2，占土地总面积的 41.45%，集中分布在中部和东南部，即昌平、怀柔、密云的山前地带及顺义、通州、大兴和城近郊区。这些地区坡度在 5°及以下，海拔 20～60 m，北京平原最低点在通州区柴厂屯海拔只有 8 m。

台地　台地指的是沿河谷两岸或海岸隆起的呈带状分布的阶梯状地貌。台地是介于平原和高原之间的一种凸起的面积较大的平面地形，一般海拔在一百至几百米之间。北京有台地面积 128 km^2，占土地总面积的 0.78%。面积不大，分布不广，主要集中分布在房山区南尚乐及坨里至丰台区长辛店一带以及平谷区韩庄一带。

丘陵　丘陵是由连绵不断的低矮山丘组成的地形。一般绝对高度不超过 500 m，相对高度不超过 200 m。北京的丘陵地区面积 279 km^2，占土地总面积的 1.7%。主要分布在台地和低山之间，相对高度在 200 m 以下，但地面起伏较大。

山地　山地最通俗的解释是多山的地带或“一个众多山所在的地域”。地质学所谓山地主要有两个标准：一是高度，海拔在 500 m 以上，相对高度在 200 m 以上；二是地表起伏较大坡度陡峻，沟谷幽深。北京山地总面积 9 062 km^2，占土地面积的 55.22%。主要分布在西北部房山、门头沟、延庆、昌平、怀柔、密云、平谷的山区。

北京地形地貌的总特征是西北高东南低，西部房山、门头沟山区属太行山脉，北部昌平、延庆、怀柔、密云到东北隅平谷山区为军都山属燕山山脉。北京山地的最高峰是门头沟东灵山，海拔 2 303 m。

(二)北京的土壤条件

北京市土壤共划分 7 个大类：褐土，潮土，山地棕壤，水稻土，风沙土，沼泽土，山地草甸土。

褐土　褐土是我国暖湿带半湿润地区的地带性土壤，呈中性或微碱性。褐土主要发育在富含石灰的母质上，石灰的淋溶与淀积在褐土形成中占有一定位置。褐土主要分布在我国西北、华北、山东、河南一带。褐土适宜栽培旱地农作物。北京市域内褐土总面积 8 905.4 km^2，占全市土壤总面积的 65%。

潮土　潮土是在河流沉积物基础上长期受地下水活动和耕作熟化，逐渐发育起来的旱作土壤。我国潮土主要分布在黄河中下游平原，长江中下游平原、淮北平原，这些地带水源丰富、地势平坦、土层深厚、土壤肥沃。北京市的潮土主要分布在永定河、潮白河等主要河流两岸。总面积 3 383.7 km^2，占全市土壤总面积的 24.7%。

山地棕壤　山地棕壤是温带落叶阔叶混交林生物条件下经生物作用和黏化作用下形成的土壤。山地棕壤分布于海拔较低，环境相对较干、暖的坡地或谷地，土体中夹砾石极多，土壤近中性或微酸性，pH 5.4—6.2。北京市域内有山地棕壤 1 303 km^2，占全市土壤总面积的 9.5%。

水稻土 水稻土是发育于各种自然土壤之上、经过人为水耕熟化、淹水种稻而形成的耕作土壤。这种土壤由于长期处于水淹的缺氧状态，土壤中的氧化铁被还原成易溶于水的氧化亚铁，并随水在土壤中移动，当土壤排水后或受稻根的影响(水稻有通气组织为根部提供氧气)，氧化亚铁又被氧化成氧化铁沉淀，形成特殊剖面结构的土壤。北京市域内水稻土 52.5 km^2 占全市土壤总面积的 0.38%。需要注意的是，近年北京市发展节水农业，水稻种植面积迅速减少，水稻土面积大幅度萎缩。

风沙土 风沙土是在风积物母质上发育的土壤，风沙土分布于我国北部干旱半干旱地区。这些地区蒸发量大于降水量，且昼夜温差、冬夏温差较大，植被矮小，风沙流动沉积为风沙土。北京市域内风沙土 46.6 km^2，占全市土壤总面积的 0.33%。

沼泽土 沼泽土是在地形低洼，母质黏重，地表水多，地下水位高，土壤处于季节性或常年性积水状态，经过表层泥炭化或腐殖质化与下部土层潜育化(土壤潜育化是指土壤处于饱和、过饱和地下水的长期浸润状态下，在 1 m 内的土体中某些层段 Eh＜200 mV，并出现铁、锰还原而生成灰色斑纹层或腐泥层或青泥层或泥炭层的土壤形成过程)而形成的土壤。北京市域内沼泽土总面积 14.3 km^2，占全市土壤总面积的 0.1%。

山地草甸土 山地草甸土一般是指山地顶部在茂密草本植被下形成的土壤，其主要性态特征为有机质含量较高，而且分布较深，无淀积黏化层发育。北京市域内山地草甸土总面积 5.26 km^2，占全市土壤总面积的 0.038%。门头沟灵山草甸是其典型代表。

(三)北京土地资源的评价

北京耕地质量好的(一等地)约占 49%，以褐土、潮土、水稻土为主。集中在域内东南部地区，适宜蔬菜、瓜果、小麦、水稻、谷类、豆类等农作物生长。质量中等(二等地)的耕地约占耕地总面积的 45%，以各类褐土为主。适宜种植小麦、玉米、甘薯、棉花、油料等农作物；质量较差的耕地约占耕地总面积的 6%。土壤类型主要是风沙土和盐碱土。这种土壤漏水漏肥土地产出率较低。只适宜耐干旱、耐盐碱的作物。

北京的林地约占域内土地总面积的45%。其中，一等林地占5.9%。主要是褐土与山地棕壤。这些林地坡度较小，土层较厚，适宜果树栽培；二等林地占60%，土质以淋溶褐土和山地棕壤为主，这类土壤适合人工阔叶林、松柏、灌木生长；三等林地占33%，土质以砂砾土质、粗骨性褐土为主，且土层较浅，造林成活率低，只宜种草。

二、北京土地资源利用的特点

（一）土地利用结构多样性

北京市土地利用类型包括农业用地，林业用地，生态用地，城市建设用地，集体建设用地等几大类型。

农业用地包括耕地、园地、林地、牧草地及水域等5类用地。其中林业用地近年增长加速，2012—2017年全市平原造林117万亩，2018年启动第二轮百万亩平原造林当年造林10万亩，2019年造林25.8万亩。

生态用地，以保障区域生态安全为目的的土地利用方式，即生态用地。北京市生态用地面积5 137.37 km^2，占北京市总面积的31.31%。生物多样性保护生态用地2 035.28 km^2，占生态用地总面积的40%。地表水涵养与保护用地和水土保持用地分别占生态用地总面积的1/5。地表水涵养与保护用地、生物多样性保护用地、水土保持用地、城市绿地和生态防护用地构成北京生态用地的基本骨架。

城市建设用地，包括居民点、工矿用地、交通运输用地和水利设施用地，建设用地3 197 km^2，占全市土地总面积的19.5%，其中居民点、工矿用地2 666.9 km^2，占全市非农业用地总面积的83.4%；交通用地286.1 km^2，占8.4%。

《北京城市总体规划》对城市建设用地做出了硬性规定。到2020年全市建设用地总规模（包括城乡建设用地、特殊用地、对外交通用地及部分水利设施用地）控制在3 720 km^2 以内，到2035年控制在3 670 km^2 左右。

农村集体建设用地，是指乡（镇）村集体经济组织和农村个人投资或集资，进行各项非农业建设所使用的土地。主要包括乡（镇）村公益事业用地和公共设施用地，以及农村居民住宅用地。农村集体建设用地分为宅基地、公益性公共设施用地和经营性用地。按照《中华人民共和国土地管理法》规定，集体建设用地需经县级人民政府审批，且严格控制，不能入市交易。北京市农村集体建设用地多年来坚持“减量增效”原则，即减少总量，增加使用效率。在此基础上，积极探索集体建设用地的“创新利用”。一是农村集体建设用地建设租赁住房试点；二是农村集体经营性建设用地入市试点；三是乡镇统筹利用集体产业用地试点。

北京市土地利用的多样性是由首都经济社会发展需求多样性决定的。作为首都，人口聚集是必然趋势，20 世纪 80 年代以来北京常住人口从 800 万增至 2 000 多万，人口骤增引起就业、住房、交通、医疗、教育等需求急剧增长，满足这些需求就需要建更多的楼宇、住宅、道路、医院、学校、休闲娱乐场所，从而造成城市建设用地的多样性。另外，随着城乡一体化发展，郊区用地也呈多样化趋势。一方面，农村城镇化使农村居民产生了与城市居民相同的多种建设用地需求；另一方面，都市农业的发展也使农业用地多样化。设施农业、籽种农业、生态农业、休闲农业、会展农业、创意农业等不同业态有不同的土地需求。从而形成了土地利用的多样性。

(二)土地利用的差异性

北京市的土地利用从主城区到远郊区呈现出明显的区域差异性，这主要是由不同区域的功能定位决定的。2005 年，中共北京市委、北京市人民政府出台《关于区县功能定位及评价指标的指导意见》，将北京市划分为四大功能区，即首都功能核心区、城市功能拓展区、城市发展新区、生态涵养发展区。不同区域的功能划分使各个区域的土地资源有了不同的利用方向。

与区域功能定位对土地利用产生同样影响作用的是《北京市“十一五”时期新农村建设发展规划》(以下简称《规划》)。根据《规划》，北京市农业产业的布局划分为 5 个农业发展圈。城市发展圈重点发展景观、会展农业；近郊发展圈重点发展园区农业、体验农业、科普农业和精品农业；平原发展圈重点发展规模化、专业化、区域化、标准化的大宗农产品生产和加工农业；山区生态涵养发展圈重点发展以唯一性特色农产品培育、山区民俗旅游、生态旅游等为主要内容的特色农业、生态农业和休闲农业。北京周边津、冀部分地区纳入环京外埠合作农业发展圈。农业发展五个圈层的规划使北京市域内农业用地呈现出圈层差异。

(三)土地利用程度高、城市建设用地比重大

北京全市已利用土地占土地总面积的 90%，城市建设用地占土地总面积的

19.5%,这两项指标在全国都是名列前茅的。北京土地总面积16 400多km^2,在土地总面积一定的前提下,土地利用便形成了一个上限,在上限不能突破的条件下,利用程度越高,剩余可利用土地越少,土地使用压力越大。此外,在已利用土地中,城市建设用地比重越大,越将挤压农业用地、生态用地,不利于经济社会的可持续发展。因此,城市建设用地只能提升效率,减量发展。

三、土地资源利用中存在的问题

(一)耕地急剧减少

据北京市第二次全国土地调查,截至2009年底,全市共有耕地22.71万hm^2,比1958年的66.7万hm^2减少了44万hm^2,年均减少8 627 hm^2;比1996年第一次全国土地调查时净减少11.68万hm^2,年均减少8 980.9 hm^2;到2018年,全市耕地仅剩10万hm^2,除去平原造林减少的8.5万hm^2,仍有4万hm^2为城乡建设占用的耕地。(北京于2019年12月开展第三次土地调查)

(二)可开发利用的土地资源不足

经过多年的开垦,北京市后备土地资源的数量越来越有限,质量也越来越差,且后备土地资源大多分布在边远地区,开垦难度大。在加强生态保护条件下,土地后备资源的开发受到了严格的限制,今后北京市通过后备资源开发补充耕地会十分有限。

(三)土地环境污染

随着北京市工业化和城市化的快速发展,工业"三废"和城市垃圾排放量大幅度增加,而污水处理等环保设施还比较滞后,土地遭受到不同程度的污染,破坏了农业生产环境。

四、北京市现行主要土地政策

(一)土地利用总体战略

北京的土地具有独特的战略价值,有资源、资产双重属性。其主要功能是"国家服务、公共服务、生态服务"。首都非建设用地的利用,必须充分考虑城市发展空间保障功能、生态服务功能、景观文化功能和鲜活农副产品生产功能。

积极推行和谐持续发展战略，实施土地利用城乡统筹，构建首都城乡和谐社会；实施绿色空间区域共筑战略，推进北京“宜居城市”建设；实施文化名城城乡共建策略，推进自然、人文资源的共同保护。

推动节约、集约用地战略。实施用地结构布局优化策略，重点保障首都功能用地；推进城镇用地理性增长和存量建设用地集约挖潜策略，严格控制城乡建设用地盲目扩张；实施基本农田规模保护策略，积极引导都市型现代农业有序发展。

(二)统筹城乡区域土地利用

构建首都土地利用总格局。划分四大土地利用区域，即首都功能核心区、城市功能拓展区、城市发展新区、生态涵养区四大土地利用区域，因地制宜、分类管理。构筑“三圈九田多中心”，三圈，即环城绿化隔离圈、平原农田生态圈、山区生态屏障圈。九田，即位于延庆、昌平、顺义、平谷、通州、大兴、房山七个区的九片基本农田。多中心，指中心城、新城，以及其他服务全国、面向世界的重要城市节点。

统筹平原山区土地利用。优化首都功能核心区用地功能，突出首都土地利用特有的国家服务功能和公共服务功能。整合城市功能拓展区用地布局，保障本区域土地的载体功能，强化生态功能。推动城市发展新区集约用地，发挥本区域土地的载体功能、生态服务功能和鲜活农副产品的市场功能。提升生态涵养发展区生态服务功能。适度发展生态友好型产业。

(三)保护和合理利用农用地

规模化保护耕地和基本农田。加强土地利用宏观调控合理调整农用地的结构和布局，农用地规模到2020年保持在11 900 km^2；严格保护耕地和农用地，按照不占或少占的原则，严格控制各类建设用地占用农用地特别是耕地的规模。在数量不减少、质量有提高、布局总体稳定的前提下，集中连片保护基本农田，推进“九田”重大工程建设，不断提高基本农田质量。

适度推进农村土地整治。切实落实耕地占补平衡制度；按照“先补后占”的原则确保本市新增建设占用耕地实现占补平衡。

适应首都发展都市型现代农业的需要，积极稳妥地开展田、水、路、林、村综合整治，改善郊区农村生产条件和生态环境，积极开展农田水利、水土保持等工程建设，提高农用地质量及生产力。

合理安排废弃地复垦的规模、布局、时序和利用方向。积极开展矿山环境治理、砂石坑治理等废弃地复垦工程建设，逐步恢复生产或生态功能。

在保护和改善生态环境的前提下有计划、有步骤地开发后备土地资源，加强土地开发项目的调查评价和论证工作。

（四）节约集约利用建设用地

统筹管理城乡建设用地，强化城镇建设用地的统一管控。按照“逐级管理、规模统筹、空间管控”的原则，统筹管理城乡建设用地。实行最严格的节约用地制度，从严控制城乡建设用地规模，2020 年全市城乡建设用地控制在 2 700 km^2 以内。

优先保障中央党政军单位用地。按照中央对北京做好“四个服务”的工作要求，结合城市发展与土地利用总体部署，预留必要的发展空间，保障中央党政军单位的合理用地需求。

积极引导各类设施用地高效利用。统筹兼顾，有机协调基础设施用地安排和城乡建设用地布局的关系。各类交通设施项目应严格执行国家有关规定，尽量压缩用地规模，避让基本农田。同时推动市政基础设施节约集约用地，强化公共设施高效用地。

第三节　北京的能源资源

能源是能够为人类的生产生活提供能量的资源。通常指热能、电能、光能、机械能、化学能等。能源大部分属于自然资源，本节重点介绍北京地区的太阳能、风能、地热等能源。

一、北京的太阳能资源

太阳能作为一种清洁、安全、可再生的绿色能源，在本市新能源利用中应用比例最高、资源潜力最大、发展前景最为广阔，技术和产业带动作用强，是实现本市新能源和可再生能源“高端研发、高端示范、高端制造”的重要抓手。

(一)北京太阳能资源概况

北京市太阳能资源较为丰富,年日照时数达到 2 600—3 000 h,年累计太阳辐照量达到 5 000—6 000 MJ/m^2,接受太阳能辐射总量约折合 26 亿 t 标准煤。总体上看,北京市太阳能资源较丰富,优于上海、云南和江浙等地区。其中,生态涵养区的延庆、密云、怀柔等区(县)太阳能资源条件最为优越。北京市太阳能资源略逊于西北地区省会城市,但位于全国前列。

(二)太阳能资源开发利用

在太阳能利用方面,北京市一度处于全国领先地位,第一个推广使用太阳能热水器,第一个实现太阳能热水器产业化,第一个成立太阳能研究所。20 世纪 90 年代中期以后,随着太阳能热水器在全国各地的普及与应用,北京市的太阳能热水器产业开始进入相对停滞期。随着对再生能源重视程度的提升,北京市将太阳能的充分利用提上日程。

2010 年 1 月 1 日,北京市出台《加快太阳能开发利用促进产业发展的指导意见》。实施了六项金色阳光工程,打造一流阳光都市。六项工程:①2 万 kW 光伏屋顶工程。②5 万 kW 光能示范上网电站工程。③阳光校园工程。④光能热水工程。⑤阳光惠农工程。⑥启动园林阳光夜景工程。

(三)发展方向——全面推广太阳能利用

以全面推进分布式光伏发电和普及太阳能热水系统的广泛应用为重点,大力推动实施“阳光双百”计划。“十三五”时期,全市新增光伏发电装机容量 100 万 kW、太阳能集热器面积 100 万 m^2。

实施百万千瓦光伏发电工程。加快分布式光伏在各领域应用,实施“阳光校园、阳光商业、阳光工业、阳光农业、阳光基础设施”五大阳光工程。倡导绿色低碳生活方式,积极支持居民安装分布式光伏发电系统,鼓励新建住宅小区、郊区低密度住宅、农村住宅使用分布式光伏发电系统。

二、风能

(一)北京的风能资源

北京市面积为 16 400 km^2,地区的风能资源有限,北京地区风能资源丰富区主要位于门头沟区西北部、昌平区西部、房山区北部以及延庆西北部等海拔高度在 1 000 m 以上的山区，年平均风速可达 6.0 m/s 以上。这些地区为北京盛行的西北气流必经之地，这些地区所处海拔高，因而风速大。相对应的，风功率密度高值区也在风速较大的这些地方，年平均风功率密度在 300 W/m^2 以上。另外，在怀柔、密云部分山区也有一定的风能资源量。

总体来说，北京地区风资源丰富区比较分散，分布在高海拔地区与山口、河谷狭管效应比较明显的地区。

(二)北京的风电产业

北京风电生产规模较小，但是它是绿色可再生能源，开发意义重大。2015 年北京风电产业累计并网装机容量达到 15 万 kW，风电发电量 3 亿 kW·h，累计风电核准容量 25 万 kW，同比增加 5.05 万 kW，累计在建容量 10 万 kW，同比增加 5.05 万 kW。2016 年北京风电装机规模达到 18.6 万 kW，风能利用量为 9.2 万 t 标煤，占可再生能源利用总量的 1.9%。

(三)风能的开发趋势

风能是绿色可再生能源，具有广阔的开发利用前景，在北京市的能源结构中占有一席之地。但北京风能资源有限，可开发的区域较小，只有部分山区的风能具备开发价值。因此本地风能利用，远不及太阳能、地热能的规模。根据有关专家的建议：北京地区发展风电一是要挖潜，由于风能资源有限，风电发展不可贪大，而应进行分布式开发，即利用小型的、分布式的风电接入，充分挖掘北京现有的风电资源；二是与河北省联合开发，提高风能开发利用潜力，北京的西北部、北部山区风资源相对丰富，与这些风能丰富区相邻的河北山区的风资源量也很可观，京冀可开展联合开发，共同建设大型风电场；三是抓住重点，结合风电的战略定位，打造延庆、门头沟风电开发利用示范区。

三、地热

地热资源是指埋藏在地面以下岩石和流体中的热能，包括热水型、蒸汽型、地压型、岩浆岩型和干热岩型五种类型。其中热水型地热是指温度在 25℃ 及以上的基岩水和天然出露的温泉。地热能是蕴藏在地球内部的一种自然热能，传播到人类可以开发利用的地壳深度以上就成了地热资源。和煤、石油、天然气及其他传统矿产资源不一样，地热能与太阳能、风能等都属于可再生能源，相对而言都是取之不尽用之不竭的。而且，地热能不受时间和地域限制，随时都在、到处都有。地热能作为一种清洁、可再生能源，其开发前景十分广阔。

北京南宫世界地热博览园

(一)北京地热资源概况

北京市地热资源丰富，主要分布于北京平原区(含延庆盆地)，属盆地传导型中低温地热田，主要热储层为蓟县系雾迷山组硅质白云岩，全区均有分布；其次为寒武、奥陶系灰岩，见于立水桥、小汤山东南及凤河营等局部地区。北京地热资源属热水型，温度范围为 25～117℃。地热水多为矿化度在 500～700 mg/L 的重碳酸・硫酸钠型水，氟、偏硅酸含量较高，多数为氟、偏硅酸医疗热矿水。另外，还含有一定量的其他微量元素，有一定医疗、保健、养生作用。

经勘查，北京平原地区，深度 3 500 m 内、井出水温度大于 50℃ 的地区面积约 2 760 km^2，构成相对独立又有一定联系 10 个地热田及外围潜力区，它们多是以区域性构造断裂为边界，包括延庆、小汤山、后沙峪、京西北、天竺、李遂、东南城区、双桥、良乡和凤河营热田，其中储存的地热水中蕴藏的热量相当于 2.15 亿 t 标准煤的发热量。

(二)北京地热开发历史及现状

北京地热开发利用至今已有 40 多年的历史，特别是自 20 世纪 90 年代末以来，北京市地热直接利用得到了迅速发展，地热井数量以每年 20～30 眼的速度增长。据统计，截至 2013 年，北京市地热井的数量达到了 496 眼，最大单井深度超过 4 000 m，最高出水温度 117℃。2013 年北京市地热水开采量中用于供暖开采量约 589.97 万 m^3，占开采总量的 48.3%；用于农业温室用水量约 65.96 万 m^3，占开采总量的 5.4%；用于行政事业单位及民用生活水量约 439.73 万 m^3，占开采总量的 36%；用于养殖水量约 29.31 万 m^3，占开采总量的 2.4%；用于温泉洗浴用水量约 2.44 万 m^3，占开采总量的 0.2%。

2018 年，北京市地热及热泵系统供暖面积达 5 554 万 m^2，约占全市供暖总面积的 6.9%，这一比例在全国排名最高。

(三)地热资源发展前景

经过几十年开发，北京市 10 个地热田中尚存在地热资源开发空白区，而已经具备一定开发利用规模的热田，通过在区内适当增加采、灌结合的开采井，控制开采总量，仍具有较大的开发利用潜力。北京市地热资源作为一种清洁环保的新能源，在未来的城市发展建设中，它的需求会日益增加。为了实现地热资源的可持续利用，应发展集约化和效益化的开发利用模式，按照统筹规划、因地制宜、合理开采、综合利用的原则，努力提高地热利用率，在开采的同时保证回灌，减少资源浪费，使地热创造更高的社会、环境、经济效益。

四、生物质能

生物质是指利用大气、水、土地等通过光合作用而产生的各种有机体，即一切有生命的可以生长的有机物质通称为生物质。它包括植物、动物和微生物。

生物质能是自然界中有生命的植物提供的能量。这些植物以生物质作为媒介储存太阳能，属再生能源。

(一)北京生物质资源总量

据调查统计，北京郊区年生物质资源产出总量将近 2 700 万 t，主要包括：农业和林业生物质可获得量 439 万 t，其中秸秆 225.7 万 t，薪柴 213.3 万 t；养殖业粪污总量 1 960 万 t,其中粪便可获得总量 742 万 t,污水 1 218 万 t;郊区农村生活垃圾和木材加工废弃物总量约近 200 万 t;其他各类生物质资源近百万吨。这是开发生物质能源的基础。

(二)北京市生物质能利用现状

“十一五”以来,北京市对生物质能的开发利用给予了很大关注和投入,自 2006 年起,在京郊实施的“三起来”工程(指推广太阳能路灯等,让农村“亮起来”;推广高效节能吊炕、住房保温改造等,让农民“暖起来”;实施大中型沼气、户用沼气池工程等生物质能利用,让农业资源“循环起来”),生物质能产业更是迎来了加速发展期。据调查测算,实施“三起来”的三年间仅推广的生物质气化站和大中型沼气站就为 6.25 万户农民常年提供生活能源。到 2017 年,全市生物质能利用总量为 109.8 万 t 标准煤,占当年可再生能源开发利用总量的 20.2%。

目前,本市的生物质能主要包括清洁焚烧项目、沼气发电项目、污水处理厂污泥沼气发电项目和沼气集中供气项目等四种方式。

(三)生物质能发展的困境

发展生物质能,是北京新能源的一个重要领域,但是,目前尚存在较多困难。

一是,生物质能利用难度较大,与传统能源相比较生物质能分布分散、密度低、成分复杂,这些特性增加了生物质能开发的难度。

二是,技术不成熟,生物质能利用技术发展时间不足 20 年,许多关键技术尚不成熟。如秸秆气化集中供气装置,焦油处理等难题至今未得到有效解决。

三是,副产品造成二次污染。如生产沼气形成的沼肥;秸秆气化产生的焦油、木醋液等尚未得到利用。有些露天堆放,有些直接排放。副产品处理不当不仅影响到生物质能项目的持续运营,而且还会对环境造成严重的二次污染。

四是,可持续性不足。由于生物质能原料收集成本较高,日常维护费用较大等问题的影响,致使生物质能技术产品经济性普遍较差,许多项目亏损经营,缺乏可持续性。

五、北京现行新能源政策

（一）实现“四个转变”

本市能源发展要着力推动实现四个转变：一是从保障总量、供需平衡向保障总量、优化结构、提升效率并重转变；二是从煤炭等传统化石能源的供应保障向天然气、电力等清洁能源的供应保障以及太阳能、地热能等可再生能源的开发利用转变；三是从能源布局的市域内统筹向市域内、市域外两个统筹转变；四是从传统运行调控向信息化、精细化、智能化运行调控转变。

（二）打好压减燃煤攻坚战

落实生态文明建设及大气污染治理任务，加快电力、燃气配套设施建设和可再生能源推广利用，由内向外、集中连片、分步实施，全力打好全市燃煤治理攻坚战。

北京市基本完成燃煤锅炉清洁改造。按照先平原地区再山区的步骤，统筹推进实施燃煤锅炉清洁改造，细化落实配套政策，2020 年底前基本完成全市供暖和工业燃煤锅炉清洁能源改造。

全面关停燃煤电厂，本地清洁发电比例达到 100%。

（三）实现可再生能源利用新突破

创新发展模式，突破技术制约，大力实施绿色电力进京和绿色能源行动计划，将可再生能源融入城市能源供应体系，大幅度提升可再生能源利用规模。2020 年，全市可再生能源消费总量达到 620 万 t 标准煤，占能源消费总量的比重达到 8%以上。

跨区域调入绿色电力。北京市实施绿色电力进京计划，支持北京周边地区可再生能源基地建设，推动建立京冀晋蒙绿色电力区域市场。到 2020 年，年外调绿色电力总量达到 100 亿 kW · h。

充分利用本地可再生能源。北京市实施绿色能源行动计划，充分开发太阳能和地热能，有序开发风能和生物质能。推进分布式光伏、热泵系统在既有建筑的应用，新建建筑优先使用可再生能源，新增电源建设以可再生能源为主。

创新引领产业发展。北京市充分发挥首都科技创新优势，集中攻关大规模储能等关键技术，加快成果转化应用，培育具有核心竞争力的高精尖产业集群，打造国家可再生能源发展战略高地。

（四）引领能源绿色智能高效转型

北京市顺应能源生产和消费革命新趋势，以改革创新为动力，以“互联网＋”为手段，加快推进能源新技术、先进信息技术与能源系统的深度融合，推动能源绿色智能高效转型。

（五）深入推进节能降耗

北京市坚持节约优先的发展理念，深入践行能源消费革命，严格控制能源消费总量，持续推进重点领域节能，大力倡导绿色低碳生产生活方式，逐步实现经济社会绿色化、集约化发展。

（六）精细管理能源运行

北京市以确保能源运行安全为核心，健全资源保障和运行调节长效机制，充分应用现代信息技术，完善监控调度网络，全面提升能源运行管理精细化、智能化水平。

（七）加快能源市场化改革

北京市全面落实国家能源体制改革的总体部署，突出重点、试点先行，积极稳妥推动热力、电力、燃气等重点领域改革，完善能源价格机制，强化政府监管服务，为能源转型发展提供动力保障。

第四节　北京的旅游资源

旅游资源是指自然界和人类社会中能对旅游者产生吸引力、激发旅游者的旅游动机，具备一定旅游功能和价值，可以为旅游业开发利用，并能产生经济效益、社会效益和环境效益的事物和因素。

旅游资源包括自然旅游资源和人文旅游资源两大类。

自然旅游资源是天然形成的旅游资源，包括自然景观与自然环境。如山峰、河流、湖泊、瀑布、溶洞、火山、沙漠、海湾等。

人文旅游资源是由人类社会活动产生的具有一定社会文化属性、具有观赏价值的事物和因素。如古代遗址遗迹、古建筑（群）、古民居、陵墓、园林、博物馆、民俗村等。

一、北京旅游资源概况

(一)旅游资源丰富

北京拥有丰富的旅游资源,全市对外开放的旅游景点达200多处。全市共有文物古迹7 309项,99处全国重点文物保护单位(含长城和京杭大运河的北京段)、326处市级文物保护单位、5处国家地质公园、15处国家森林公园。

乡村旅游资源遍布郊区,从20世纪80年代后期至今,北京市一直积极探索符合实际的乡村旅游发展之路,并形成了独具特色的乡村旅游"北京模式"。

(二)种类齐全

北京自然旅游资源方面包含有:地貌景观类有房山地质公园;水域风光类有河流湖泊,天气气象类有云蒙山云雾,海坨山日出;生物景观类有松山原始森林,灵山草甸等。

人文旅游资源包含有:古迹与建筑类最为著名的有故宫、天坛、颐和园、圆明园、八达岭长城、周口店的猿人遗址;休闲文化类有历史博物馆、军事博物馆、国家大剧院、国家图书馆、美术馆、植物园、动物园、奥林匹克体育馆、水立方等。购物类有众多商场、购物中心。

(三)自然与人文融合

北京有许多旅游景观既是人文景观,也是自然景观,二者高度融合。如香山鬼见愁与香炉峰既是自然形成又蕴含人文因素。类似情况还有如十三陵水库、妙峰山、云居寺、石花洞、居庸关、八达岭、慕田峪等众多景区,自然景观中有人文因素,人文景观中有自然因素,高度融合,密不可分。

二、乡村旅游的"北京模式"

北京市乡村旅游独具特色。远郊各区坚持"一区(县)一色""一沟(村)一品"的特色发展道路,精心培育乡村旅游新业态,不断创新乡村旅游发展模式,逐步完善乡村旅游标准,积极构建特色旅游小城镇、特色村落、特色乡村酒店、特色民俗活动和特色沟域文化的乡村旅游产业体系,全面推进乡村旅游产业升级,努力实现从乡村观光旅游向乡村休闲度假旅游的转变，从单纯注重经济功能向更加注重发挥乡村旅游业经济、文化、社会、生态综合功能转变，走出了一条极具特色的发展道路，形成了内涵丰富、魅力独具的“北京模式”。该模式突出表现为：旅游产品、旅游市场、旅游营销、旅游服务的国际化，投资主体的多元化，产品功能的复合化，旅游业态的特色化，旅游发展的标准化。

（一）“国际驿站”等民居功能拓展模式

民居功能拓展模式是指居民以整体租赁形式将房屋使用权转让，受让者对房屋进行改造，使其具备居住和乡村旅游接待双重功能的一种乡村旅游发展模式。“国际驿站”是该模式的典型业态，怀柔区慕田峪村、朝阳区高碑店村、顺义区白各庄意大利农场、昌平区德陵村等都是该模式的典型代表。

（二）“生态渔家”等品牌餐饮模式

品牌餐饮模式是指某一特定乡村旅游地以品牌化的特色餐饮作为吸引游客的主要手段，从而推动乡村旅游发展的一种模式。游客对旅游地的深层体验，“从味蕾开始”。特色餐饮是乡村基于饮食传统文化，投入最少，最易于经营的旅游服务。“生态渔家”是该模式的典型业态，密云区生态渔村、怀柔区杨树下村等都是该模式的典型代表。

（三）“采摘篱园”等都市农业模式

都市农业模式是指在临近都市地区，依托高科技农业和各种乡村景观，发展集高科技展示、科普教育、休闲、观光等功能于一体的乡村旅游的一种模式。强调经济、生态和社会的协调以及在空间布局上无城市和乡村边界是该模式最明显的两个特征。“采摘篱园”是该模式的典型业态，朝阳区来广营乡的朝来农艺园、昌平小汤山镇的现代农业科技示范园、顺义区北小营镇三高科技示范园区、顺义区沿河特菜基地、大兴区庞各庄西瓜试验示范基地、大兴区采育葡萄基地、门头沟区北京上岸种植园、昌平区南邵新特种植场、密云区迷宫种植园等都是该模式的典型代表。

（四）“山水人家”等生态环境示范模式

生态环境示范模式是指在具备良好生态环境的乡村，以生态环境作为旅游吸引物，开发观光、休闲、度假旅游产品，促进乡村旅游发展的一种模式。“山水人家”

是该模式的典型业态，密云区石塘路村、怀柔区渤海镇、昌平区郑各庄村、昌平区香堂村、昌平区羊台子村、延庆区秀水湾等都是该模式的典型代表。

怀柔区渤海镇田仙峪村国奥乡居高端休闲养老的旅游社区

（五）“养生山吧”等景区依托模式

景区依托模式是指依托旅游景区（点）开展乡村旅游，把附近旅游景区（点）的部分服务功能分离出来，吸引周边农民参与旅游接待和服务，并融入一些乡情活动，从而促进农民增收致富和周边乡村发展的一种模式。“养生山吧”是该模式的典型业态，海淀区车耳营村、房山区十渡镇、房山区中英水村、怀柔区不夜谷、怀柔区红螺寺村、昌平区瓦窑村、延庆区西大庄科村、密云区花园村等都是该模式的典型代表。

（六）“休闲农庄”模式

“休闲农庄”是指占地100亩以上，以农业生产和乡村生活为依托，以农耕文化为核心，利用田园景观为游客提供乡村生产生活休闲体验以及住宿、餐饮等基本服务设施的经营主体。“休闲农庄”模式是以休闲农庄作为经营单位，发展乡村旅游的一种模式。通州区禾阳休闲农庄、通州区天地和庄园、昌平区中科捷奥休闲农庄、延庆区怡情园休闲农庄等都是该模式的典型代表。

(七)“乡村酒店”模式

“乡村酒店”是指具有休闲、娱乐、求知、教育功能的综合性旅游住宿单位，是将农业景观、生态景观、田园景观与住宿、餐饮设施进行结合，能够为游客提供乡村休闲体验的经营主体。乡村酒店的档次介于城市酒店和农家住宿之间，让游客能在农村享受到酒店级的服务。乡村酒店模式是以乡村酒店作为主要旅游接待设施，发展乡村旅游的一种模式。昌平区金利牡丹园、昌平区雪雅小庄、昌平区鲜果乐园、密云区花溪小寨等都是该模式的典型代表。

(八)“民族风苑”模式

“民族风苑”是指以少数民族建筑、服饰、风俗生活形式、宗教信仰以及生产方式等为依托，集中展示少数民族风情，以提供少数民族风情体验为特色的旅游休闲娱乐综合接待场所。民族风苑模式是指少数民族农村地区，以独特的民族风情为基础，大力改善基础设施和旅游接待设施，引导少数民族农民参与旅游开发，促进乡村旅游发展的一种模式。怀柔区七道梁正白旗村、怀柔区项栅子正蓝旗村和怀柔区老西沟镶红旗村、大兴区巴园子村、昌平区西贯市村、密云区古北口河西村等都是该模式的典型代表。

(九)“古村聚落”模式

“古村聚落”主要是指民国以前建村，保留了较长历史沿革，建筑环境、建筑风貌、村落地址未有大的变动，具有独特民俗民风，虽历经年代久远，但至今仍为人们服务的村落。古村聚落模式是指以浓厚的古村聚落文化和特色古村聚落建筑为核心吸引物，以保护为主，因势利导开发旅游，促进乡村发展的一种模式。门头沟区爨底下村、门头沟灵水村、门头沟琉璃渠村、门头沟沿河城村、门头沟椴木沟村、昌平区长峪城村、延庆区岔道村、密云区遥桥峪古堡民俗村等是该模式的典型代表。

(十)“创意产业”模式

创意产业是指那些从个人的创造力、技能和天分中获取发展动力的企业以及那些通过对知识产权的开发可创造潜在财富和就业机会的活动。创意产业模式是指依托乡村地区良好的生态环境和发展创意产业所形成的氛围，开发艺术家社区等具有鲜明创意产业特色的乡村旅游产品,并带动当地乡村旅游业发展的一种模式。通州区宋庄镇、昌平区下苑画家村等是该模式的典型代表。

三、北京市发展休闲农业、乡村旅游的产业政策

(一)基本原则

生态优先、持续发展。发展旅游业要按照首都生态文明建设的要求,遵循开发与保护并举、生产与生态并重的理念,统筹考虑资源、环境承载能力,加大生态环境保护力度,实现可持续发展。

以农为本、促进增收。以农业为基础,农村为载体,农民为主体,立足提升农民的生活品质和环境质量,提高村民的服务能力和水平,让游客体验到真实的农村生活,促进农民持续稳定增收。

市场导向、突出特色。以满足消费者的休闲旅游需求为导向,结合农业资源、乡村景观、人文历史、交通区位、旅游基础和投资条件,因地制宜、突出特色、创新发展,提供舒适自然、特色鲜明的休闲农业和乡村旅游产品。

多方参与、政策集成。使市场在资源配置中起决定性作用,更好发挥政府作用,创新休闲农业发展体制机制,调动各方积极性,形成“政府引导、主体多元、市场运作”的发展模式。

(二)发展目标

休闲农业和乡村旅游产业规模不断扩大,接待人次、经营收入年均增长率分别达5%和8%以上,到2020年,分别达到5 000万人次和60亿元;产业布局更加科学合理,产业结构明显优化,产品内容更加丰富,发展质量明显提高,形成京津冀休闲农业协同发展新格局。

(三)主要任务

一是,加强基础设施建设,改善休闲旅游环境。

加强基础设施建设。结合新农村建设,重点推进实施农村六网(供水管网、污水管网、垃圾收运处理网、电网、乡村路网、互联网)改造提升工程,切实改善乡村旅游地区的基础设施条件。

从农田景观、廊道景观、村落景观建设入手,开展景观建设与培育,全面提升乡

村景观。推进农田景观建设，实施规模农田镶边、农田缓冲带种植、闲置地景观化改造、坡地景观栽培、沟路林渠景观提升等生态景观农业工程。开展景观作物品种筛选及栽培技术研究，筛选并推广适宜的景观作物品种。实施景观进村入院，鼓励在村域内栽花种草、植树绿化，建设廊架景观、庭院景观、阳台盆栽景观。编制乡村景观建设规划，制定技术规程，建立乡村景观建设和管理体系。

二是，创新产品，优化休闲农业结构。

创新发展业态。北京市鼓励根据资源禀赋和市场需求，通过农旅结合、农科结合、农文结合等发展模式，紧密结合中小学生教育示范基地、北京市科普教育基地、A 级景区等建设标准，因地制宜创新发展业态。鼓励发展亲子农业、教育农园、市民农园，促进农业与科普、教育、体验的结合。推进乡村酒店、养生山吧、休闲农庄、生态渔家、山水人家、采摘篱园、民族风苑、国际驿站、葡萄酒庄、汽车旅游营地等特色业态发展。探索发展中医药健康旅游产品。挖掘北京地方民俗文化资源和农业文化遗产，开展重要农业文化遗产认定，做好开发、利用、保护、传承工作。支持发展“乡村非遗旅游”，传承北京地方乡土文化。

延伸产业链条。北京市支持第一产业与第二、第三产业融合发展，培育生产标准化、经营集约化、服务规范化、功能多样化的休闲产业链。支持有条件的乡村盘活闲置农宅，吸引社会资本，发展旅游、休闲、养老、健身等产业，延长产业链条。民俗旅游村要结合美丽乡村建设，完善村内公共服务设施，开展绿色农宅、绿色村庄建设，保留乡村文化符号，健全旅游要素，拓展发展空间。休闲农业园区要以增加体验性、参与性为重点，完善功能分区，搞好标识系统建设，增加解说服务，丰富游览体验内容。注重保护传统村落、民族村落，建设一批具有历史记忆、地域特点、民族风情的民俗旅游村。支持采摘园改造提升。积极发展城市农业，促进创意农业走进市民家庭。

三是，推进资源整合与产业集聚，优化区域布局。

转变经营方式。创新休闲农业组织形式、体制机制和发展模式，优化资源配置，促进休闲农业由粗放经营向规模集约经营转变。支持建设集乡土文化展示、农事体验、乡村休闲娱乐、商业服务、休闲度假等项目于一体的休闲农业和乡村旅游综合体。鼓励休闲农业园区通过品牌合作、资产重组等方式做大做强，支持休闲农业和乡村旅游企业上市。鼓励休闲农业企业申报农业产业化龙头企业。支持以农民为主体、利益为纽带的民俗旅游专业合作社发展。

推进集群发展。积极推进休闲农业要素、项目、产业集聚。发挥旅游景区景点的带动作用，环绕交通干道、河流和沟域，通过资源优化和创意设计，将民俗旅游村、休闲农业园区与景区景点等串联起来，形成特色明显、资源互补、利益联结紧密、满足游客多元化需求的乡村旅游带。对休闲农业园区较多、基础条件较好、资源独特、发展潜力大的区域进行整体包装，建设连片的休闲农业集聚区。有序开展全域旅游示范区创建，借力提升休闲农业和乡村旅游发展水平。结合特色小城镇建设，推动休闲农业与新型城镇化有机结合，开发建设一批具有示范带动作用的乡村旅游小镇。结合沟域经济开发，引进一批休闲农业和乡村旅游重大项目，实现产业集聚发展。借助筹办 2019 年世界园艺博览会、2020 年世界休闲大会（已延期）等大型会展机遇，引领推动周边休闲农业和乡村旅游快速发展。

北京市推动京津冀休闲农业协同发展。按照“市场导向、优势互补、资源共享、特色鲜明、共赢发展”的原则，统筹规划京津冀三地休闲农业建设，共同打造休闲农业精品旅游线路。建立京津冀休闲农业公众服务平台，加强休闲农业品牌合作，开展休闲农业人才培养，策划休闲农业大型推介活动。以“沟域”景观建设为契合点，联合推进京津冀“沟域”景观发展。

四是，加强宣传推介，培育知名品牌。

加强宣传推介。充分发挥“互联网＋”在促进休闲农业和乡村旅游宣传推介中的作用，在重大节假日前和重要农事节庆节点，利用网络、电视、报纸、微信等，以图文并茂的形式，有组织、有计划地开展休闲农业和乡村旅游宣传推介。鼓励通过传统媒体和互联网等新兴媒体宣传推介精品线路和精品景点，扩大休闲农业和乡村旅游的影响力。鼓励举办特色鲜明、影响力大、公益性强的农事节庆活动，增强市场开拓能力。继续开展休闲农业和乡村旅游信息标注工作。

加强品牌建设。实施休闲农业品牌战略，培育一批特色突出、品质优秀、创意新颖的知名品牌。推进星级民俗旅游村、民俗旅游接待户，休闲农业园星级园区示范创建工作。打造一批乡村美食、创意产品、农事活动等特色乡村旅游品牌。推进 100 个特色旅游村镇创建。培育山区 10 条精品沟域经济带，实现全域景区化。充分发挥北京农业嘉年华的品牌和市场影响力。

五是，强化培训服务，优化创业环境。

大力开展培训。依托职业院校、行业协会和产业基地，分层、分类开展管理人员和服务人员培训。继续推进民俗村户旅游经营者万人培训。整合优化青年创业致富“领头雁”计划、实用人才培训、田间学校、全科农技员等资源，开展针对休闲农业经营管理、从业人员多种形式的培训。切实做好休闲农业解说员的培训。

培育休闲农业创客。落实“大众创业、万众创新”，引导和支持返乡农民工、大学毕业生等通过经营休闲农业和乡村旅游实现自主创业。鼓励首都文化、艺术、科技专业人员发挥优势，开展休闲农业和乡村旅游创作创业。鼓励烹饪协会、北京巧娘协会、玩具协会、工艺美术协会等专业社会团体与民俗旅游村、休闲农业园区“结对子”，提升经营水平。到2020年，在京郊建设一批休闲农业创客示范基地，形成一批高水准文化艺术旅游创业就业乡村。

加强规范管理。认真贯彻实施新修订的《北京市旅游条例》，全面推动休闲农业和乡村旅游依法、有序、规范发展。完善休闲农业地方标准，科学设计评价指标体系，提高市场准入门槛。研究制定市民农园等新业态标准。鼓励休闲农业和乡村旅游企业参与国家有关标准体系认证。支持休闲农业行业协会、产业联盟等行业服务组织强化服务，加强专业指导，通过自我服务、管理和约束，规范竞争行为，营造公平环境。加强对休闲农业和乡村旅游从业人员的诚信教育，严惩违法乱建、欺客宰客，提高服务质量。强化食品、卫生等各方面安全意识和管理制度建设。

参考文献

1. 左淑惠．北京市土地利用现状分析[J]．商，2016(33).

2. 张慧光．北京市乡村旅游发展模式研究[J]．中国旅游报，2009-02-25.

3. 颜昌远．北京水资源的保护与合理开发利用[J]．北京规划建设，2000(6).

4. 北京市水务局．北京市水资源公报(2018年度)(2017年度)(2010年度).http//sw.beijing.gov.cn/zwgk/szygb，2017-08-07/2019-07-05.

5. 欧阳志云，李小马，徐卫华，李煜珊，郑摇华，王效科．北京市生态用地规划与管理对策[J]．生态学报，2015，35(11).

6. 黄学勤，郑佳，王瑶，李娟，杜境然．北京市地热资源开发利用研究报告[R]．第五届国际清洁能源论坛，2016.

7. 北京市农村工作委员会．北京市关于加快休闲农业和乡村旅游发展的意见．

8. 北京市人民政府．北京市“十三五”时期水务发展规划，2016.

9. 北京市人民政府．北京土地利用总体规划 2006—2020，2009.

10. 北京市人民政府．北京市关于加快休闲农业和乡村旅游发展的意见，2017.

11. 北京市人民政府．北京城市总体规划(2016 年—2035 年)，2017.

思考题

1. 如何理解北京市的水资源政策？
2. 北京土地利用存在哪些问题？有何对策？
3. 近年来，北京能源政策有哪些新发展？
4. 如何合理开发利用本地旅游资源促进乡村发展？

第三章
北京农业的产业结构

所谓农业产业结构是指农业中各产业的构成比例。它可以分为3个层次：一是生产结构，主要表现为不同生产部门之间的比例，如种植业、畜牧业、林业、渔业等生产部门之间的比例；二是产品结构，主要表现为同一生产部门中不同产品之间的结构，如种植业中粮食、油料、蔬菜、水果等作物之间的比例；三是品种结构，主要表现为某一产品中不同品种之间的比例，如蔬菜生产中的茄子、辣椒、西红柿等果菜与菠菜、油菜、大白菜等叶菜的比例等。

农业生产结构，通常是用农业总产值中各业所占比重来表示，也可以用投入农业中各产业的资金、劳动力的比重来说明。

农业产业结构是反映一个国家或地区农业发展水平和时代特点的指标。为了解北京地区的农业发展面貌，就需要分析其农业产业结构的历史演变、调整升级的过程。

第一节　历史上北京地区农业产业结构的演变

当代北京市的行政区划是新中国成立以后经过几次区划调整，至1958年才最终形成的。在北京建都史上，北京周边地区称京畿之地，行政区划除元代设“大都路”外多设“府”，如金代设“析津府”、明初设“北平府”、永乐迁都后设“顺天府”，清代设“顺天府”。史上的析津府、大都路、北平府、顺天府其辖区都大于当代北京市辖区。民国初期设“京兆地方”，南京国民政府成立后，改北京为“北平特别市”一度降为河北省省辖市，行政辖区仅限于城区、城外关厢及城西北菜区。

本章介绍的北京农业产业结构发展演变的历史，是以当代北京市的行政区划为基础，分析10个远郊区的农业产业结构的演变。用地理坐标表述，就是位于东经115.7°～117.4°，北纬39.4°～41.6°，总面积16 410.54 km^2 这片地域上的农业产业结构的演变。

北京地处华北平原北端，在历史上，这里是农耕经济与游牧经济的交汇地带，是华夏文化与胡、戎文化碰撞之地，其产业结构的发展演变受历代政治、文化、民族关系影响较大，不同时代，北京地区会形成不同的产业结构。

一、唐以前北京地区的农业生产结构

北京农业生产的发端，可以上溯到 8 000 年以前，据平谷区上宅村新石器时代遗址的考古发现，距今 8 000 年前的新石器早期北京地区已经产生了原始农业。

（一）先秦时期北京地区的农业

春秋战国时期，铁制农具在今北京地区已得到广泛使用，促使了平原地区农业生产力水平的大幅度提高。当时北京地区的北部山区森林茂密，草原广阔，一支游牧部族——山戎部族在此地发展起来。山戎人时常侵扰燕国北部（今北京平原），危害燕国的农业生产生活。燕庄公二十七年（公元前 664 年），齐桓公伐山戎，大败山戎部族，解除了山戎对燕国北部地区的威胁。

这段历史说明，春秋战国时期，北京地区已经是农耕民族与游牧民族并存，农业与畜牧业交汇点。

据战国晚期的《周礼・职方氏》记载：幽州谷宜三种，畜宜四扰。据汉代郑玄解释，所谓“谷宜三种”即黍、稷、稻，“畜宜四扰”即古人所说的四扰，就是四种经过驯养的动物，马、牛、羊、豕。这就是说战国时期北京地区种植业以黍、稷、稻三种作物为主，养殖业主要以马、牛、羊、猪为主。

这里所说的“黍”就是今人所称的“黍子”，其籽粒就是“大黄米”，京郊密云区有黍谷山，传说是黍子的发源地。

（二）秦汉时期北京地区的农业

秦汉时期，北京已经发展成为北方重要的商业城市和军事重镇。《后汉书・张堪传》记载：张堪任渔阳太守时，抗击匈奴发展农业，在狐奴（今顺义、怀柔）利用沽水（白河）和鲍丘水（潮河）“开稻田八千余顷，劝民耕种，以致殷富”。从这一记载可以看出，当时北京地区农业的生产水平进一步提高。水稻作为一种重要的农作物在这一时期开始规模化栽培。

（三）魏晋时期北京地区的农业

曹魏初期实行屯田制，大兴农田水利，到魏元帝三年（260 年）北京地区水浇地已经发展到 100 万亩，这一时期，农作物品种有粟、小麦、水稻、胡麻、豌豆、大麦、燕麦、荞麦等。

（四）唐代北京地区的农业

到唐代，幽州的林果业生产也有一定的发展。《新唐书·地理志》记载"幽州范阳郡"附近的州（县）城内有果子行，专门出售干鲜果品。燕山还出产木材，开元初年始有木材交易。这里讲的唐初范阳郡郡治在蓟县所辖范围包括今北京大部分地区。

从唐以前北京地区农业生产结构演变过程中我们可以看到，北京独特的地理环境决定了北京自古以来就成为中原农耕文化和北方游牧文化碰撞与交融的前沿，这种碰撞与交融促使北京逐渐发展成为具有重要地位的军事重镇和商业城市，从而对当地的农业生产结构产生了深远的影响。北京地区农业生产结构与城市经济关系越来越密切，农业生产随着北京城市的兴衰而兴衰。农业生产结构随着当时统治政权性质而出现阶段性的农耕经济和游牧经济此消彼长的现象。

二、辽以后北京地区的农业生产结构

（一）辽金时期北京地区的农业结构

金朝海陵王在 1153 年下诏迁都北京。从此，北京大多数时间是历代王朝的正式首都。作为首都的北京及京畿地区，政治经济文化地位与其他地区显著不同，因而对本地区的产业结构包括农业生产结构产生了深远影响。农业生产结构的演变也与其他地区有明显的差异。

海陵王迁都时，北京地区是辽五京中最大和最富裕的一个。当时北京地区农业生产结构已经比较丰富，"蔬瓜、果实，稻粱之类，糜不有出。而桑、柘、麻、麦、羊、豕、雉、兔，不问可知"。

（二）元明时期北京地区的农业结构

到了元朝，北京作为统一帝国的首都繁盛一时。因为粮食主要取自其他地区，当时的农业发展有限。《元史·食货志》记载："元都于燕，去江南极远，而百司庶府之繁，卫士编民之众，无不仰给于江南。"由于鲜菜只能仰赖当地供给，所以，蔬菜种植有所发展，有"治蔬千畦，可当万户之禄"之说。

明朝，北京地区农业生产有显著发展。小麦是当时北京地区主要的农作物，远郊地区除种植小麦以外，还出产高粱、小米、大麦、荞麦、黑豆、橹豆等杂粮。棉花种植开始推广，玉米也开始种植于田畔园圃。彼时，蔬菜种植进一步发展，品种以莱菔（萝卜）、蔓菁（苤蓝）、菘菜（白菜）最为著名。花卉生产也很繁盛，丰台、草桥一带的农民多以种花为业，至今丰台区花乡仍是花木集散地。当时北京都城一带还有畜牧、捕鱼等生产，京畿皇庄的十里铺、高碑店等地，官府征收租银。"凡民间撑舟驾车、放牧牛马、采捕鱼虾螺蚌有蒲之利，靡不刮取。"

（三）清代北京地区的农业结构

清朝北京的粮食供给依然依赖漕运，但郊区农民的口粮只能靠自给，由于人口增加，所需粮食量迅速增长，外来的两种高产农作物玉米、甘薯在北京地区种植增多起来，这使京畿传统的粮食结构出现了一些新的变化。从传统的黍、粱、麦为主演变为玉米、小麦、甘薯为主。

从历史上看，辽以后的北京地区作为全国政治、经济、文化中心，由于其都城的特殊地位，使其农业生产结构具有鲜明的特点。一方面，社会各部门的上层代表云集于此，他们形成了各种庞大的公私消费需求，推动了城市郊区农副产品的生产。另一方面，北京的粮食和其他大部分农产品依靠其他地区的供给，北京地区农业中适应城市需要的蔬菜种植、花卉业等生产发展较为发达，促进了城市郊区型农业生产结构的形成。

三、民国时期北京地区的农业生产结构

真正具有统计学意义的北京地区农业产业结构分析，产生于 20 世纪 30 年代，即民国时期。

1928 年，首都南迁，北京划为北平特别市，1930 年又隶属于河北省，之后虽很快又划归政务院管辖，但失去了首都地位的北平市，其农产品需求只能主要依靠周边农村供给。于是周边各县虽在行政上不隶属于北平特别市，但在农业生产结构

布局上却受北平市场需求的影响，从而初步形成了具有“城郊农业”雏形的农业产业结构。

这一时期，农产品商品化有所加强，并有了少量农产品出口，出口的品种主要有花生、黄豆、鸡蛋等。彼时，北京市工商业的发展，对某些经济作物需求剧增，导致花生、棉花等经济作物种植面积逐渐扩大，还出现了经营农场。水稻、小麦面积扩大，蔬菜、水果、花卉栽培面积都有不同程度的发展，出现了一些专业农区。

据 20 世纪 30 年代中期河北省有关调查材料。当时北京周边顺义、大兴、良乡、昌平、平谷、房山、宛平、密云、怀柔等九县的农业产业结构大致如下。

(一)种植业

近郊：玉米、高粱种植面积占耕地面积的 58.9%、谷类占 23.7%、小麦占 9.19%，以下依次为豆类、薯类、花生、棉花，分别占耕地面积的 4%、1.88%、1.63%、1.52%。据 1933 年统计蔬菜种植面积达到 4.6 万亩。以白菜为大宗，种植面积 1.7 万亩，以下为黄瓜、菠菜、扁豆、茄子等。

远郊九县：各种农作物种植结构为小麦 8.18%、玉米、高粱 46.75%、谷类 25.03%、豆类 9.81%、棉花 4.05%、花生 6.13%、甘薯 1.89%。蔬菜九个县共种植 22 875 亩。

(二)养殖业

北京地区饲养的家禽有鸡、鸭；家畜有猪、羊、骡、马、驴、牛、骆驼。饲养大牲畜的情况是：平均每百户养驴 10 头，养骡 8 头、养马 2 匹、养牛 1 头、养骆驼 5 头。这一时期，奶牛生产在北京近郊已有一定规模。一些近代的奶牛场纷纷建立，如北京大学农学院牛奶场、燕京牛奶场、太和牛奶场、北京模范牛奶场等。全市牛奶场发展到 100 多家。奶牛 1 800 余头，日产鲜奶 5 400 kg。

远郊县饲养骡、马、驴、牛的较多，据统计郊区户均养牛 0.076 头，户均养马 0.09 匹，户均养骡 0.22 头；户均养驴 0.19 头。总之，这一时期，由于连年战乱，近郊和远郊县的畜牧业都不是很发达。据不完全统计，1948 年末，北京市猪存栏数仅 23 万头，当年出栏肥猪 18 万头，鸡蛋产量(包括河北进入北平一部分)约 170 万 kg，填鸭生产不到 6 000 只。

(三)林业

北京地区多山,历史上曾是个多林的地区,据考证,北京地区的森林“元代是大规模破坏的开始,到清代已经保存不多,仅在一些风景名胜、寺庙和封禁地区保存有成片的林子”。从 1920 年至 1949 年新中国成立前夕,在郊区所造的人工林,总共不足 4 000 亩。在深山区有 30 余万亩桦、杨、橡、栎等次生林和少量松柏实生林的残林迹地。林木覆盖率只有 1.3%,风沙肆虐,水土流失严重。

北京地区果蔬栽培有悠久的历史,栽培出不少闻名遐迩、品质优良的干鲜果品。但生产规模和产量都很小。到 1949 年,全郊区共有各种果树 33 万亩(670 万棵),大部分分布在山区,且多为杂果园。1949 年果品总产量为 1 000 万 kg,以柿子和梨为大宗。被视为果中珍品的水蜜桃、葡萄当时栽培面积仅 200～300 亩,产量甚微,价格昂贵。

第二节　新中国成立后北京农业产业结构的演变

1949 年 10 月,新中国成立后,北京获得新生,重新成为国家的首都,成为政治、文化、科技、国际交往中心,郊区农业也逐步发展成为服务首都的“城郊农业”和“都市农业”。

一、新中国成立后 17 年北京农业的发展

北京农业在新中国成立前,由于长期受封建土地所有制和传统生产方式的束缚,生产力水平非常低下。新中国成立以后,经过土地改革、农业合作化运动破除了旧的生产关系,解放了农业生产力,大大提高了农业生产水平,带动了农业产业结构的升级与优化。

新中国成立后的 17 年间,即从 1949 中华人民共和国成立至 1966 年。这一时期是国家经济恢复、发展,国民经济体系建立时期,虽有“大跃进”等“左”的错误干扰和“三年困难时期”的拖累,国家的整个工农业产业体系是健康发展的。

(一)农业发展水平的提高

新中国成立前,北京郊区农业生产力水平很低。1949 年粮食平均亩产仅 63.8 kg,

农副业总产值只有 1.37 亿元，绝大多数农民过着饥寒交迫的贫苦生活。1950 年 3 月，土地改革全面完成，铲除了农村的封建剥削制度，解放了农业生产力。

1952 年，粮食和蔬菜的总产量分别比 1949 年增长了 75.8% 和 178.1%。到 1957 年，粮食亩产量和总产量分别增长 69.6% 和 88%，农业人口人均拥有粮食 282 kg，温饱有了初步保障。蔬菜、畜牧业、果品生产也有较大发展。

1954 年，北京市制定了《1954—1956 年发展养猪计划》，确定了“在私养为主的基础上，社繁户养、自繁自养、私养公助”的养猪生产方针。生猪由国家计划收购，预付定金并向养猪户奖励饲料。1954 年，全市商品猪达到 40.2 万头，比 1949 年增长 2.3 倍，出现了养猪业发展的第一个高峰。

1958 年到 1965 年，政府投资 7.7 亿元，社、队也投入了大量人力、物力，用于农机、水利和林业建设，普建丰产方和样板田。化肥的大量投入和科学技术的推广应用，进一步发挥了水利、农机的效益。

1965 年，粮食总产量比 1957 年增长 52%，平均亩产 210 kg，超过了《全国农业发展纲要》规定的黄河以北亩产 200 kg 的指标。

蔬菜、肉、蛋、奶等副食品生产也有很大发展。1962 年以后，近郊区建立了商品菜生产基地，并在远郊县发展调市夏菜，以解决淡季供应。1965 年，菜田亩产突破了 5 000 kg，总产量比 1957 年增长了 50.5%。

1965 年，全市存栏猪达到 145 万头，商品猪达到 98.4 万头，比 1957 年增长 2.4 倍，出现了养猪业发展的第二个高峰。

全市 1965 年牛奶产量达到 9 753 万 kg，比 1957 年增长 3.3 倍；鲜果总产 9581.5 万 kg，干果总产 1 476.8 万 kg，均比 1957 年增长 1.1 倍。与 1957 年相比，农业总产值增长 81.9%，农民人均收入增长 45.3%。

(二)农业生产条件的显著改善

水利是农业的命脉，新中国成立后 17 年，北京市农业生产力发展首先是从兴建水利工程开始的。

新中国成立前北京无一座水库。新中国成立后，继 1954 年竣工的官厅水库之后，1958 年 1 月，十三陵水库工程开工，当年 6 月 30 日完工，同年 3 月又动工修建怀柔水库，至 7 月完成。1958 年 9 月，华北地区最大的水库——密云水库正式动工，于1960年9月竣工。1959年10月，市委提出“一库带十库”，先后修建了十几座中型水库。1960年开始修建京密引水工程（1966年4月建成），成为第二条输水进京水系，至今仍为北京城主要水源。

17年间北京大兴水利工程，使得郊区农业生产水平大大提升。1949年北京郊区农田灌溉面积21.3万亩，仅占当年耕地面积的2.67%。1956年农田水浇面积扩大到62万亩，占当年耕地面积的7.2%。1957年以后，大规模兴修水利工程，建设大、中型灌区，利用水库蓄水自流灌溉，又新打一大批机井抽取地下水浇地。到1965年，全市有效灌溉面积扩大到344.7万亩，占总耕地面积的51.5%。

电力是农村最主要的动力资源。新中国成立前，广大农村没有电力，1950年，农村年用电量只有15万kW·h。20世纪50年代，各区（县）建立了35万V的变电站，到1962年底，除延庆外，初步实现了县县通电的目标。郊区年用电量4 191万kW·h，平均每hm^2耕地用电量由1949年的0.3 kW·h跃升到94.5 kW·h。20世纪60年代以后，农田排灌用电大幅度增长，电网建设逐步延伸进了山区。

农业机械化。1950年，近郊建立了3个新式拖拉机站，当年推广新式农具500多件。1953年，全市第一个市级拖拉机站建立，农业拖拉机逐年增多，作业机具逐渐配齐，统一由国家或集体投资经营。20世纪60年代前期，市、区（县）农机机构相继成立，到1965年已拥有拖拉机971台，手扶拖拉机301台，排灌动力机械14 785台，汽车464辆，农业机械总动力由1957年的3万kW增长到32.7万kW。机耕面积达到313.5万亩，占总耕地面积的46.9%。

化肥、农药生产。新中国成立前，京郊农民种地主要依靠自家积造有机肥料，1949年，全市化肥供应总量仅205 t。新中国成立后，市政府十分重视化肥的生产与推广，1959年，化肥年供应量比1949年提高了160多倍，20世纪60年代开始施用磷肥。与化肥推广普及的同时，化学农药新品种不断引进，使用量逐步增长，防治范围不断扩大。1965年，全市化肥供应总量达到12.25万t，平均亩耕地施用量由1949年0.025 kg上升到13.3 kg，提高了530多倍。

（三）技术改进有力地支撑了农业的全面发展

科学技术是第一生产力，农业的发展，离不开农业科技的发展与推广。1955年3月，北京市在近郊6个区建立了农业技术推广站。至1957年，全市共建立了

66个农业技术推广站，初步形成了市、县、镇（县以下设置的行政机构）三级农技推广体系。1963年全市有7个县建立了良种推广站，8个县建立了良种繁殖示范场，良种繁殖点多达60多个。

20世纪60年代以后，农业生产技术改进的主要内容是兴修农田水利，改善生产条件；选育良种，发挥杂交优势；增施化肥、农药，围绕耕作改制和合理密植改进栽培技术，提高自然资源利用率。

二、新中国成立后30年北京农业产业结构的建构

这里所讲“新中国成立后30年”是指1949年到1978年。标志性事件即中华人民共和国成立及中共十一届三中全会召开。1978年也被称为“改革开放元年”，这期间，北京地区在农业生产力大幅度提升的同时，也形成了以种植业为主体的农业产业结构。

（一）农业总体结构

这一时期北京地区农业生产的部门结构呈现出种植业为主的格局。种植业总产值始终占农林牧副渔业总产值的70%以上。1978年与1957年比，畜牧业在农业总产值中所占的比重由15.2%上升到22.5%。然而林业和水产比重上升不明显。

表3-1　1957—1978年北京地区农林牧渔业产值构成　%

年份	种植业	林业	牧业	渔业
1957	83.1	1.6	15.2	0.1
1965	73.0	4.2	22.7	0.1
1978	75.7	1.7	22.5	0.1

资料来源：北京市统计局

同全国农业产业结构比较，北京地区种植业所占比重始终低于全国平均水平，而畜牧业所占比重始终高于全国平均水平。到1978年，北京地区种植业所占比重比全国平均水平低了近10个百分点，而畜牧业所占比重比全国高了7.2个百分点。这说明，北京地区的农业已经初步具备了“城郊型农业”的特点。

（二）种植业生产结构

这一时期，由于生产水平相对较低，政策上强调“以粮为纲”。所以，北京地区

的种植业生产结构中粮食作物占绝对优势。粮食作物播种面积居高不下，一直占总播种面积的70%以上；由于有意识地调减棉花和油料作物播种面积，其占农作物播种面积的比从1957年的9.9%下降到1978年的7.1%；包括蔬菜瓜类在内的其他作物的播种面积由5.2%上升至11.8%，上升趋势明显，其中蔬菜面积从4.2%上升到8.2%，增长了近一倍。北京地区种植业生产结构与全国种植业生产结构除经济作物比重略小外，二者差异不明显。

从新中国成立到1978年，北京地区粮食作物的种植结构逐渐形成以玉米、小麦、水稻三大作物为主的结构。薯类和大豆比重急剧缩小，1978年分别仅占粮食总产量的2.5%和0.6%，逐渐被挤出主要粮食作物的行列。玉米所占比重也有所下降，但仍占有粮食总产量的1/3. 稻谷和小麦增长迅速，稻谷从仅占粮食总产量的1.5%增加到10%以上，而小麦则从占粮食总产量的7.5%增长到34.9%，跃居粮食作物产量的首位。

表3-2　1949—1978年北京地区主要粮食作物产量比例　%

年份	粮食	稻谷	小麦	玉米	薯类	大豆
1949	100	1.5	7.5	40.9	15.8	8.2
1957	100	4.3	5.9	44.6	12.8	7.5
1965	100	10.9	15.7	41.7	8.5	2.5
1978	100	12.4	34.9	32.1	2.5	0.6

资料来源：北京市统计局

（三）林业生产结构

新中国成立以后，大力植树造林、发展果品生产，使林业走上了有计划发展的道路。根据林业资源清查资料显示，到1980年底，北京地区有林面积已达29万hm^2，其中人工林15.9万hm^2，森林覆盖率提高到16.6%。

果树生产发展较快，在更新改造杂果园的同时，兴建了大面积集中连片的果品生产基地。1956—1958年，北京郊区建1 000亩以上的果园19个，500亩以上的16个；50～100亩的则遍及京郊。据1978年统计，北京地区果树面积达119万亩，果品总产量达17.5万t。从1952—1978年北京地区的果品生产有了很大发展，果品的生产结构与新中国成立前有了明显不同。

表 3-3 1952 年与 1978 年北京地区干鲜果品生产情况对照 t

年份	鲜果	柿子	梨	桃	葡萄	苹果	干果	核桃	板栗	杏核	枣
1952	34 107	11 649	7 216	1 627	352	330	9223	2 215	1 298	941	469. 3
1978	165 017	43 732	36 814	17 557	5 624	47 935	10 276	5 554	3 109	901	157

资料来源:《北京统计年鉴》

(四)畜牧业生产结构

从 1949 年到 1978 年,北京地区畜牧业承担着为城市提供肉、蛋、奶等动物食品,又为农村提供畜力、肥料的双重任务。由于其仍未摆脱对于种植业的附属地位,因此规模不大、效益不高,一直处于缓慢发展的状态。

表 3-4 北京主要畜产品产量对比 万 t

年份	鲜蛋	牛奶	猪肉
1949	0. 2	—	0. 8
1957	0. 4	1. 4	1. 7
1965	1. 1	5. 3	3. 5
1978	2. 1	5. 4	9. 3

资料来源:《北京统计年鉴》

(五)水产业生产结构

北京地区在历史上进行淡水养鱼基本是一个空白。北京郊区范围小,可供养鱼的水面主要是一些自然坑塘和公园湖泊。1953 年以前,淡水鱼生产每年只有几千 kg,不到水产品年销售量的 1%。

1954 年,官厅水库落成,拦洪大坝刚刚合龙,国家就从南方运来鱼苗投库放养。此后又陆续建成十三陵水库、怀柔水库和密云水库,养鱼面积最高达到 2 万 hm^2,年产量最高达到 200 万 kg。1967—1976 年,北京市水库年平均捕捞产量 163 万 kg,占全市同期成鱼生产平均水平的 68%。但随着池塘养殖的发展,水库养鱼的捕捞量逐渐下降。

到 1978 年,北京市养鱼总利用水面 17 195 hm^2,成鱼产量 178. 6 万 kg;其中水库利用水面 15 078 hm^2,产量 32. 3 万 kg;池塘养鱼水面 1 816hm^2,产量 129. 0 万 kg;湖泊水面 301 hm^2,产量 14. 6 万 kg。

三、改革开放后北京地区农业生产结构的升级

（一）农业总体结构

改革开放以来，随着家庭联产承包为主的责任制和统分结合的双层经营体制的实行，农民有了生产经营自主权。为了适应市场需要，北京地区农业结构调整步伐加快。到20世纪末，种植业占49.5%，居首位；畜牧业占43.6%，居第二；其余依次是渔业（占5.1%）、林业（占1.8%），形成了农牧并举的格局。

表3-5　1978—1999年北京地区农林牧渔业产值构成　　%

年份	种植业	林业	牧业	渔业
1978	72.8	2.4	24.7	0.2
1980	66.8	3.2	29.7	0.4
1985	62.7	2.3	33.8	1.2
1990	53.8	1.5	41.9	2.9
1995	51.9	1.8	41.9	4.5
1999	49.5	1.8	43.6	5.1

资料来源：《北京统计年鉴》

（二）种植业结构

从1978年开始，北京地区种植业进入快速发展时期。1978年以后，北京地区粮食作物播种面积在种植业所占比重有所下降。从1978年的81.2%下降到1999年的71.1%，下降了约10个百分点，但一直保持在70%以上的比重，依然占有绝对优势；油料、麻、烟等经济作物播种面积逐渐缩减；包括蔬菜在内的其他作物比重上升明显，从1978年的11.8%上升为25.4%，翻了一番多，其中蔬菜面积占有较高的比例，占种植面积的12.8%。

这一时期，由于实行两茬平播为主的耕作制度，玉米和小麦的播种面积和产量大幅度提高，1978年二者产量相加占粮食总产量的67.3%，而到了1999年，二者产量相加占粮食总产量的92.9%。稻谷产量占粮食总产量的比例从1978年的12.4%下降到1999年的6.4%，而其他（薯类、大豆等）粮食作物的产量在北京地区粮食生产结构中所占的比重微乎其微。

1999年，北京地区粮食生产结构：玉米43.1%、小麦49.8%、水稻6.4%。

（三）林业结构

1978 以后北京地区林业生产持续发展，林业成为农村的一项基础产业，也是首都生态建设的重要内容。林业自身正在从传统林业向现代林业转变。到 1995 年郊区林地面积 46 万 hm^2，森林覆盖率 36.2%。干鲜果品生产从 1978 年的 17.5 万 t，发展的 1999 年的 56.4 万 t，增长了两倍多。这一时期果品品种结构与 1978 年比没有明显变化，鲜果占 90%以上，占绝对优势。但鲜果内部结构有加大变化，葡萄和桃增长最快，葡萄增长 30 多倍，桃增长 9 倍多。苹果也有增长但幅度不大。

（四）畜牧业生产结构

改革开放以来，北京的现代化畜牧业建设进入了大发展阶段，从农民家庭副业式自给半自给的落后的小生产，发展成采用现代科学技术、现代管理方式的社会化、集约化大规模商品生产的现代畜牧业。1999 年北京市畜牧业产值占农业总产值 43.6%。畜牧业拥有一大批现代化工厂化的畜牧生产场和相关企业，已经成为具有相当经济实力的独立产业。

地区畜牧业生产发展最快的是禽蛋生产。1975 年，郊区现代养鸡场开始兴建，进入 80 年代，北京市着手筹建大型肉鸡联合企业，1985 年全市生产商品肉鸡 601 万只。1990 年生产 2 616 万只。1995 年生产 4 842 万只，加淘汰蛋鸡 1 320 万只，全年上市肉鸡 6 162 万只，加上外地进入北京生产的肉鸡，北京市场肉鸡供应已能够满足市民需求，而且有一些肉鸡分割品出口日本和中东。肉用祖代种鸡和父母代种鸡供应全国其他城市。

北京鸭生产也发展迅速，1980 年北京鸭达到 351.6 万只。随着市场需求的增加。生产稳定增长。1990 年销售量达 615.7 万只，1994 年 1 117 万只，创历史最高水平。

养猪的机械化、半机械化早在 1976 年就已开始，到 1992 年共建规模猪场 1 034 个。1994 年，商品猪增长到 393.6 万头，创历史最高纪录，其中规模猪场出售 212 万头。

到 1992 年，全市有国营牛场 52 个，集体牛场 214 个，个体养牛户 2 976 家，集体牛场和个体养牛户共养牛 3.3 万头，占全市奶牛总数的 47.3%。与此同时，北京市加强现代化商品奶生产基地建设，到 1992 年已建成万头奶牛基地一个（南郊农场),8 000 头奶牛基地一个(北郊农场)5 000 头奶牛基地 2 个(东郊、永乐店农场)和 3 000 头奶牛基地 3 个。这些基地奶牛数占全市奶牛总数的 60%。

肉牛生产兴起,1979 年第一批肉牛出口,为肉牛生产开拓了一条销路。到 1999 年全市一年出售肉牛 13 万多头。

1978 年以来,北京地区水产业开始快速增长。1978 年成鱼产量 178.6 万 kg,到 1999 年成鱼产量 7 555.6 万 kg,增长了 40 多倍。

第三节　21 世纪北京农业产业结构的战略调整

进入 21 世纪,北京农业的地位功能发生了重大变化。虽然农业在全市国民经济结构中所占比重快速下降,但农业的功能却发生了具有历史意义的变化。2001 年起,北京实施《国民经济和社会发展第十个五年计划》(简称"十五"计划),农业开始从"城郊农业"向"都市农业"转型,农业的核心功能从生产功能向生态功能、生活功能、示范功能转变。农业的这种地位、功能、形态变化,必然影响到农业产业结构的变化。

一、"十五"后北京农业的发展水平

进入新世纪,北京农业科技研发、推广水平达到了前所未有的高度,政府对农业的政策支持力度超过历史任何时期。农业在十几年间有了质的飞跃。

"十五"时期,北京市以设施农业、籽种农业、创汇农业、精品农业、加工农业、观光农业"六种农业"为切入点的都市农业迅速兴起。2003 年,北京市委市政府明确提出大力发展都市型现代农业,确立了未来北京农业的发展方向。2006 年出台了《关于发展设施农业的意见》,设施农业进入快速发展期。2014 年设施农业收入达到 51.3 亿元,比 2005 年增长 1.8 倍。十几年间,观光休闲农业成为北京都市农业的重要业态。到 2014 年,全市农业观光园共有 1 301 家,年接待游客 1 911.2 万人次,总收入为 24.9 亿元,接待人次和收入分别比 2005 年增长 1.1 倍和 2.2 倍;实际经营的民俗旅游户共 8 863 户,接待游客 1 914.2 万人次,总收入为 11.3 亿元,接待人次和收入分别比 2005 年增长 1.5 倍和 2.6 倍。

自 2012 年始,北京实施了为期三年的百万亩平原造林工程,加大植树造林力

度，2014年全市林木绿化率达58.4%，比2003年提高10.9个百分点。林业产值占农林牧渔业产值比重达21.6%，比2003年上升15.9个百分点。都市农业生态服务价值达3 434.6亿元，相当于GDP的16.1%。

表3-6 北京农林牧渔总产值 亿元

年份	总产值	农业	林业	牧业	渔业	服务业
1978	11.5	8.9	0.2	0.4	0.01	
2001	202.2	84.7	9.0	99.3	9.2	
2005	268.8	100.6	13.3	135.7	9.7	9.5
2010	328.0	154.2	16.8	139.6	11.5	5.9
2013	421.8	170.4	75.9	154.8	8.0	
2015	368.2	154.5	57.3	135.9	11.9	
2018	296.8	114.7	95.1	72.0	6.1	

资料来源：《北京统计年鉴》

从上表可以看出，进入21世纪北京市农业有了突飞猛进的快速发展。2001年农业生产总值比1978年增长了11.6倍；2010年比2001年增长了62.2%；2013年是北京农林牧渔产业发展的顶峰，总产值达到421.8亿元，比2001年增长108.6%，比1978年增长了35.68倍。

二、农业产业结构的战略性调整

(一)农业产业结构调整背景

进入21世纪，北京农业的地位与功能发生了根本性变化。一是农业在农村经济乃至整个国民经济中的地位发生了变化。过去，农村经济的主体是农业，农民的主要收入来源靠农业。随着农业产业化、城乡一体化的发展，农村第二、第三产业尤其是第三产业逐步成为农村的主导产业，农业在农村经济中的比重逐年下降；同时农业在整个地区国民经济中的比重下降得更加迅速，到2018年这个指标已经在1%以下。二是农业的功能发生了变化，农业不再仅仅为农民和市民供应农副产品，为工业提供原材料，农业的生活功能、生态功能、示范功能日益凸显，尤其是生态功能，提升到了前所未有的高度。三是农业的生产力水平，发生了革命性变革。进入21世纪，北京农业的技术手段、技术装备，农业技术推广队伍都处于全国领先地位，这就为农业结构战略性调整提供了技术支持。

（二）农业产业结构的调整过程

2001 年，北京开始全面调整农业结构，一方面，大力发展养殖业；另一方面，将种植业的粮食、经济作物的二元结构调整为粮食、经济作物、饲草的三元结构，并向多元结构发展。

在种植业方面　粮食播种面积减少了 5.07 万 hm^2，从上年的 18.8 万 hm^2 下调到 13.73 万 hm^2，调减了 27%；经济作物和其他作物种植面积增加，饲草总面积增长了 51%达到 4 万 hm^2；全年新增蔬菜播种面积 0.67 万 hm^2，蔬菜总面积突破 6.67 万 hm^2，增长 18%；全年新植果树 1.43 万 hm^2，更新“老散劣杂”果树 0.37 万 hm^2；新增绿化苗木 1.33 万 hm^2，药材种植面积近 3 530.67 万 hm^2，西瓜、甜瓜、花卉面积也都有所增加。

养殖业　全年累计出栏生猪 453.1 万头，同比增长 9%；出栏肉牛 22.92 万头，同比增长 33%；出栏羊 201.2 万只，同比增长 93.6%；出栏肉鸡 1.2 亿只，同比增长 16.6%；出栏肉鸭 3 730 万只，同比增长 28.5%；牛奶产量 42.9 万 t，同比增长 41.4%。全年肉类总产量达到 65.2 万 t，同比增长 15.8%全市累计实现养殖业产值 114.8 亿元，比上年 98.7 亿元增加了 16.1 亿元，增长 16.3%。养殖业产值占农业总产值的比重达到 53.6%，比上年提高 3 个百分点。

水产业　全市养殖水面达到 2.25 万 hm^2，全市鲟鱼养殖水面达到 11 073 hm^2，鲟鱼养殖小区达到 22 个，其中市级鲟鱼养殖小区达到 8 个，入区农户达到 679 户，养殖水面达到 3 533 hm^2。全年实现渔业总产值 9.6 亿元，比 2000 年的 8.13 亿元增长 18%。

2002 年，北京市继续调整农业结构。

种植业　粮田面积比上年调减了 2.28 万 hm^2，为 11.44 万 hm^2，全年新增经济作物 2.6 万 hm^2，经济作物总面积达到 17.4 万 hm^2。菜田面积稳定在 6 万 hm^2 左右。饲草面积已达 3.78 万 hm^2，药材面积发展到了 0.72 万 hm^2。全市粮、经、饲三元结构比例达到 35∶55∶10。

养殖业　全市出栏生猪、肉牛和肉羊分别比 2001 年增长了 1.7%、15.5%和 35%。肉类总产量达 70 万吨，同比增长 8%。畜禽养殖产值达到 125 亿元，同比增长 10%。渔业总产值 10.7 亿元，同比增长 5%。

林业 完成造林 4 万 hm^2，植树 5 800 多万株，首都绿色生态体系基本建成，三道绿色生态屏障已经形成。全市林木覆盖率达到 45.5%，比上年增加 1.5 个百分点。山区林木覆盖率达到 62%；平原林木覆盖率达到 25%；城市绿化覆盖率达到 39%，人均绿地达到 42 m^2。

到 2005 年，北京农业产业结构有了较大变化。

种植业 粮食播种面积，19.22 万 hm^2，其中：稻谷 0.08 万 hm^2，冬小麦 5.33 万 hm^2，玉米 11.97 万 hm^2，薯类 0.33 万 hm^2，大豆 0.11 万 hm^2；棉花播种面积 0.18 万 hm^2，油料面积 0.86 万 hm^2，花生 0.83 万 hm^2，药材 0.15 万 hm^2。蔬菜种植面积 8.86 万 hm^2，瓜类 0.77 万 hm^2，饲草 1.46 万 hm^2，花卉 0.11 万 hm^2。

林业生产本年造林面积 1.22 万 hm^2，果品总产量 804 029 t。年末实有果园面积 7.57 万 hm^2。

养殖业 大牲畜年末存栏 26.6 万头，其中，牛 24.4 万头，肉牛年出栏 24.5 万头；生猪年出栏 448.7 万头，生猪存栏 218.8 万头；羊年出栏 256.1 万头，存栏 126 万头；家禽年存栏 3 125.1 万只。

2005 年各业产值结构，农林牧渔总产值 268.8 亿元，其中农业 100.6 亿元，林业 13.3 亿元，牧业 135.7 亿元，渔业 9.7 亿元，服务业 9.5 亿元。

五业比重为：37.4∶5.0∶50.5∶3.6∶3.5。与 2000 年相比，农业总产值增长 62.7%，其中种植业增长 10.4%，林业增长 146.2%，牧业增长 49.7%，渔业增长 19.8%。

经过五年结构调整，北京农业基本形成了养殖、蔬菜、花卉、籽种、果品为主导产业，种植、养殖、林果、水产多元发展的都市型现代农业的产业结构。

（三）“十三五”时期“调结构、转方式发展节水农业”

“十三五”时期，北京市农业发展面临新的社会背景和环境条件。一是建设国际一流和谐宜居之都的发展目标，对农业农村的发展提出了更高要求；二是疏解非首都核心功能，郊区农村将承接部分城市功能及人口，市场需求将发生众多变化；三是落实京津冀协同发展战略，北京农业将借助天津、河北的资源条件协同发展，从而改变本地产业结构；四是受水资源匮乏的自然条件的约束，要求发展节水农业；五是农业发展空间的局限，迫使农业结构调整。

2014年，中共北京市委、北京市人民政府印发了《关于调结构转方式发展高效节水农业的意见》，文件从北京市的功能定位及资源禀赋特别是水资源状况出发，提出了“调粮、保菜、增林、节水、做精畜牧水产业”的农业结构调整的总要求。并提出了具体的调整目标。

1. 种植业结构

粮田占地由2013年的170万亩调减到80万亩左右，其中籽种田30万亩，旱作农业田30万亩，生态景观田20万亩。

菜田占地由2013年的59万亩增加到70万亩左右。

观光采摘果园占地稳定在100万亩左右，升级改造其中50万亩低效果园。

2. 养殖业结构

生猪年出栏调减1/3，稳定在200万头左右；

肉禽年出栏量调减1/4，稳定在6 000万只左右；

奶牛存栏量稳定在14万头左右；

蛋鸡存栏量稳定在1 700万只左右；

水产养殖稳定在5万亩左右，推广工厂化、温室循环、标准化节水池塘养殖、生态养殖。

3. 林业结构

继3年完成100万亩的大规模平原造林任务之后，继续第二轮百万亩平原造林。

主要任务是六个方面，预计增加森林资源面积38万亩以上。

一是中心城、新城通过拆违和挖潜，建设小微型绿地300处，面积3 000亩。

二是加大一道绿隔和二道绿隔拆迁腾退绿化建设力度，增加绿化面积15万亩。

三是利用废弃坑塘藕地、撂荒地、荒滩荒地、砂石坑等，实施绿化10万亩。

四是利用边角地、农村沟路河渠村周边挖潜，实现绿化3万亩。

五是建设规模化苗圃10万亩以上。

六是积极创新投入与管护机制，合理利用农业结构调整空间进一步增加平原造林面积。

2013年以来，北京市全面贯彻落实习近平总书记视察北京重要讲话精神，围绕首都城市战略定位，调整农业产业结构，转变农业发展方式，取得了显著成效。到2018年粮食播种面积5.6万 hm^2，比2014年下降53.3%。生猪出栏169.4万头，比2014年的179.6万头下降20.8%；家禽存栏990.7万只，比2014年的2 544.58万只下降61.1%；禽蛋产量11.2万t，比2014年的19.56万t下降42.7%；牛奶产量31.1万t，比2014年59.48万t下降47.7%。

表3-7 都市型现代农业稳步发展 hm^2

年份	播种面积	粮食	玉米	小麦	油料	蔬菜食用菌	瓜类及草莓	饲料	造林
2014	20.0	12.0	8.9	2.4	0.3	5.7	0.6	0.3	2.3
2018	10.6	5.6	4.0	1.0	0.2	3.6	0.4	0.2	2.0

资料来源：《北京统计年鉴》

（四）农业“调转节”的成效

近年来，北京市实施农业“调转节”政策，深化农业供给侧结构性改革，促进了农业高质量发展，呈现出五个明显的发展特征。

一是减量发展。2013—2018年，北京农业高耗水作物播种面积从290万亩调减到83.5万亩，调减了70%；低端规模养殖从2 535家调减到255家，调减了90%。

二是绿色发展。2013—2018年，农业年用新水量从7.3亿 m^3 下降到4.18亿 m^3，调减了43%。化肥和农药施用量分别减少了46%和30%，“三品一标”认证覆盖率从42%提高到71.8%。农业生态服务价值贴现值从9 431亿元提高到10 992亿元，提升了16%。2018年第一产业万元增加值能耗、水耗分别比2014年下降了1.6%、32.4%。

三是创新发展。农业科技进步贡献率达72%，高于全国平均水平14个百分点。农作物耕种综合机械化率为91.2%，高于全国平均水平24个百分点。大力发展现代种业，每年选育主要农作物新品种数量约占全国的1/10，北京品牌的高产优质玉米年推广面积占全国的1/6，“京红”“京粉”系列蛋种鸡占全国市场的1/2；绘制出世界首张西瓜基因组序列图谱，建成全球数量最大的玉米品种标准DNA指纹库。

四是融合发展。成功举办世界草莓大会等 6 项国际性农业展会，连续举办 7 届北京农业嘉年华，实现“办好一次展会、带动一个产业、致富一方农民”。2018 年，全市数百家精品民宿、1 172 个休闲农业园区、7 783 个民俗旅游接待户，接待游客近 4 000 万人次。

五是协同发展。在环京周边地区扶持建设蔬菜基地近 30 万亩、畜禽基地 34 家，环京津一小时物流圈的 20 个蔬菜主产县平均供京比重近 50%。京津冀协同发展的标志性工程“三元乳业河北工业园”，带动当地 1 500 人就业；配套建设 1.7 万亩的高标准畜牧场，带动周边农户种植青贮饲料 5 万亩，年增收 2 000 万元。

今后，北京农业要以服务首都为出发点，以做精产业、富裕农民为落脚点，按照“高效、节水、生态、安全”的基本原则，加快调整农业产业结构，加快转变农业发展方式，大力推进现代农业的规模化发展、园区化建设、标准化生产，全面提升北京农业的节水水平、“菜篮子”保障水平、现代种业发展水平与生态建设水平，持续增强现代农业的核心竞争能力、城乡服务能力、生态涵养能力，为建设国际一流的和谐宜居之都提供有力支撑和坚实保障。

参考资料

1. 王冬春．二十世纪北京地区农业生产结构的演变与发展[D]．中国农业大学硕士学位论文．2001.

2. 王振业，张一帆，廖沛．北京农村经济史稿[M]．北京：中国农业出版社，2016.

3. 北京市统计局．北京市统计年鉴，北京．

思考题

1. 什么是农业产业结构，农业产业结构可分为哪几个层次？

2. 新中国成立后，北京地区农业产业结构是如何演变发展的？

3. 近年北京地区农业产业结构有哪些重要调整？

第四章
都市现代农业的发展

北京是国家的首都，具有“大城市、小郊区”的明显特征。北京农业的功能定位与一般农业大省不同，农业科技水平在国内处于领先地位，因此北京农业的形态也具有特殊性。进入 21 世纪后，北京“都市现代农业”已经从萌芽走向了成熟。

第一节　21 世纪以来北京农业发展概况

21 世纪已经走过了 20 多个年头，20 多年来北京市把发展都市型现代农业作为城乡一体化发展战略的重要组成部分，在摸清资源和市场两张底牌，强化科技和资金两个支撑，搭建市场信息平台的基础上，加强农业基本建设，推动设施农业、生态农业、观光休闲农业、籽种农业、创意农业、会展农业快速发展，使京郊农业现代化达到了国内领先水平。

一、都市型农业理念的提出

北京是最早提出发展都市型现代农业理念的城市之一，早在20世纪80年代，北京就提出了建设城郊型农业的发展思路，明确农业的主要任务是为城市提供新鲜农副产品，满足城市市民的消费需求。

20世纪90年代，都市农业的理念取代城郊农业，开始成为指导农业发展的基本理念。

1994年，北京市朝阳区对在城市化过程中市区间隙地带仍保留的相当面积的农业用地的价值、功能、作用、发展方向进行重新认识与定位。在1994年12月正式提出要把“都市农业”作为农业发展的战略选择，将都市农业列为“九五”经济发展六大工程之首，全面规划分步实施。

1998年在北京召开了首次全国“都市农业研讨会”。会上北京市明确提出要以现代农业作为都市农业新的增长点，抢占科技制高点和市场制高点，强化其食品供应、生态屏障、科技示范和休闲观光功能，使京郊农业成为我国农业现代化的先导力量。

二、都市型农业的早期实践

（一）“十五”时期北京农业发展的主要任务

“十五”时期，是北京市都市农业从理念转化为实践，局部发展到整体的时期。《北京市国民经济和社会发展第十个五年规划纲要》为京郊农业确定了“按照面向市场、依靠科技、增加效益、富裕农民的要求，加快农业和农村经济结构调整，逐步形成结构合理、功能完善、生态良好的都市型郊区经济”的任务。

纲要要求：积极调整农业结构。大力发展生态农业，推进种植业由“粮经”二元结构向“粮经饲”三元结构转变。加快发展生态型养殖业，扩大经济作物种植面积。大力发展农产品加工业，提高加工深度和附加值。引导和鼓励农业生产从产中向产前、产后延伸。扩大绿色食品生产，建立绿色食品生产基地。加强农业污染防治，减少农药、农膜、化肥等对生态环境的破坏。进一步发展精品农业、设施农业、籽种农业、创汇农业、加工农业、观光休闲农业，提高农业的综合生产能力和比较效益。

(二)发展都市型现代农业的主要措施

“十五”期间,北京市采取了发展都市农业的系列措施,主要是:健全农业科技创新体系,完善农业技术推广机制,组织实施好农业科技攻关和产业化工程,争取在现代生物技术、农产品储藏加工技术、现代农业信息技术和现代农业设施装备技术方面取得重大进展。建设形成一批现代高效农业园和现代农业企业,推进农业高新技术产业化。健全农业社会化服务体系。扶持和培育农产品加工、批发市场、贸易组织三类龙头企业,大力发展农业社会化服务组织,提高农民进入市场的组织化程度。建立现代化的农产品市场体系和农产品质量标准体系,完善产地批发交易市场,促使农产品货畅其流。

(三)实施“221 行动计划”

为具体推进都市型现代农业发展,2003 年,北京市农村工作委员会关于实施“221 行动计划”推进北京农业现代化的意见对全市都市型现代农业的发展做出了具体部署。“221 行动计划”是指摸清两张底牌,加强两个支撑,建设一个平台的行动计划。即“摸清资源和市场底牌,加强资金支撑和科技支撑,建设市场信息平台”的计划。该计划指出,随着广大市民到郊区观光、休闲、娱乐需求的增长,北京郊区农业提供初级农产品的生产功能已经居于次要地位,生态和生活的功能逐渐上升为主导地位。特别是随着郊区城市化进程的积极推进,开发农业新功能已成为郊区城市化的客观要求。计划要求全面开发郊区农业的经济功能、社会功能和生态功能,达到人与自然的和谐和经济效益与社会效益的统一。远郊区县要充分发挥自身的区位特点和资源优势,大力发展旅游观光农业。近郊区要凭借贴近城区、交通便利、经济实力强和科技资源雄厚的优势,重点发展像锦绣大地、蟹岛等集农业生产、科技示范和观光休闲为一体的综合性农业园区。远郊区县重点发展以观光、采摘、垂钓为主的专业型旅游观光休闲农业园区。到 2005 年全市新发展综合性农业观光园区 100 个,专业性农业园区 1 000 个,进一步拓展农业融教育、娱乐、生产于一体的社会功能,满足市民农事体验、农村休闲的需求,为城镇青少年提供学农、知农的场所。同时,要注重发挥郊区农业生态功能,搞好郊区农业生态建设工作,建立人与自然、都市与农业和谐的生态环境,以生态农业进一步净化北京的水质、土壤和空气，使郊区农业成为城市的花园和绿色生态屏障。为2008“绿色奥运”和首都环境的可持续发展服务。

（四）“十五”时期北京农业发展的成果

“十五”规划的实施，使北京市农村与农业的发展进入了一个新阶段。在全市人均GDP超过5 000美元发展水平的大背景下，农村作为首都城市功能拓展区、城市发展新区和生态涵养发展区的主要空间，经济快速发展，社会全面进步，生态日益改善，人民生活富裕程度迈上了一个新的台阶。城乡统筹协调发展的框架初步确立，都市型现代农业格局初步形成。围绕农民增收、农业增效和城市区域功能定位，实现了农业结构的战略性调整。农业产业化经营水平提高，区域主导产业形成，食用农产品安全生产体系和农业标准化生产体系建设加强，培育出一批具有首都特色、满足个性化需求的农产品品牌；农业的生态功能加强，京津风沙源治理、退耕还林、绿化隔离带等工程建设，改善了首都生态环境，全市林木覆盖率达到50.5%；农业向第二、第三产业延伸，生态旅游、民俗旅游、观光农业成为新的增长点。具有多功能的都市型现代农业格局正在形成。

到2005年（“十五”末），北京市粮食总产94.9万吨，蔬菜总产423.9万t，肉类总产66.7万t，鲜蛋总产16.0万t，牛奶总产64.2万t，生猪出栏448.7万头，家禽出栏1 6852.5万只。农业观光园达512个，比上年增长39.1%，观光旅游收入4.1亿元，增长49.3%；民俗旅游户8 691户，接待人数为770万人次，增长28.4%。种业收入5.9亿元，比上年增长35.6%。

三、都市型农业的成熟

（一）“十一五”北京农业的发展目标

“十一五”时期是北京都市型农业发展水平的提升时期。2006年，北京市颁布了《国民经济与社会发展第十一个五年规划纲要》，纲要提出了“加快经济结构调整，切实转变增长方式”的经济发展新战略，并强调“显著提升都市型现代农业水平”是实现这一战略的内涵之一。同年，北京市制定了《“十一五”时期新农村建设发展规划》在对新农村建设做出总体安排的同时，把发展都市型农业列为新农村建设的重中之重，进行了系统部署。

“十一五”时期都市型现代农业以“生态、安全、优质、集约、高效”为发展目标，其宗旨是服务城市、改善生态和增加农民收入；途径是以“221 行动计划”为抓手，提高农业综合生产能力、社会服务能力和生态保障能力；标准是功能多样化、布局区域化、设施现代化、生产标准化、经营产业化、产品安全化、景观田园化、环境友好化。

(二)“十一五”时期北京发展都型现代市农业的基本措施

“十一五”时期北京都市型现代农业得到了长足发展，在“221 行动计划”和“新农村建设发展规划”的指引下，以“开发生产功能，发展籽种农业；开发生态功能，发展循环农业；开发生活功能，发展观光休闲农业；开发示范功能，发展科技农业”为核心，加大强农惠农政策扶持力度，建立起推进都市型现代农业发展的工作机制，实施了一批重大工程，对都市型现代农业进行了创造性的探索和实践，并取得了重要的阶段性成果。

(三)“十一五”时期北京农业的发展成果

一是农业多种功能全面开发。大力开发农业的生产、生态、生活等多种功能，农业的综合服务价值全面提升。

二是都市型特色产业快速发展。大力发展籽种农业、观光农业、设施农业、农产品加工业等都市型现代农业特色产业，基本建立起都市型现代农业产业体系。

籽种产业加快发展。依托首都科技资源优势，种业成为北京都市型现代农业的重点产业。2010 年种业生产性收入达 14.6 亿元，比 2005 年增长 1.52 倍；种业销售额达 60 亿元，较 2005 年增长 36%。

设施农业稳步发展。2010 年末，设施农业面积达到 27.48 万亩，初步形成了“两区、两带、多群落”的新布局，产值达 40.7 亿元，比 2005 年增长了 82.1%，成为农民增收的支柱产业。

观光休闲农业快速发展。2010 年全市农业观光园 1 303 个，市级民俗旅游户 9 970 户，总收入超过 25.2 亿元。

农产品加工业迅猛发展。规模以上农产品加工企业产值超过 600 亿元，与农业总产值之比接近 2∶1，达到发达国家水平(2.0～4.0)∶1。

三是农产品质量安全水平逐步提升。“十一五”期间，在耕地面积刚性减少的情况下，粮食、牛奶、干鲜果品产量分别较2005年增长31.5%、5.0%和12.3%，禽蛋产量稳定在15万t以上。在保证农产品有效供给的前提下，全面加强农产品质量安全监管，强化了无公害农产品、绿色食品、有机食品和地理标志农产品“三品一标”的认证。截至2010年底，全市共有1 083家企业3 770个产品有效使用“三品”认证标志，占全市主要食用农产品产量的35%；初步建立了农产品质量安全保障体系、从农田到餐桌全过程监管控制体系、食用农产品质量安全追溯系统。

四是农业科技支撑作用更加明显。深入落实“221行动计划”，充分发挥科技对农业的支撑作用，农业的可持续能力逐步增强。农业科技取得新成效。实施了35个重大农业科技项目，示范推广了设施育苗、环境友好栽培、健康养殖、病虫害综合控制、农业机械化作业等一批先进适用的技术，一批重点项目获得国家级、省部级奖励，不断推动北京农业向高端、高效、高辐射方向发展。

五是农业基础建设扎实推进。“十一五”后期，启动实施了《北京市都市型现代农业基础建设及综合开发规划(2009—2012年)》，围绕九大片基本农田，重点开展了以配水节水为中心的农田水利改善工程、以质量提升为中心的农田培肥工程、以改善环境质量为中心的田园清洁循环工程、以农田景观建设为中心的沟路林渠配套工程建设。

全市耕种收综合机械化水平从40%左右提高到63.85%，设施、植保和畜牧生产的农机装备水平稳步提高。农业节水工作取得显著成效，节水灌溉面积占总灌溉面积近90%，农业用水从2006年的12.78亿m^3下降到2011年的10.9亿m^3，占全市用水总量中的比重也由37%下降到30%。

四、都市型现代农业的创新发展

(一)“十二五”时期都市农业的发展目标

进入“十二五”时期，特别是2012年以来。北京都市现代农业进入了创新发展时期。“十二五”时期，是首都在新的起点上全面建设小康社会的关键时期，是深化改革开放、深入推进经济发展方式加快转变的攻坚时期。在这样的背景下，市委、市政府提出了发展都市型现代农业的新的指导思想：创新北京都市型现代农业的发展模式，深入开发农业多功能，努力挖掘农业新价值，推进农业专业化、规模化、标准化发展，推动资源、资本要素向农业合理聚集，加快第一、二、三产业的相互渗透和融合，满足市民生活、生态的多元化需求和农民的持续增收要求，为首都经济社会科学和可持续发展提供有力支撑。

总体目标是：以高端、高效、高辐射为主要标志，以基础完善、科技领先、产业高端、服务完备、装备现代、人才一流为主要标准，农业的多功能实现深度开发。力争通过5年的努力，使农业成为首都鲜活等安全农产品供给的基础保障、宜居城市的生态景观基础保障和直接从事农业生产农民增收的基础保障，基本形成业态丰富、功能多样、环境友好、特色鲜明的都市型现代农业产业体系。率先成为国际领先、国内一流的都市型现代农业引领区、农业高新技术示范区和农业高科技人才聚集区。

（二）北京都市型现代农业创新发展取得的新成果

“十二五”时期是北京都市现代农业深入发展的重要阶段，首都农业根据城乡一体化经济社会发展新格局的战略部署，创新发展模式和工作机制，加大政策扶持力度，实施了一批重大工程，取得了重要的阶段性成果，基本形成了业态丰富、功能多样、环境友好、特色鲜明的都市现代农业产业体系和支撑保障体系。

农业生产高端高效特征日趋明显。统筹推进“菜篮子”产业发展，大力发展设施农业，全市设施面积达到了35.5万亩，全市设施农业实现收入55.5亿元。加快推进养殖业的规模化发展和标准化生产，畜禽规模化养殖比例已达到80%。扎实推进“种业之都”建设，2014年全市种业销售额达117亿元。沟域经济建设取得新的进展，休闲农业与乡村旅游快速发展，2015年实现总收入39.2亿元。会展农业方兴未艾，成功举办了世界草莓大会、世界种子大会、北京农业嘉年华等具有国内外影响力的农业会展。全面加强动植物疫病防控，稳步提升农产品质量安全水平，生产基地农产品合格率处于全国前列。

农产品供给保障水平保持稳定。全市肉、禽、蛋、奶自给率已达31%、63%、54%、56%，市场控制率已达到83.3%、69%、67%、79.7%，有力保证了首都农产品市场的有效供应，提升了应急保障水平。

产品市场竞争力不断增强。农产品加工业形成了“三区统筹发展、两环拓展提升、一带特色添彩”的空间发展格局。全市拥有国家重点龙头企业达到39个，涉农上市龙头企业10个，各类农业龙头企业吸纳劳动力就业12万人。

农业生态服务价值持续提升。大力开展农作物秸秆禁烧与综合利用，全市主要农作物秸秆综合利用率达到97.7%。测土配方施肥技术连续5年全覆盖，推广绿色防控技术、推行精准科学施药和病虫害统防统治，亩均化肥用量降幅超过25%，化学农药使用总量降幅超过20%。加快规模化养殖场粪污处理，实施增殖放流涵养水源，开展北运河流域水系农业面源污染防治，2015年全市农业源化学需氧量和氨氮排放总量比2010年减排17%，超额完成了国家"十二五"减排任务。不断强化农业"生产性绿色空间"的定位，2015年北京都市型现代农业生态服务价值年值达到3 481亿元，贴现值达到10 414亿元。

现代农业支撑能力明显提高。全面实施新农村"三起来"、都市现代农业综合开发等一系列民生工程，打造了113万亩优质产业田、优良生态田和优美景观田，农田节水灌溉率超90%，全市主要农作物耕种收综合机械化水平提高到87.6%。全面实施新农村建设"五+三"工程，实现了村庄全覆盖。深入推进农业科技创新推广体制机制创新，加快农业科技成果转化，研制了世界首个水稻全基因组芯片，主导完成了世界首张西瓜序列图谱，建成世界最大的玉米标准DNA指纹库，"京红""京粉""农大节粮型"蛋鸡配套系世界销量第一，"京科"系列玉米品种推广面积占全国玉米种植面积的18%。国家现代农业科技城建设稳步推进。北京市农业科技贡献率超过70%，高出全国平均水平约16个百分点，接近发达国家水平。

（三）"十三五"时期北京农业的定位

"十三五"时期北京农业发展的总体目标是：按照三高并举（高端、高效、高辐射）、三产融合（第一、二、三产业）、三生共赢（生态、生产、生活）、四化同步（工业化、信息化、城镇化、农业现代化）的理念，全面推进国家现代农业示范区建设。到2020年，土地产出率、劳动生产率、资源利用率国内领先，农业的多功能广泛拓展，农业发展方式有效转变，一、二、三产深度融合，现代农业的核心竞争能力、服务城乡能力、生态涵养能力显著提升，使北京成为全国都市农业引领区、国家现代农业示范区、高效节水农业样板区、京津冀协同发展先行区，率先在全国全面实现农业现代化。

"十三五"时期北京发展农业的主要任务有六项：一是建立健全都市现代农业产业体系，全面推进农业瘦身健体、提质增效、转型升级。以"菜篮子"产业、现代种业、休闲农业、农业高新技术产业等为核心，建立健全都市现代农业产业体系；二是建立健全都市现代农业生态保护体系；三是建立健全都市现代农业生产经营体系，快培育家庭农场、专业大户、农民合作社、农业产业化龙头企业等新型农业经营主体，构建符合首都实际和发展阶段的立体式、复合型现代农业经营体系；四是建立健全都市现代农业服务体系，围绕都市现代农业主导产业，进一步发展形成市、区、乡镇、村纵向到底，产前、产中、产后服务横向到边的便捷高效服务网络；五是建立健全现代农业安全保障体系；六是建立健全都市现代农业科技支撑体系。

“十三五”时期，北京农业生产空间不断调减，粮、菜占地规模由230万亩减少到150万亩，其中70万亩菜田、80万亩粮田，加上2万亩畜禽养殖、5万亩渔业，从而组成了“2578”的农业格局。生态功能被提升到突出地位。

第二节　北京都市现代农业的业态

经过二十几年的发展，北京都市现代农业逐渐形成了具有鲜明特色的业态，主要有设施农业、休闲农业、籽种农业、生态农业、会展农业、创意农业六大业态。

一、设施农业

(一)设施农业的概念

设施农业是采用人工技术手段，改变自然光温条件，创造优化动植物生长的环境因子，使之能够全天候生长的设施工程。设施农业从种类上分，主要包括设施园艺和设施养殖两大部分。设施园艺按技术类别一般分为连栋温室、日光温室、塑料大棚、小拱棚(遮阳棚)四类。设施养殖主要有水产养殖和畜牧养殖两大类。

(二)北京设施农业发展状况

北京设施农业的发展起步较早，20世纪80年代初京郊就开始发展设施农业，主要以加温温室为主，生产成本比较高。20世纪90年代，北京市陆续从东北、山东等地引入了不同类型的日光温室，在京相关科研院所也在此基础上自行研制了符合本地区发展的日光温室。经过十几年的发展，日光温室已成为目前京郊设施农业生产的主要形式。

设施农业

北京市设施农业生产品种也在不断更新，由设施蔬菜生产为主不断向园艺花卉、果品等生产领域扩展。设施农业的主导产业设施蔬菜的主要生产品种已经由传统的30多个扩展到现在的200多个，可以说，设施农业生产品种构成多样化发展的态势逐渐显现。北京市设施农业内部种植结构有4种形式：蔬菜种植、花卉种植、瓜类种植、果类种植。

设施农业不仅是转变农业发展方式、拓展农业功能的重要手段，更是保障农产品安全、解决农村劳动力转移就业困难、大幅度增加农民收入的有效途径。

（三）设施农业的规范管理

北京市农村工作委员会于2018年6月22日印发了《关于全市设施农业开展集中清理整治工作的通知》，明确了七项重点工作，要求各相关区严格落实耕地和基本农田保护制度，将全面整治设施农业违法违规问题作为专项工作来抓，坚决刹住违规占地、私盖大棚房这股歪风，对农业大棚改建私家庄园等乱象进行全面整治，切实抓好设施农业的集中清理整治工作，分类依法处理问题设施，实现应拆尽拆、应改尽改，坚决杜绝违法违规占用基本农田和耕地。

一是，开展全面清查，摸清底数。对存在违法违规建设的农业设施，要进行问题种类的区分。

二是，抓住整改重点进行分类处置。结合全面清查工作，对在集中清查整治过程中发现认定的“大棚房”，发现一个处理一个，边查边改，“大棚房”拆除后必须场清地平，并恢复种植条件。

三是，全面核查、规范土地流转合同。

四是，加强宣传，建立耕地红线意识。在设施农业园区明显位置设立警示牌、公告等提醒生产经营主体和群众遵守法律法规，不得在耕地上违法违规建设、租售、购买“大棚房”。

五是，完善设施农业管理台账。

六是，全面落实设施农业备案制度。

七是，建立长效监管工作机制。

二、休闲农业

休闲农业是利用农业景观资源和农业生产条件，发展观光、休闲、旅游的一种新型农业生产经营形态。

（一）休闲农业的发展模式

休闲农业发展的模式多种多样，主要包括连片开发模式、“农家乐”模式、“市民家园”模式、“产业带动”模式，“科普教育”模式，“民俗风情旅游”模式等。

连片开发模式。以政府投入为主建设基础设施，带动农民集中连片开发现代观光农业。主要类型包括休闲度假村、休闲农庄、乡村酒店。

“农家乐”模式。“农家乐”模式是指农民利用自家庭院、自己生产的农产品及周围的田园风光、自然景观，以低廉的价格吸引游客前来吃、住、玩、游、娱、购等旅游活动。主要类型有农业观光农家乐、民俗文化农家乐、民居型农家乐、休闲娱乐农家乐、食宿接待农家乐、农事参与农家乐。

“市民家园”模式。在农民承包地合理流转集中后，建立休闲农园，以“认领种养”方式让城市居民委托农民代种或亲自种植花草、蔬菜、果树或经营家庭农艺，使消费者共同参与农业投资、生产、管理和营销等各环节，与农民结成紧密联结关系，体验和参与农业经营和农事活动。

“产业带动”模式。休闲农园首先生产特色农产品，形成自己的品牌。然后通过休闲农业这个平台，吸引城市消费者来购买，从而拉动产业的发展。在这类园区，游客除了餐饮旅游，还带回土特产品。

“科普教育”模式。利用农业观光园、农业科技生态园、农业产品展览馆、农业博览园或博物馆，为游客提供了解农业历史、学习农业技术、增长农业知识的教育活动。农业园主要类型有农业科技教育基地、观光休闲教育、少儿教育农业基地、农业博览园。

“民俗风情旅游”模式。“民俗风情旅游”模式即以农村风土人情、民俗文化为旅游吸引物，充分突出农耕文化、乡土文化和民俗文化特色，开发农耕展示、民间技艺、时令民俗、节庆活动、民间歌舞等休闲旅游活动，增加乡村旅游的文化内涵。主要类型有农耕文化型、民俗文化型、乡土文化型、民族文化型。

（二）北京市休闲农业发展的现状

北京市休闲农业发展比较迅速，到“十三五”中期，北京市依托于农村地域、农业生产、农事活动从事休闲农业和乡村旅游的经营性单位和个体经营户共 3.2 万个。其中，经营性单位 4 397 个，占比 13.6%；个体经营户 2.8 万个，占比 86.4%。

民俗旅游挂牌单位475个，占全市休闲农业和乡村旅游单位的10.8%；民俗旅游挂牌户8 717个，占全市休闲农业和乡村旅游个体经营户的31.3%。

北京市休闲农业和乡村旅游单位(户)在经营活动中涉及农耕文化体验的有3 878个，从事休闲农业和乡村旅游的单位(户)的高峰期从业人员为15.5万人。

2016年，北京市休闲农业和乡村旅游业的接待人次为20 147万人次。休闲农业和乡村旅游经营总收入达到150.7亿元。

(三)北京市休闲农业发展对策

2017年9月，北京市农村工作委员会印发了《关于加快休闲农业和乡村旅游发展的意见》(以下简称《意见》)对本市休闲农业大发展做出了宏观规划。《意见》明确了北京休闲农业的发展目标和主要任务。

发展目标，全市休闲农业和乡村旅游产业规模不断扩大，接待人次、经营收入年均增长5%和8%以上，到2020年，分别达到5 000万人次和60亿元；产业布局更加科学合理，产业结构明显优化，产品内容更加丰富，发展质量明显提高，形成京津冀休闲农业协同发展新格局。

主要任务，一是加强基础设施建设，改善休闲旅游环境；二是创新产品，优化休闲农业结构；三是推进资源整合与产业集聚，优化区域布局；四是加强宣传推介，培育知名品牌；五是强化培训服务，优化创业环境；六是依托职业院校、行业协会和产业基地，分层、分类开展管理人员和服务人员培训。

三、籽种农业

籽种农业是以农作物种子及畜禽仔雏研发、试验、推广为生产内容的现代农业。

(一)北京市籽种产业发展现状

北京已初步形成全国种业的科技创新中心，技术研发水平全国领先。北京市拥有种业研发机构80多家，专业育种者1 000多人。北京地区保存的国家级种质资源达到39万份，列世界第二位。北京市育种、检测等技术均处于国内领先水平。

北京是国内种业企业聚集密度最大的地区，全市籽种经营企业1 361家，其中部级发证企业28家，占全国的11%，市级发证企业64家，区县级发证企业233家，零售商 1 036 家；注册资本 3 000 万以上，育繁销一体化企业 11 家，占全国的 12%；注册资本 1 000 万以上、具备种子进出口权的企业 11 家，占全国的 10%；外商投资企业 8 家，占全国的 24%；全国种业前 10 强中北京市的企业有 4 家，全球 10 强种业巨头有 8 家在首都建立研发或分支机构。

（二）北京种业的特征

第一，北京市种业已经成为首都农业经济的重要组成部分，呈现“四多一高”的特征，即研发机构多，研发人员多，种质资源多，研发成果多，研发水平高。

第二，北京市创造出高效、开放的新型农业育种研发模式：北京农业育种基础研究创新平台。

第三，创造出了符合时代要求的、全新的农村科技推广体系，培养了一支以乡土化、市场化、信息化、社会化为特征的来自农民、植根农民、服务农民、自觉依靠城市科技资源发展的农村科技协调员队伍。

第四，涌现出一批依靠科技谋发展的“创新型乡镇”。

第五，培育出了日益活跃的籽种交易市场，在京的种业企业数及交易额度占据全国首位。这使北京具备了超常规、跨越式发展籽种产业的条件。

（三）北京籽种农业发展中存在的问题

尽管北京市籽种产业存在以上优势，但目前发挥得不够，北京市发展籽种产业存在三方面亟待解决的问题。

第一，需要进一步整合北京丰富的科技资源，提高种业科技资源的利用率和产出率，将北京建成育种中心。

第二，科研、生产、服务结合不紧密，现代化籽种产业体系尚待建立。

第三，籽种产业经营规模较小，尚未进入到全球种业产业链条中，需由分散的小规模生产经营向专业化的大中企业或企业集团转变。龙头企业应起的作用没有发挥出来，技术创新力、研发力，还有品牌的含量、企业制度建立等方面和外国跨国公司相比还有很大的差距。

(四)北京市籽种农业发展任务

2012 年，北京市人民政府印发《关于促进现代种业发展的意见》，对本市种业发展提出了十项具体任务。

一是优化种业发展布局。二是强化种业公益性基础性研究。三是建立商业化育种体系。四是培育“育繁推一体化”种业企业。五是强化种业市场监管和服务。六是严格品种审定和保护。七是健全种子管理体系。八是加强种业人才引进与培养。九是提升种业综合发展能力。十是加强种业国际合作交流。

四、生态农业

生态农业是指按照生态学原理和经济学原理，运用现代科学技术成果和现代管理手段，以及传统农业的有效经验建立起来的，能获得较高的经济效益、生态效益和社会效益的现代化农业。

（一）生态农业的特征

1. 综合性

生态农业强调发挥农业生态系统的整体功能，以大农业为出发点，按“整体、协调、循环、再生”的原则，全面规划，调整和优化农业结构，使农、林、牧、副、渔各业和农村第一、二、三产业综合发展，并使各业之间互相支持，相得益彰，提高综合生产能力。

2. 多样性

生态农业针对我国地域辽阔，各地自然条件、资源基础、经济与社会发展水平差异较大的情况，充分吸收我国传统农业精华，结合现代科学技术，以多种生态模式、生态工程和丰富多彩的技术类型装备农业生产，使各区域都能扬长避短，充分发挥地区优势，各产业都根据社会需要与当地实际协调发展。

3. 高效性

生态农业通过物质循环和能量多层次综合利用和系列化深加工，实现经济增值，实行废弃物资源化利用，降低农业成本，提高效益，为农村大量剩余劳动力创造农业内部就业机会，保护农民从事农业的积极性。

4. 持续性

发展生态农业能够保护和改善生态环境，防治污染，维护生态平衡，固碳减排，提高农产品的安全性，变农业和农村经济的常规发展为持续发展，把环境建设同经济发展紧密结合起来，在最大限度地满足人们对农产品日益增长的需求的同时，提高生态系统的稳定性和持续性，增强农业发展后劲。

（二）生态农业模式

目前国内生态农业发展方兴未艾，各地创造了丰富多彩的生态农业发展模式，许多先进经验值得北京借鉴。

1. 生物物种共生模式

把两种或两种以上相互促进的物种组合在一个系统内，使生物种群之间存在互惠互利关系，加强了物质内循环作用，达到共同增产，改善生态环境，实现良性循环的目的。如稻田养鱼、稻田养蟹模式。

2. 农田换茬轮作、间作套种模式

农作物换茬轮作、间作套种，以保证土地的可持续利用。如粮果间作、粮油间作、饲粮轮作模式。

3. 种养配套循环模式

将种植与养殖结合起来，使二者相互依存，互为条件有相互促进。南方一些地区的“桑基鱼塘”属于这种模式。就是把低洼地挖深为塘，塘泥覆于四周，塘内养鱼，基上种桑，把桑、蚕、鱼有机地联系起来，桑叶喂蚕、蚕沙养鱼、鱼粪肥塘、塘泥肥基、基肥促桑，形成了高效益良性循环的可持续发展模式。

4. 农林间作或混林农业模式

在以林为主的地域内，发展林下种植、林下养殖业。林下种植，有林下花卉、林下药材、林下粮油、林下饲草等，林下养殖有养蜂、养禽、林蛙等。目前北京地区发展林下花卉较多。

5. 生物能再生利用模式

将农业生产产生的生物质，转化为沼气，再用沼肥种粮，沼水养鱼，形成循环。不仅有利于减少环境污染，提供农村能源，而且能提高资源利用率，形成低投高效农业。

6. 小流域综合治理的立体农业模式

结合小流域综合治理，在空间的立体结构上进行合理布局，发挥小流域的整合效应，从而使生态效益、经济效益和社会效益得到有机的统一。如在一个小流域内，山顶栽培薪炭林，山腰栽培经济林，谷地种植粮油，便是立体农业模式。

(三)北京发展生态农业的做法

1. 加强耕地建设与保护

落实最严格的耕地保护制度，加快划定永久基本农田，确保“两田一园”落地到户、上图入库、信息共享。

2. 防治农业面源污染

在化肥减量方面，开展测土配方施肥，推广水肥一体化技术和精准施肥技术，增施有机肥，加快高效缓释肥、水溶性肥料、生物肥料、土壤调理剂等新型肥料的应用，全市耕地化肥用量(折纯量)减少到28 kg/亩以下，化肥利用率达到40%。

3. 发展循环农业

北京市大力推广多种作物轮作、套作、间作，有序实现耕地休养生息；发展以林下种植、林下养殖、采集加工等为主要内容的林下经济。积极推广生态环保型养殖模式，实施规模化养殖场粪污治理环保专项工程，实现粪污治理全覆盖。以沼气和食用菌为纽带，建立循环生态系统，鼓励农牧结合，实现种养联动。实施水生生物增殖与养护，发展鱼菜共生等生态循环养殖模式，全市增殖放流和生物养护的水域实现全覆盖，每年投放各种鱼类2 000万尾，实现“鱼肥水净景更美”。

4. 发展休闲观光农业

以优美农田、沟域经济、水岸经济、农业公园、城市农业建设为抓手，大幅度提升观光休闲农业产业发展水平。

5. 推动京津冀生态协同发展

在秸秆综合利用、畜禽粪污综合利用、有机肥生产、病虫害统防统治等领域开展技术交流与合作，针对京津冀范围内的面源污染防控，联合推广一批节肥、节药新技术，做好协同防控、协同治理；开展生态农业领域联合执法，实现信息互通，联防联治；建立京津冀重要水域水生生物资源保护和增殖放流协调机制，重点在潮河、白河、拒马河流域和官厅水库与河北共同进行水生生物增殖与养护(包括濒危物种)。

五、会展农业

北京的农业会展历史长，规模大，影响广。改革开放后，北京会展农业发展的速度很快，已经在国内产生了巨大的影响，成为北京都市型现代农业的亮点产业。

(一)北京会展农业类型

北京的会展农业目前主要有以下三种形态。

1. 展销会

如由农业农村部主办的每年一届的中国国际农产品交易会。连续举办20多届的北京丰台种子交易会。

2. 专业性、学术性会议

如在北京举办的全国葡萄学术研讨会，全国梨科研、生产与产业化学术研讨会、国际板栗学术会、全国草莓大会暨中国（北京昌平）草莓文化节，以及由北京市科学技术委员会举办的生物技术与农业北京峰会等，一方面展示了北京的农业科研成果、农业生产的科技水平等，另一方面也开阔了北京农业科研、生产、流通等领域人员的眼界，同时还促进了北京市与国内外的科技合作与交流。

3. 各类节庆活动

此种类型与商务性的展览和学术性的交流不同，实际上是会展农业与休闲旅游业的融合。如大兴西瓜节、采育葡萄文化节、密云农耕文化节、怀柔板栗文化节、昌平苹果文化节、平谷大桃采摘节、海淀御杏采摘节、门头沟樱桃节和香椿节及通州张家湾葡萄采摘节等，不仅带动了乡村旅游、农村文化产业等各方面的发展和升级，而且还促进了当地农业的进一步发展。

（二）会展农业的运行机制

北京会展农业作为现代农业的一种高端表现形式，建立了“以政府引导、服务为主，科技创新为手段，特色农业产业为抓手，专业农业展会为推手，市场化运作为纽带”的运行机制。

一是，政府引导、服务为主。

政府转变在会展农业发展中的主导地位，向引导、服务功能转变。如制定会展农业的长期发展规划、完善相关的支持政策等，推进产业的成熟，同时选择有发展前景的会展农业项目进行重点培育，引导会展农业的发展方向，进而促进农业产业结构调整、优化和提升地区经济综合实力。

二是，科技创新为手段。

会展农业是现代农业产业的升级，是多种产业的融合发展。科技创新是产业升级和产业融合过程中的有力武器，能促进现代农业的产业升级，推进现代农业和第二、第三产业的融合发展。以科技创新为手段，打造会展农业的品牌优势，推动会展农业的持续发展。

三是，特色农业产业为抓手。

为了提高会展农业的品牌带动作用，避免同质化竞争，会展农业必须以当地的特色农业产业为基石，培育和带动相关产业的发展，拉长特色农业产业链，深深根植于当地的经济发展，推动会展农业的健康成长。

四是，专业农业展会为推手。

专业农业展会具有多种功能。专业农业展会对地区整体经济能产生巨大的乘数效应。能吸引了大量的优质资源，包括信息流、技术流、商品流和人才流，相关产业通过农业展会，在产品、技术、生产、营销等方面选取优质可用资源，进行优化配置，增强综合竞争力。

五是，市场化运作为纽带。

要使会展农业具有较强的生命力，必须坚持走市场化道路，充分发挥以市场为主体的资源配置功能，坚持商业化运行。市场化运作要求会展农业在发展过程中按照市场经济的规律，在考虑社会效益的同时，也要考虑经济效益，计算收支情况。只有按照市场化运作，参与各方都能实现双赢的会展农业才能长久健康发展。

（三）北京会展农业的发展前景与趋势

1. 发展模式由单纯的政府主导型向市场主导型、协会主导型等转变

北京市目前的会展农业主要以政府主导型为主。例如大兴的西瓜节、平谷的

桃花节、昌平的世界草莓大会、通州的世界食用菌大会等北京市的主要农业会展都是由政府主办，投入的成本较高，知名度也较高，具有良好的社会效益。但是，从经济效益来看，投入产出比不很理想。所以，随着会展行业的迅速发展，会展农业势必要寻求市场主导型、协会主导型等多样性的模式，以进一步提高会展农业的经济效益和社会效益。

2. 从以特色产业为基础向引导农业产业布局优化调整转变

北京市的特色农产品品种丰富，特别是瓜果类农产品，既是名优又是主导的产品就有30种。但是，由于北京总体土地资源、水资源有限，过多的品种则意味着从单个区县来讲，产品生产难以形成规模，而且不少区县的农业产业结构在一定程度上趋同，没有突出自身资源的特点。因此，各区县结合自身特点，对本地特色农产品进行优化，对提高农业产业的规模化和专业化水平是非常必要的。今后的会展农业要从以特色产业为基础向引导农业产业布局转变。

3. 由传统农业向品牌农业转变

品牌农产品能够突出农产品的差异性，有利于消费者区别农产品的品级，方便选购。同时，品牌农业可帮助农民调整农业生产，进而提高农业生产效益。所以，会展农业的发展一定要通过“会展”这一形式，逐步完成各区县特色农产品的品牌建设，提高农产品附加值，使得农民、消费者和政府等各方的利益均得到提高。

六、创意农业

(一)创意农业的内涵

创意农业是以市场为导向，以农业生产为依托，以创意为核心，将农业生产和艺术创意相结合，生产创意农产品和设计创意农业活动，以提升产业附加值、实现资源优化配置的一种新型的农业发展模式。创意农业是现代农业发展演变的新趋势，是都市型现代农业的高端业态。

创意农业包括4个层面。

一是农产品创意。即通过科技、工艺手段改变农产品或农作物的外观，赋予农作物、农产品全新的艺术和文化价值，从而达到吸引消费市场，提升农产品价值的目的。

二是景观创意。即通过对农业田园或农家庭院的艺术化处理，以达到营造富有观光价值的乡野景观的目的。

三是民俗的创意。即以现代创意的理念，把时代文化与流行元素，融入民俗文化之中，实现对传统民俗的继承与发展，赋予民俗新的活力与生命，达到改进化、创新化地传承民俗的目的。

四是乡村生活创意。这是创意农业的最高境界。即通过凝练乡村生活的主题理念，发展乡村创意产业，实现对传统乡村文化的改进与产业结构的优化，最终达到乡村振兴的目标。

（二）北京郊区创意农业的主要类型

近年来京郊创意农业主要在以下几个方面进行了实践。

创意农产品。即经过生产者奇妙构思、精巧设计，利用现有资源创造出的新型农产品。如麦秸画、蝶翅画、豆塑画、蛋壳画、桃木等工艺品；盆景蔬菜、盆景水果、金猪西瓜、水晶西瓜等盆栽观赏植物。

创意农耕文化。即针对农业生产过程、农业耕作活动实施创造性设计，形成农事体验旅游观光活动。近年在郊区多个区县进行的玉米迷宫种植试验，利用玉米植株形成“迷宫阵”，建造适宜人们旅游观光、休闲度假的新场所，使市民、青少年体验农业文明，接受农耕教育，进行旅游观赏，将“都市”与“农业”真正融为一体。此外，各种农业主题公园，比如南瓜园，把世界各地各种色彩的南瓜都集中在一个地方，不仅可以体验农产品的丰富内涵，还可以起到教育和示范的功能。

创意农业产业形态。北京郊区通过创意农业，带动一批产业的兴起，创造出超出传统农业几倍、几十倍的价值。如朝阳区蟹岛绿色生态度假村将生态循环农业的设计创意做成一个年产值几亿元的大产业；怀柔区的虹鳟鱼一条沟是以虹鳟鱼、金鳟鱼、鲟鱼等冷水鱼养殖为中心建立起来的集烧烤、吃农家饭、住农家院、爬野长城、骑马为一体的综合性观光旅游景区；昌平区小汤山农业园区利用科学技术将南方生长的水果引种京城，使北京市民吃上北京产的香蕉、火龙果；顺义区万科农业园将土地租给城里的市民，圆了城里人的农夫梦，农民也实现了从生产者向管理者的角色转变。

（三）北京郊区发展创意农业的做法

1. 走国际化路线，加强知识产权保护

创意农业要做大做强，必须走国际化路线。要在国际市场竞争中争得一席之地，必须大力实施农业标准化工程，制定与国际接轨的无公害农产品、绿色食品和有机食品的行业标准，提高创意农产品的国际竞争力。同时要加强创意农产品的品牌假设，注册自己的商标，打造具有国际影响力的驰名商标、著名商标品牌和高新技术产品品牌。

2. 定期举办北京农业创意大赛

创意是无穷无尽的。要发挥群众的智慧，开发创意农产品，发展创意农业，同时也使社会了解创意农业，并调动农民参与创意农业的主观能动性。定期举办创意农业大赛，包括农产品创意、农业投入品创意、农业生产过程创意等内容，设参赛标准和评比标准，设分级奖励制度。

3. 培育创意农业的消费市场

创意农业的一个显著特点是通过创意为农业带来显著收益，一个创意的好坏，是以市场接受程度为判断标准的，因此，应该为创意农业在主要的消费市场搭建平台，让消费者了解更多的信息，刺激消费需求，培育创意农业的新兴市场。比如可以通过在中心城区和人口聚集区举办创意农业展销会的形式，促进创意农业经济效益的转化。

4. 做好创意农业的综合规划

创意农业的区域特色就在于结合当地的文化特色，发挥创意，整合农村的“三生”(生产、生活、生态)资源，构建起较完善的产业系统，从而促进“三农”的发展。因此需要事先做好综合规划和具体项目的策划，避免各区(县)之间项目雷同，合理配置资源。

5. 加强合作，培养人才，提高农民整体素质

北京作为全国的政治、文化和科技中心，北京农业依托首都丰富的科技、教育、资金优势，在城市范围内形成了农业科技与知识的密集区，有涉农研究机构 29 家；市级农业技术推广单位 13 家，区、县级农业技术推广单位 110 家；有农业专业技术人员 2 万多人，占农业总人口的 0.55%，已形成一个包括中央、地方和民营企业三个层次，涉及农、林、牧、渔、水利和气象诸方面完备，农科教结合的研究推广体系。北京郊区应该充分利用这些优势：一方面，练内功，加强培训，发展职业教育；另一方面，练外功，借助外部力量，与有关农业科技、文化创意的企业和研究机构合作，并在合作中学习和培养起一批骨干；通过项目的辐射效应，进而提高农民的整体素质。

第三节　创建国家现代农业示范区

创建国家现代农业示范区是党中央、国务院推进中国特色农业现代化建设的重大举措，对实现现代农业发展在点上突围，进而带动面上整体推进具有重要意义。按照农业部关于申报创建国家现代农业示范区的总体部署和要求，经市政府同意，在顺义、房山两个区率先成为国家现代农业示范区的基础上，北京市于 2014 年底向农业部申报整市创建国家现代农业示范区。

一、发展思路与目标

(一)战略定位

“十三五”期间，北京市国家现代农业示范区的发展定位要围绕京津冀协同发展、非首都功能疏解和全国现代农业引领的需求，充分扮演好服务者、推动者、引领者和链接者的角色。

（二）基本原则

创建国家现代农业示范区，需遵循生态优先，绿色发展原则；资源整合，协调发展原则；引领津冀，开放发展原则；强农惠农，共享发展原则；深化改革，创新发展原则。

（三）发展目标

1. 总体目标

经过五年示范区的建设，实现土地产出率、劳动生产率、资源利用率国内领先；农业多功能全面开发，农业发展方式有效转变，第一、二、三产深度融合；现代农业的核心竞争能力、城乡服务能力、生态涵养能力显著提升；把北京建设成为科技创新能力突出、主导产业布局合理、产业支撑体系完善、农业经济效益明显、生态环境良好、引领京津冀和带动全国现代农业发展的国家现代农业示范区。力争到 2020 年，实现较高水平的农业现代化。

2. 具体目标

创建国家现代农业示范区的主要指标有：

全面提升农业生产效率。到 2020 年，土地产出率达到 1 617.8 元/亩，劳动生产率达到 6 万元/人，农民人均可支配收入达到 30 000 元。

全面提升“菜篮子”保障水平。到 2020 年，本市蔬菜供应能力稳步提升，菜田面积达到 70 万亩，禽蛋、鲜奶供应保持稳定。外埠供应能力明显提高，河北供应北京的蔬菜提高 5 个百分点以上，肉蛋奶提高 10 个百分点以上，水产品提高 3 个百分点以上。

全面提升农业节水水平。到 2020 年，农业用新水减少到 5 亿 m^3 左右，农田灌溉水有效利用系数提高到 0.75，农田有效灌溉面积达到 95%以上，水资源利用率达到 50.65%，达到国际先进水平。

全面提升农业生态建设水平。到 2020 年，平原地区森林覆盖率提高到 30%；化肥、化学农药施用量实现负增长，农用化肥和化学农药利用率分别提高到 40% 和 45%；规模养殖场畜禽粪便污水处理利用率力争达到 100%，农膜回收率达 95% 以上，农作物秸秆综合利用率达到 100%；产品可认证主体“三品一标”覆盖率提高到 60%以上，农林水系统生态服务价值提高 10%以上。

表 4-1　北京市国家现代农业示范区发展重要指标表

序号	指标名称	2014 年	2020 年
1	土地产出率(元/亩)	1 142.0	1 617.8
2	劳动生产率(元/人)	30 576.9	60 000
3	水资源利用率(元/ m^3)	23.03	50.65
4	农村居民人均可支配收入(元)	20 226	30 000
5	高标准农田面积比重(%)	60	75
6	农作物耕种收综合机械化水平(%)	87.5	90
7	土地适度规模经营比重(%)	42.6	70
8	农产品加工业产值与农业总产值比值	2.66∶1	3.5∶1
9	农户参加农民合作社比重(%)	32	75
10	农林水事务支出占农林牧渔业增加值的比重(%)	21.6	25

注:2014 年的 20 226 元是指农村居民人均纯收入。

(四)实现途径

1. 转变发展方式,走一二三产深度融合之路。
2. 调整产业结构,走节水生态安全高效之路。
3. 创新农业形态,走多元化功能拓展道路。
4. 强化创新驱动,走高精尖农业发展之路。
5. 发展高端服务,走现代服务业引领之路。
6. 借势京津冀,走区域协同发展之路。

二、产业布局与结构调整

立足北京在科技、资本、人才、市场方面的优势,按照优势互补、互利共赢、区域一体原则,积极稳妥推进北京农业产业结构调整,优化农业空间布局。

(一)总体空间布局

以“区 + 乡镇 + 基地 + 园区”承接示范区布局,推动北京市国家现代农业示范区形成“一核、五大功能区、十个示范区、百个示范乡镇、十五大示范生产基地、十一大示范园区”的总体布局。

(二)产业结构调整

积极贯彻落实北京市委、市政府《关于调结构转方式发展高效节水农业的意见》,按照“调粮、保菜、做精畜牧水产业”的要求,稳妥推进农业产业结构调整,实现调出高效益、调出可持续、调出新机制的目标。

1. 种植业

到2020年,种植业产业结构调整如下:

粮食种植面积由2015年的125万亩,调整至2020年的80万亩。退出高耗水作物,重点发展籽种田30万亩,旱作农业田30万亩,生态景观田20万亩。

菜田占地面积由2015年的59万亩,调整至2020年的70万亩。

观光采摘果园种植面积2020年稳定在100万亩左右,升级改造其中50万亩低效果园。

2. 养殖业

到2020年,养殖业产业结构调整如下:

畜牧业控制新增规模,疏解现有总量,提高养殖水平。科学划定畜禽禁养区,不再新建和扩建畜禽养殖场,逐步扩大规模化养殖比重,其中生猪、家禽和奶牛的规模化养殖比重达90%以上。生猪出栏调减100万头左右,肉禽出栏调减2 500万只左右,奶牛存栏调减2万头,稳定蛋鸡存栏1 700万只。

水产业以池塘改造、温室循环和工厂化养殖为主,重点发展“三条鱼”(籽种鱼、休闲鱼、精品鱼)。降低草鲤鱼养殖面积,扩大观赏鱼和籽种鱼比例;加快发展远洋捕捞渔业。到2020年全市渔业养殖水面稳定在5万亩左右。

三、主要任务

坚持都市型现代农业的发展方向,按照三高并举(高端、高效、高辐射)、三产融合(第一、二、三产业)、三生共赢(生产、生活、生态)、四化同步(城镇化、工业化、信息化与农业现代化)的理念,着力构建“现代农业产业发展体系、现代农业生态保护体系、现代农业生产经营体系、现代农业综合服务体系、现代农业科技支撑体系、现代农业区域发展体系”六大体系。

(一)建设现代农业产业发展体系

以“菜篮子”产业、现代种业、休闲观光农业、农业高新技术产业等为核心,打造管理服务精细、产业产品高端、田园乡村秀美、城市农村共融的现代农业产业体系。

其中，主要产业包含“菜篮子”产业、现代种业、休闲观光农业、农业高新技术产业等。

(二)建设现代农业生态保护体系

按照建设国际一流和谐宜居之都的要求，立足环境承载能力和资源约束，大力加强农业生态环境建设，全面推进农业节水，不断提高农业减源、增汇水平。

一是，推进高效节水农业和生态循环农业发展；

二是，推进农业面源污染防治和废弃物资源综合利用；

三是，开展生态服务价值监测与考核。

(三)建设现代农业生产经营体系

以家庭农场、专业大户、农民合作社、龙头企业、社会化服务组织为重点，培育新型农业生产经营主体，着力构建集约化、专业化、组织化、社会化相结合的新型农业生产经营体系。

一是，鼓励发展多种形式的农民合作社。

二是，积极培育家庭农场和专业大户。

三是，加强对家庭农场主和专业大户的培训，增强综合素质，提高成本核算、效益分析的本领和企业化经营能力，使之成为现代职业农民。

四是，加大农业龙头企业培育力度。

五是，建立健全现代农产品营销体系。

(四)建设现代农业综合服务体系

围绕都市现代农业主导产业，进一步发展形成市、区、乡镇、村纵向到底，产前、产中、产后服务横向到边的便捷高效服务网络，公共服务需求得到普遍满足，社会化服务快速发展，有力促进农业提质增效和农民持续增收。

主要内容包括：农业技术推广服务体系、动植物疫病防控服务体系、农产品质量安全服务体系、农业信息化服务体系、农村金融服务体系等。

(五)建设现代农业科技支撑体系

发挥首都科技、人才与资源优势，强化科技对现代农业的支撑作用，加快提升都市型现代农业发展水平。

内容包括：

强化农业科技创新引领，加强农业科技人才培养，深化农业科技交流合作等。

（六）建设现代农业区域协同体系

在市级统一指导和部署下，充分调动区、镇、村、户参与现代农业示范区建设的积极性，构建四级农业区域协同发展体系。

北京都市现代农业发展早、水平高、业态新，在全国都处于领先地位。为国内各大城市郊区的农业发展起着引领示范作用。随着时代进步、科技发展，北京的都市现代农业产业结构将进一步优化，业态会不断创新，功能将愈加丰富。

参考资料

1. 马俊哲、郑伯坤，等．关于加快北京市新型职业农民培养的研究[J]．北京农业职业学院学报，2015，01(90).

2. 张龙，程晓仙，等．北京都市型现代农业发展的现状、困境与改革方向[J]．科技和产业，2018，18(7).

3. 韩施雨，肖艳伟．北京市休闲农业发展概况研究[J]．经济师，2015(1).

4. 关于加快发展都市型现代农业的指导意见．北京市农村工作委员会，2015. 11.

5. 北京市人民政府．北京市“十三五”时期城乡一体化发展规划，2016.

6. 北京市农村工作委员会．关于实施“221 行动计划”推进北京农业现代化的意见，2004.

7. 北京市农村工作委员会．国家现代农业示范区建设实施方案(2015—2020)，2016.

8. 北京市人民政府．关于加快休闲农业和乡村旅游发展的意见，2017.

思考题

1. 从北京市都市农业的发展过程分析现代农业的发展路径。

2. 结合实际，分析近年形成的都市农业新业态。

3. 结合实际分析本市都市农业发展前景。

第五章
北京农民及其组织化、市民化

第一节　农民概述

一、农民的概念

农民是一个极其复杂的概念。首先，农民概念具有时代性或历史性，在不同时代或不同历史时期，农民所指的对象大不相同；其次，农民概念具有地域性，不同国家或地区农民所指的对象不同；再次，农民概念具有视域差异，如法律视域与文化视域的农民也有不同。总之，农民概念的内涵和外延都具有一定的模糊性。

（一）农民概念的起源

"农民"作为中国社会的一个群体，是社会分工的产物。在物质生产活动未出现分工以前，社会成员是没有职业区别的。当生产力发展到一定程度，形成了社会分工和阶级分化，才有了社会成员职业和身份地位的区别。

农民，是随农业成为一个独立的生产部门才形成的一个群体。考古材料证明，我国内陆至少在 8 000 年前就有了成熟的种植业、养殖业。彼时，生活资料的主要来源已经不再是采集和渔猎，而是人类的农业生产活动。有了独立的农业生产，便出现了"农民"这个群体。

古代文献较早出现"农民"称谓的是《管子》，《管子》第五篇把社会成员分为"士农工商"四种类型。其中"士"指军士、士兵或战士，并非后人所指的读书人；"农"即农民，从事耕种养殖的劳动者；"工"指手工业者；"商"即商人，从事货物流通的人。管仲不仅把社会成员划分为"四民"，同时认为"四民"是国家的四根支柱，为了支柱牢靠稳健，他主张"四民分居"，以便人们交流技艺、相互促进。此外，管仲主张四民世袭传承,“士之子恒为士、农之子恒为农……”。

(二)农民概念的演变

农民概念的内涵,是随着时代的变化而变化的。在我国,农民的内涵有一个从职业到身份地位,再从身份地位到职业的演变过程。

如前所述,农民群体形成于原始社会第一次社会分工,这个时期的“农民”仅仅是一种职业。然而,到了奴隶社会,部族战争的胜利者将俘虏变成奴隶,并将这些奴隶安置在城外“鄙”或“野”的地方居住,迫使其从事农业劳动。这时,“农民”就被赋予了身份色彩。

中国2 000多年的封建社会是典型的农业社会,农民是社会的主体。但在漫长的封建社会,农民始终是社会底层,是被剥削、被奴役的对象。

到了20世纪20年代,中国共产党领导人民进行人民民主革命,“农民”概念具有了政治含义。“人民”是共产党服务和依靠的对象,在中国这样一个农业国度农民便是人民的主体。在革命战争年代,农民是革命的主力军,革命胜利后农民是国家的主人。我国宪法规定:“中华人民共和国是工人阶级领导的、以工农联盟为基础的人民民主专政的社会主义国家。”从这个意义上讲,宪法赋予了农民“国家主人”的政治地位。

新中国成立初期,基于我国生产力水平低下,农村人口基数巨大,城市承载能力有限等因素,为发展农业,在解决六亿人口吃饭问题的同时增加积累,自力更生打造独立的工业体系,国家实行城市人口与农业人口户籍管理双轨制。这在特定历史时期是必要的,也为国民经济的恢复与发展,为构建中国特色的国民经济体系创造了条件。但是双轨制户籍管理把农民变成了一种身份,凡是农村人口,无论从事何种职业,哪怕是刚出生的婴儿户籍上一律标注为“农民”。这样,农村人口从一出生就注定了“农民”身份,在粮油副食供应、社会保障、就业等方面区别于“城市居民”。

改革开放以来,我国逐步破除了“户籍双轨制”。一方面,城市化率逐年提高,大量农民转化为市民,到2019年全国城市化率达到60.6%;另一方面,大批农村富余劳动力转移就业、进城务工,突破了户籍对农民的束缚,2019年农民工总量为2.9亿人。户籍制度改革,逐渐使“农民”的概念褪去了身份地位的色彩,回归本意，成为职业称谓。

（三）当代的农民概念

当代农民概念，内涵更加明晰，外延更加确定。农民一般是指利用土地等生产资料从事农业生产并获得收益的劳动者，简单地说，农民就是从事农业生产劳动的人。

为了更清楚地界定农民的概念，需要厘清农村居民、村民、农村劳动者与农民的关系。

农村居民，是指居住在农村的所有人口。无论职业、职务、性别、年龄、文化，只要居住在“村里”就是农村居民。与农村居民对应的是城镇居民，城镇居民是指居住在城市及小城镇的人口。城镇居民中的现役劳动力一般就业于城镇二、三产业。把全国人口划分为农村居民和城镇居民，也有模糊地带。最为典型的是常年在城镇就业的“农民工”，他们工作生活在城镇，但户籍在原籍，似乎归于哪一类都有争议。如果把“农村居民”仅仅作为居住地概念，农民工应属于“城镇居民”，也可以称为“新市民”。

村民，是指户籍属于某行政村（自然村）的农村居民。在村民自治体制内，村民是具有选举权、被选举权的本村居民。因此，村民概念带有政治色彩。需要说明，长期进城务工人员，只要户籍仍在村里，仍然具有村民的权利。

农村劳动者，是指农村居民中的现役劳动者，即正在从事生产劳动的人。农村劳动者不一定从事第一产业劳动，农村二、三产业企业职工、个体工商户、公益岗位职员都属于农村劳动者。不言而喻，职业农民也属于农村劳动者。

二、北京农民概况

（一）北京农民的数量

1. 农村人口

北京市农村人口，按乡镇及行政村常住人口统计，2018 年为 558 万人，比 1978 年的 382.1 万人增长 46%；比最低年份 1995 年的 371 万人，增长 50%；比最高年份 2016 年的 612 万人，减少了 8.8%。

2. 农村从业劳动力

2018 年北京农村从业劳动力 337.5 万人，比 1978 年的 165.3 万人增长 104.2%；比最低年份 1998 年的 161 万人，增长 109.6%；比最高年份 2016 年的 385 万人，减少 12.3%。

3. 一产劳动力

2018 年在第一产业就业的劳动力 45.4 万人；比 1978 年的 125 万人减少 63.7%；比 2000 年减少 46.4%；一产就业人数占全部就业人数的比重，从 1978 年的 28.3%下降到 2018 年的 3.7%。

(二)全市从业人员的就业结构

1978 年，全市从业人员 444.1 万人。其中，第一产业 125 万人，占 28.3%；第二产业 177.9 万人，占 40.1%；第三产业 140 万人，占 31.6%。

2000 年，全市从业人员 619 万人。其中，第一产业 72.9 万人，占 11.8%；第二产业 208 万人，占比 33.6%；第三产业 338.2 万人，占比 54.6%。

2018 年，全市从业人员 1237.89 万人。其中，第一产业 45.4 万人，占 3.7%；第二产业 182.2 万人，占比 14.7%；第三产业 1 010.2 万人，占比 81.6%。

(三)农业从业人员的结构

根据第三次全国农业普查资料。2016 年，全市农业从业人员 53.0 万人。其中，女性 24.5 万人，占 46.2%；男性 28.5 万人，占 53.8%。

从年龄结构看，年龄 35 岁及以下的 5.3 万人，占 10%；年龄在 36～54 岁之间的 26.2 万人，占 49.4%；年龄 55 岁及以上的 21.5 万人，占 40.6%。老年农民占四成以上。

从受教育程度看，未上过学的占 2.9%，小学占 19.7%，初中占 57.5%，高中中专占 15.9%，大专以上占 4%。农民的受教育程度偏低。

从就业行业看，种植业 80.8%，林业 9.5%，畜牧业 6.0%，渔业 0.6%，农林牧渔服务业 3.1%。郊区农民集中在种植业。

第二节　北京农民的组织化

一、农民组织化的内涵

(一)组织化的含义

要准确理解组织化的概念,首先要弄清组织的概念。所谓组织有两种含义,一种是作为名词的或静态意义上的"组织",如机关、团体、企业、公司等,这些组织是按照一定程序和规则,为实现一定目标组成的群体。组织亦可做动词使用,作为动词的"组织"即动态的组织过程,就是将一定数量的个体按照程序和规则以共同目标为纽带组成群体的过程。动态意义的组织就是"组织化"。

关于组织化的内涵,可以从以下三个角度来理解。

第一,组织化是一个过程,但不是一蹴而就的过程。若干个体结合成群体,往往不是一次性行为,而是一个持续过程。特别是复杂社会组织的发展,往往需要一个长期组织化的过程。

第二,组织化有程度高低之分。一般地说,松散的组织、非正式群体,如各种协会、校友会、同乡会等组织化程度较低;紧密组织、正式群体,如政党、合作社、现代企业等组织化程度较高。组织化程度的高低,主要表现在个体对组织的依赖深度,是由组织目标与个体目标的趋同性,组织满足个体需要的程度等因素决定的。

第三,从不同角度可区分不同的组织化。按人们活动的内容,可分为政治上的组织化、经济上的组织化、文化上的组织化;按照组织自身的属性,可分为正式组织化和非正式组织化;按人们参加组织的方式,可分为自组织化和被组织化;按人们参加组织的态度,可分为实质组织化和现象组织化。

(二)农民组织化

农民组织化就是个体农民按照一定的程序和规则,加入各种社会、经济、文化组织,构成群体的过程。其中最为典型的就是个体生产经营者加入生产经营合作组织成为新的市场主体的过程。

我国农民曾经有极高的组织化历史,在人民公社体制下,所有农民都是人民公社社员。组织化程度接近 100%。然而,改革开放后,人民公社解体,农村实行以家庭承包为基础的双层经营体制。农民一下子从集体人变成了个体户,随着市场经济体制改革的深化,分散的个体农民成了数以亿计的商品生产者和经营者。不言而喻,个体农民在市场竞争中处于弱势地位,尤其是在国际农产品市场上,分散的个体农民更难以与世界农业资本竞争。

从培养新型市场主体的视角看,需要实现农民的组织化,并且应该大力提高这种组织化。

(三)农民组织化的实现形式

农民组织化有不同的实现形式。在社会生活领域,农民通过村民自治组织村委会实现组织化;在文化生活领域,农民通过组建、参加各类文化团体实现组织化;在生产经营领域,农民通过农民专业合作组织、经济合作组织实现组织化。

目前,国内专家学者,较多关注农民专业合作这一农民组织化的实现形式。把参加专业合作的农民数量,以及专业合作的紧密度看作农民组织化程度的重要指标。

二、北京市农民专业合作社发展现状

(一)农民专业合作社的发展规模

北京郊区是全国较早试行组建农民专业合作社的地区。21 世纪初,部分郊区农民开始组建专业合作社。2004 年全市有专业合作社 855 个,2005 年达到 1 215 个。2007 年《中华人民共和国农民专业合作社法》颁布实施后,北京市农民专业合作社快速增长,到 2009 年达到 3 601 个。此后每年增长 9%左右,至 2013 年达到 5 774 个。后经整合重组,市场筛选,到第三次农业普查时(2016 年),全市共有农民专业合作社 4 733 个,农民专业合作社成员数共有 11.6 万个,其中成员以普通农户为主,占 98.6%。农民专业合作社按经营服务内容划分,主要有两种类型:产加销一体化服务为主,占 45.2%;生产服务为主,占 34.1%。

(二)京郊农民专业合作社的类型

2010 年北京市制定《实施〈中华人民共和国农民专业合作社法〉办法》,大力促进农民组建专业合作社。2012 年北京市呈现农民专业合作社发展高峰,当年年底全市有 5 179 个合作社。其中，种植业 2 901 个、林业 150 个，两者合计占总量的 59%；畜牧业 1 462 个、渔业 99 个，两者合计占总量的 30%；服务业 260 个，占总量的 5%；其他 307 个，占总量的 6%。种养业合计占合作社总量的 89%。2016 年有 7 168 个合作社。

2019 年，北京市经考评合格的市级示范社 168 个，其中，种植类(包括蔬菜、食用菌、杂粮、草莓、西甜瓜、花卉、药材等)55 个，占 32.7%；林果类(包括干果、鲜果、林下经济等)19 个，占 11.3%；养殖类(包括鸡、鸭、蜂、冷水鱼、观赏鱼等)29 个，占 17.3%；产销综合类 40 个，占 23.8%；乡村旅游类 10 个，占 6.0%；农机类 6 个，占 3.6%；其他 9 个，占 5.3%。

经分析，北京市农民专业合作社的类型有三个特点。一是种植类合作社占较大比重。纯种植类加上产销综合类中以种植农产品为主的一部分合作社，两者占合作社总量的 50%以上。二是生产类合作社占绝大部分，无论是种植类合作社还是养殖类合作社，包括产销综合类合作社，都以生产农产品为主要经营内容，合作社的作用主要在产前、产中发挥。三是农机、信息、技术、旅游等服务类合作社占比较小。

(三)农民专业合作社的发展趋势

北京市农民专业合作社发展较早，各级政府扶持力度较大，合作社数量增长较快。京郊十几万农民在“十二五”时期迅速成为合作社社员，起到了将农民“组织起来”的作用。但是十几年来，北京郊区的农民专业合作社，“小弱散”问题较为突出，所谓“小”就是规模小，几户、十几户农民组建一个合作社，经营规模有限，市场占有份额小，难以提升竞争力；“弱”就是功能弱，合作社仅仅是若干单个农户的机械的、形式的联合，不能成为真正的市场主体；“散”就是合作社成员间联系松散，利益机制不健全，成员的生产经营活动与合作社的运作缺乏紧密联系。

未来，农民专业合作社发展的主要趋势有以下几点。

一是从小型合作社向大型联合社发展。京郊的农民专业合作社在创立之初，大多规模较小。往往是一个村内生产同类农产品的几户、十几户、最多几十户人家组建一个专业合作社，很少有跨村组建的合作社。因此，全市四千个行政村组建了六千多个合作社。这种规模的合作社，经济实力有限，服务能力不足，所占市场份额微不足道。很难起到组织农民成为新型市场主体的作用。要解决这一问题，就必须扩大合作社的规模。采取联合或重组的形式组建较大规模的农民专业合作社，今后农民专业合作社的发展将突破行政区划界限，形成出现跨区域的大型联合社。

二是从单纯生产型向产供销综合型发展。目前京郊的农民专业合作社，绝大部分是生产领域的合作，即使名为“产销合作社”者，往往也是以生产合作为主。今后，以同类农产品为纽带的合作社，将发展成为产供销一体化的综合型的农民合作社。这样才能起到新型市场主体的作用。

三是从产品产销型向技术、市场、信息服务型发展。随着经济社会现代化大发展，北京郊区的产业结构将不断调整优化，现代服务业将成为郊区的主导产业。因此农民专业合作社的发展也会突破原有的领域，从农产品产销的主阵地向技术服务、市场服务、信息服务领域转移。

三、提高农民组织化水平

(一)提高农民组织化水平的意义

提高农民组织化程度，对增加农民收入，增强农产品的竞争能力有很重要的意义。

第一，提高农民组织化水平是发展现代农业的条件。现代农业以现代技术、现代装备为标志。而现代农业技术的推广和现代农业装备的使用在分散的小生产者中间很难实现。只有提高农民组织化水平，实现农业的规模经营，才能实现农业的现代化。

第二，提高农民组织化水平是培养新型职业农民的需要。新型职业农民不仅要掌握现代职业技能，具备科学素养，而且要有较高的组织化水平。只有在政治上、经济上、文化上实现了高度组织化，农民才能真正成为社会的主人、市场主体，才能从自然人变成社会人，成为新型职业农民。

第三，提高农民组织化水平是实现乡村振兴的需要。乡村振兴包括产业振兴、人才振兴、文化振兴、生态振兴、组织振兴。在这“五个振兴”中，组织振兴是乡村振兴的保障，农村的政治组织、自治组织、合作组织是团结带领亿万农民建设农村、发展农业实现现代化的堡垒和纽带。农民紧密聚集在基层组织之中，才能形成巨大的创造力，推动乡村振兴的历史进程。

(二)影响农民组织化水平提升的因素

当前，我国农民组织化的程度相对较低，不能适应农业农村现代化及实施乡村振兴战略的需要。有研究认为，影响农民组织化水平提升的因素主要有下述几个方面。

一是，观念认识问题。许多做农业农村工作的人认为，农民历来就是分散的小生产者，难以像现代产业工人那样具有高度组织性，因此没有必要也不可能将分散的农民变为高度组织化的农民；也有人担心，农民组织化水平提升，会使农民成为一种难以驾驭的社会力量，掣肘党的领导和基层治理。这些错误观念是提高农民组织化的思想障碍。

二是，多部门共同合作的管理体制。目前，政府对农业、农村、农民的管理属多部门共同合作管理。仅以农民教育培训为例，市农委(农业农村局)、教委、科委、劳动社保、组织人事、财政、共青团、妇联等都有相关职能。至于“三农”的整体管理涉及的政府部门就更多了，缺点就是分散化、低效率。

三是，行政干预，越俎代庖。农民组织化，必须在党的领导下进行，也离不开有关部门的指导，但不能包办代替。不论是党的基层组织、村民自治组织还是农民合作组织的建设发展，都必须在农村广大党员和农民群众自觉的基础上自主地实现。乡镇党委、政府的职责应该是加强农村党员队伍政治思想建设，加强农村居民的公民素质培养，加强农村新型市场主体培育。引导农民走组织化道路，提升农民组织化水平。

(三)如何提高农民组织化水平

一是，发挥村级党组织战斗堡垒作用。农村基层党组织是农村各种组织和各项工作的领导核心，是党在农村基层领导和执政的重要基础。2018 年北京市共有 13 个涉农区，182 个乡镇党委、3 917 个村党组织，32.8 万名农村党员。这些基层党组织和党员，是党在农村全部工作的基础，是党的路线方针政策的坚定拥护者和执行者。但是，农村基层党组织建设也存在薄弱环节。如有些村党组织软弱涣散；部分村党员队伍老化问题严重；有些党员干部作风不正甚至腐败。农村基层组织建设存在的问题，严重地影响了党在广大农民群众中的信誉，削弱了党对农民的号召力组织力。必须进一步加强农村基层党组织建设，发挥村级党组织的战斗堡垒作用，发挥农村党员的先锋模范作用，才能带领农民、组织农民团结奋斗，实现乡村振兴的宏伟目标。

二是，完善村民自治组织，发挥自治功能。村民自治组织，是农民实现组织化的重要途径。但是，现阶段农村的村民自治制度建设，基本上还处于浅表层面。人们关注的焦点还是通过民主选举，选出村民委员会。要充分发挥村民自治组织的作用，就必须完善村民大会、村民代表会议、村民监督委员会等村自治组织，并按照《村民委员会组织法》的规定行使职权，同时健全决策、管理、监督机制。实行“四议一审两公开”制度。即凡涉及村里发展和村民切身利益的重大事项，都要按照村党组织提议，村“两委”会商议，村党员大会审议，村民代表会议或村民会议决议；乡镇党委、政府审核；并实行决议公开、实施结果公开的制度。只有村民自治组织真正发挥了组织功能，才能把农民变成真正的社会主人。

三是，规范、壮大农民专业合作社。农民专业合作社是从经济上将农民组织起来的组织形式。但目前的农民专业合作社，多为小规模、松散型组织，不适应提高农民组织化的需要。而以产权为纽带的集体经济合作组织无正式名称、无法律定位，现实中多与村民委员会实行两块牌子一套人马。农民专业合作社与村集体经济合作组织都没有起到提升农民组织化水平的应有作用。解决问题的途径：一方面扩大农民专业合作社的规模，大力发展联合社，同时创新农民专业合作社的运行机制，使其成为紧密的利益共同体，充满活力的市场主体。另一方面加大集体经济产权改革力度，尽快进行集体经济合作组织立法，正名建制，打造成独立于村民自治组织之外的集体经济合作组织。

第三节　北京农民的市民化

一、农民市民化概述

（一）什么是农民市民化

什么是农民市民化？从字面上理解，就是农民转化为市民的过程。就农民市民化的主要内容而言，包括五个方面。

一是从户籍管理角度看，农民市民化是“农业人口”转化为“城市人口”的过程。我国长期实行二元制的人口户籍管理体制，将人口分成农业人口与非农业人口。改革开放以来户籍管理制度改革逐渐深化，但是，城镇居民与农村居民的差别依然存在。农民市民化就是将从农业农村转移出来的农民从户籍管理上纳入城镇居民。

二是从就业角度看，农民市民化是农村劳动力从第一产业向二、三产业转移、从农村向城镇转移的过程。随着农业劳动生产力的提高，大批农村劳动力从第一产业中解放出来，转移到二、三产业或城镇就业，有些人远离故乡到大城市谋生，有些人在家乡附近的小城镇就业，有些人离土不离乡到本地企业上班或独立创业。总之，脱离第一产业的农民已经不是传统意义上的农民。这种离开土地到城镇就业的过程，就是农民市民化的过程。

三是从居住角度看，农民市民化是劳动者的生活基础从农村转移到城市的过程。农民离开土地、离开农村转移就业，伴随着居住方式的转变。尤其是常年在大中城市打工的劳动者，一般要在市区或市郊购房或租房居住。这些劳动者已经是城市的“常住人口”，他们只有在节假日才回到老家与家人团聚。就进城务工劳动者的居住常态而言，他们属于城镇居民。如果把居住条件看成是生活基础的重要内容，那么，市民化也是人们的生活基础从农村住宅转变为城镇住宅的过程。

四是从社会保障角度看，农民市民化是社会保障一体化的过程。由于历史上农村生产力水平低，农村经济社会远远落后于城市，加上实施城乡二元体制，我国农民的社会保障水平长期低于城市居民。近年来，随着改革深化，农民养老保险、农民工失业保险、农民医疗保险相继推出，但是各类保险的缴费方式，养老金、保险金领取、医药费报销比例都与一般社会保险存在差距。农民市民化的真正实现，有待于社会保障一体化的实现。

五是从精神层面看，农民市民化是一个文化融入、融合的过程。人们在长期的社会实践中形成了既相互联系又相互区别的城市文化与乡村文化。大到人生观、世界观、价值观，小到生活习惯、处事态度，农民与市民都存在着明显差别，农民市民化过程就是一个缩小差别、融入、融合的过程。

(二)农民市民化的必然性

从人类社会发展的历史趋势讲,农民转变为市民具有必然性。马克思主义认为,物质资料的生产是人类社会存在和发展的基础。而物质资料的生产方式是由生产力水平决定的。当生产力发展到机器大工业时代,城市化就成了一种必然现象。一方面,大工业的聚集地即现代城市不断成长壮大,并带动了第三产业——服务业的发展,城市二、三产业成为吸纳农村劳动力的巨大管道。另一方面,农业生产的机械化、现代化,造成了大量剩余劳动力,成为城市劳动力市场的蓄水池、后备军,使城市化具备了可能性。

现代城市的形成与发展,使物质资料生产更加集约化、高效化;人口集中到城市,公共服务的需求更大,从而促进公共产品的供给,丰富市民的生活。因此,城市化意味着更高的劳动生产率,更多的就业机会,更好的教育、医疗、文化服务。总之,城市化带给市民的是更高品质的生活,在允许人口自由流动的条件下,农村人口向城市流动是一种必然趋势。

(三)农民市民化的路径

在我国,农民市民化,主要发生在最近几十年。主要路径有以下几种。

一是农村劳动力进城务工。农村进城务工人员,被称之为"农民工",这是一个自相矛盾的概念,就像"方的圆""寂静的闹市"一样。如果农民工指的是有农民身份的工人,那么,把农民作为一种身份标签明显带有歧视意味。鉴于此,本书一般不使用"农民工"提法。目前我国有两亿多农村劳动者进城务工,他们中大多数已经成为就业城市的"常住人口",有些甚至购房置业、落户就业城市成为"户籍人口"。从长期趋势看,进城务工人员及其子女最终将成为"新市民",这是农民市民化的主要路径。

二是城市拓展征收土地,拓展区农民转变为市民。这在大中城市发展中较为常见。以北京为例。改革开放前市区的边缘在三环路以内,四十年来,城市一圈一圈扩大,人们形象地称之为"摊大饼"。四十年前北京的中心城区即东城、西城、崇文、宣武四区(现东城、西城二区)仅 73.5 km^2。目前,城六区即东城、西城、丰台、海淀、朝阳、石景山总面积为 1 380 km^2,加城市副中心 155 km^2 共 1 536 km^2。北京常住人口 1978 年为 871.5 万人,2000 年为 1 363.6 万人,2010 年为 1 961.9 万人，2018 年为 2 154. 2 万人；其中，城市人口 1978 年为 479 万人，2000 年为 1 057. 4 万人，2010 年为 1 686. 4 万人，2018 年为 1 863. 4 万人。城市人口迅速增加，朝阳、海淀、丰台、石景山这 4 个区的乡村人口转为城市人口是一个重要原因。

三是小城镇建设，吸收本地及外地农民落户。我国的小城镇，是指县级政府所辖的乡一级建制镇。1984 年国务院转发民政部关于设镇标准规定。“一、凡县级地方国家机关所在地，均应设置镇的建制。二、总人口在 20 000 人以下的乡，乡政府驻地非农业人口超过 2 000 人的，可以建镇；总人口在 20 000 人以上的乡，乡政府驻地非农业人口占全乡人口 10%以上的，也可以建镇。三、少数民族地区、人口稀少的边远地区、山区和小型工矿区、小港口、风景旅游、边境口岸等地，非农业人口虽不足 2 000 人，如确有必要，也可设置镇的建制。”按照这一标准，一般建制镇政府所在地非农业人口需要达到总人口的 10%以上。就是说，设镇的地方至少要有 10%的人口为市民，这是设镇的最低门槛。随着经济社会发展，建制镇人口中城镇人口的比例也在迅速提升，许多镇已达到 50%以上。2018 年全市有 143 个建制镇，其中，有 42 个重点建设小镇，7 个特色小镇（房山区长沟镇、昌平区小汤山镇、密云区古北口镇、怀柔区雁栖镇、大兴区魏善庄镇、顺义区龙湾屯镇、延庆区康庄镇）。

二、国家有关农民市民化的政策

2016 年 8 月，国务院颁布了《关于实施支持农业转移人口市民化若干财政政策的通知》，提出了十条具体政策措施。

（一）保障农业转移人口子女平等享有受教育权利

地方政府要将农业转移人口及其他常住人口随迁子女义务教育纳入公共财政保障范围，逐步完善并落实中等职业教育免学杂费和普惠性学前教育的政策。中央和省级财政部门要按在校学生人数及相关标准核定义务教育和职业教育中涉及学生政策的转移支付，统一城乡义务教育经费保障机制，实现“两免一补”资金和生均公用经费基准定额资金随学生流动可携带，落实好中等职业教育国家助学政策。

（二）支持创新城乡基本医疗保险管理制度

加快落实医疗保险关系转移接续办法和异地就医结算办法，整合城乡居民基本医疗保险制度，加快实施统一的城乡医疗救助制度。对于居住证持有人选择参加城镇居民医保的，个人按城镇居民相同标准缴费，各级财政按照参保城镇居民相同标准给予补助，避免重复参保、重复补助。加快实现基本医疗保险参保人跨制度、跨地区转移接续。

（三）支持完善统筹城乡的社会保障体系

加快实施统一规范的城乡社会保障制度，中央和省级财政部门要配合人力资源社会保障等有关部门做好将持有居住证人口纳入城镇社会保障体系和城乡社会保障制度衔接等工作。

（四）加大对农业转移人口就业的支持力度

中央和省级财政部门在安排就业专项资金时，要充分考虑农业转移人口就业问题，将城镇常住人口和城镇新增就业人数作为分配因素，并赋予适当权重。县级财政部门要统筹上级转移支付和自有财力，支持进城落户农业转移人口中的失业人员进行失业登记，并享受职业指导、介绍、培训及技能鉴定等公共就业服务和扶持政策。

（五）建立农业转移人口市民化奖励机制

中央财政建立农业转移人口市民化奖励机制，奖励资金根据农业转移人口实际进城落户以及地方提供基本公共服务情况，并适当考虑农业转移人口流动、城市规模等因素进行测算分配，向吸纳跨省（区、市）流动农业转移人口较多地区和中西部中小城镇倾斜。省级财政要安排资金，建立省（区、市）对下级农业转移人口市民化奖励机制。县级财政部门要将上级奖励资金统筹用于提供基本公共服务。

（六）均衡性转移支付适当考虑为持有居住证人口提供基本公共服务增支因素

中央财政在根据户籍人口测算分配均衡性转移支付的基础上，充分考虑各地区向持有居住证人口提供基本公共服务的支出需求，并根据基本公共服务水平提高和规模增长情况进行动态调整，确保对中西部财政困难地区转移支付规模和力度不减。省级财政要参照中央做法，在对下分配均衡性转移支付资金时考虑为持有居住证人口提供基本公共服务等增支因素，增强县级政府财政保障能力，鼓励中西部地区农业转移人口就近城镇化。

（七）县级基本财力保障机制考虑持有居住证人口因素

完善县级基本财力保障机制奖补资金分配办法，中央和省级财政在测算县级相关民生支出时，要适当考虑持有居住证人口因素，加强对吸纳农业转移人口较多且民生支出缺口较大的中西部县级政府的财力保障。县级政府要统筹用好资金，切实将农业转移人口纳入基本公共服务保障范围，使农业转移人口与当地户籍人口享受同等基本公共服务。

（八）支持提升城市功能，增强城市承载能力

地方政府要将农业转移人口市民化工作纳入本地区经济社会发展规划、城乡规划和城市基础设施建设规划。要多渠道筹集建设资金，通过发行地方政府债券等多种方式拓宽城市建设融资渠道。要推广政府和社会资本合作模式，吸引社会资本参与城市基础设施建设和运营。按照市场配置资源和政府保障相结合的原则，鼓励农业转移人口通过市场购买或租赁住房，采取多种方式解决农业转移人口居住问题。中央财政在安排城市基础设施建设和运行维护、保障性住房等相关专项资金时，对吸纳农业转移人口较多的地区给予适当支持。

（九）维护进城落户农民土地承包权、宅基地使用权、集体收益分配权

地方政府不得强行要求进城落户农民转让在农村的土地承包权、宅基地使用权、集体收益分配权，或将其作为进城落户条件。要通过健全农村产权流转交易市场，逐步建立进城落户农民在农村的相关权益退出机制，积极引导和支持进城落户农民依法自愿有偿转让相关权益，促进相关权益的实现和维护，但现阶段要严格限定在本集体经济组织内部。要多渠道筹集资金，支持进城落户农民在城镇居住、创业、投资。

（十）加大对农业转移人口市民化的财政支持力度，并建立动态调整机制

中央和地方各级财政部门要根据不同时期农业转移人口数量规模、不同地区和城乡之间农业转移人口流动变化、大中小城市农业转移人口市民化成本差异等，对转移支付规模和结构进行动态调整。落实东部发达地区和大型、特大型城市的主体责任，引导其加大支出结构调整力度，依靠自有财力为农业转移人口提供与当地户籍人口同等的基本公共服务，中央财政根据其吸纳农业转移人口进城落户人

数等因素适当给予奖励。

三、北京市农民市民化的现状

(一)城市化率的变化

改革开放以来,北京城镇化率逐年提高,由1978年的55%上升到2018年的86.6%,增加了31.6个百分点,年均增长13.7%,1978—1985年间城镇化率在60%以下,1986—1989年为60%左右,1990—2004年在73.4%～79.5%,2005年以后超过80%。2018年北京市常住人口2 154.2万人,外来常住人口764.6万人。常住城镇人口1 863.4万人,乡村人口290.8万人。户籍人口1 375.8万人,其中非农业人口1 152.3万人,占83.75%,农业人口223.5万人,占16.25%。10个远郊区常住人口988.2万人,其中城镇人口702.6万人,占71.1%,乡村人口285.6万人,占28.9%。

以上数据说明,尽管北京全市城市化率已经达到86.6%,在全国处于领先水平,甚至超过欧美国家(2016年末各国城市化率为:德国75.5%,法国79.8%,美国81.8%,加拿大82%,英国82.8%,日本93.9%)。但是,北京郊区的城市化率还相对较低,尤其是10个远郊区乡村人口比重仍然占到28.9%。

(二)北京农民市民化的影响因素

在北京郊区,农民绝大部分是被动市民化的,即由于城市建设或小城镇建设需要,农民的土地被征收,失地农民被动转化为市民。另有一些农民是经过升学、招工、自主创业进入城镇购房置业从而实现市民化的。可把前者看作是政府主导的市民化,后者看作是个体自主的市民化。两种市民化的方式不同,影响因素也有差别。

影响政府主导型市民化的主要是社会因素,如地方经济发展水平、政府财力、城市基础设施、就业规模等。北京是发达地区,经济实力雄厚,土地征收补偿一般不存在问题。但是在失地农民就业、公共设施建设、公共产品供给等方面也制约着城市人口的增长速度与规模。因此,政府主导的城市拓展、棚户区改造项目,必须统筹安排,有序推进,不能搞“大呼隆”。目前,远郊区一些“棚改”项目,拆迁补偿迟迟不能兑现,农民失地后就业难,年龄偏大的“四零五零”人员以及中年女性就业更加困难。这些现象,充分说明推进农民市民化,必须考虑外部制约因素。

农民自主型市民化,制约因素含主、客观两个方面。就主观方面而言,包括人们的观念意识、教育程度、职业技能几个方面。这里所说的观念意识,主要是指农民的生产观念、生活习惯、处世态度。有些人特别是年龄稍大的农民,在观念上抵触城市生活方式,因而对市民化并不感兴趣。人们的教育程度、职业技能与就业相关,农民离开土地后只有能够找到稳定的工作,才有成为市民的动力。乐业才能安居,就业是农民(特别是青年农民)变为市民的关键制约因素。

生活成本与收益比。农民离开土地到城镇就业的积极性,不仅直接取决于劳动收入、享受福利的高低,还取决于农村与城镇生活成本的比较。如果城镇生活成本与就业收入的比值大于农村生活成本与就业收入的比值,则意味着生活水平下降,那么农民的市民化愿望将大打折扣。

在实施乡村振兴战略的大背景下,北京郊区经济社会发展迅速,历史形成的"工农差别、城乡差别"正在消失。农村的基础设施、人居环境与城镇的差距越来越小;都市农业、乡村旅游业、新型服务业从业者的收入水平不断提高。这将大大加速农村城镇化的进程,最终郊区农民市民化成为一种自然过程。

参考资料

1. 吴琦. 农民组织化:内涵与衡量. 云南行政学院学报[J],2012,14(3):125-127.

2. 北京市统计局. 北京市第三次全国农业普查主要数据公报,2018.

3. 国务院关于实施支持农业转移人口市民化若干财政政策的通知,2016.

4. 张丽峰. 北京农民市民化影响因素与路径选择研究. 特区经济[J],2014,(5):26-28.

思考题

1. 作为职业概念的"农民"与作为身份概念的"农民"有何区别?

2. 如何提升农民组织化程度?

3. 如何理解农民市民化?影响农民市民化的因素是什么?

第六章
培育新型职业农民

实现农业农村的现代化，需以农民现代化为保障。“农民现代化”，即从传统农民到现代农民的转化过程，这一过程在我国就是长期坚持对农民进行思想教育、文化学习、科技素质培养、职业技能培训的过程。农民现代化的结果就是一大批社会主义新型农民和新型职业农民的形成。

第一节　北京农民教育历史回顾

新中国成立以来，北京市委市政府在不同历史时期，出台了一系列农民教育政策，实施了多种教育项目，不断推动农民教育向纵深发展。

一、“新中国成立后 17 年”北京市的农民教育

（一）新中国成立初期的“扫盲”教育

新中国的“扫盲”教育从 1949 年新中国成立到 1966 年“文化大革命”共 17 年，是我国农民教育的初始阶段。新中国成立之初，全国有 3.2 亿文盲，占人口总数的 80%。这就是所谓“一穷二白”的“白”。国民文化素质低，成为国家经济社会发展的主要制约因素。中国共产党执政伊始，便抓住了这个主要矛盾。

新中国成立之初，北京市人民政府按照中央的部署把文化教育即扫除文盲工作列为工农教育的重要任务。为了提高工作效果，市教育部门先后提出了一些行之有效的原则与办法，如在组织领导上，实行“政府领导，依靠群众组织，各方面配合”，“乡领导、社安排、队保证”的体制；在发动群众参加学习上，贯彻“自愿”“业余”“经常”的要求；在师资问题上，提倡“以民教民”“就地取才”“能者为师”的办法；在时间安排上，要求“农闲多学、农忙少学、大忙放学、忙后复学”；在经费上，确定“民

办公助”“义务为主”“勤俭办学”的原则。这些政策目标明确、方法具体、措施有力，保证了全市扫盲教育深入扎实开展并取得切实效果，也为北京市的农民教育搭建了一个较高的起点。

(二)早期农业技术教育

在面向农民开展文化教育的同时，北京市较早地面向农民开展了农业技术教育。20世纪50年代末期北京市开始举办业余小学、初中，开展初等技术教育。市委多次要求在“冬学”活动中组织农民学习农业技术。进入20世纪60年代，北京市委、市政府自觉引导农民教育工作从“扫盲”向“农业技术教育”转变。1960年，丰台区卢沟桥公社自编了《蔬菜栽培管理技术》，长辛店公社组织了养殖、蔬菜技术学习小组。1962年冬至次年春，郊区农民有3 500人参加技术学习；1963年增至1.2万人，分别学习“种子”“肥料”“蔬菜”“果树”“防治病虫害”“电工”等课程。1962年12月5日，教育部下发了《关于农村业余教育工作的通知》。《通知》指出：农村业余教育工作，应该按照党的八届十中全会做出的《关于进一步巩固人民公社集体经济、发展农业生产的决定》的精神，为巩固集体经济、实现农业技术改革发展积极发挥作用。北京市在印发有关通知的同时对北京市农民科技教育做出了具体部署。此后，北京郊区学科学、用科学，倡导科学种田蔚然成风，形成了农民职业技术教育的第一波浪潮。

(三)农民教育常态化

1963年1月，中共北京市委批复《北京市教育局党组关于充实农村业余教育干部的请示》提出：开展农村业余教育、特别是组织好回乡知识青年的学习和提高农村干部的文化水平，是搞好农村人民公社集体经济的经营管理、发展农业生产逐步实现农业技术进步的重要条件。区委、县委及农村人民公社生产大队的党组织，必须把这项工作放在党委的议事日程上、切实管起来，定期进行部署。教育部门、农业部门、文化部门、共青团和妇联等各级组织也应在各级党委的领导下密切配合，从各个方面创造条件、积极地办好农村业余教育。这个文件，在一定意义上明确了农民教育工作是各级党政部门的常规工作。

(四)试行“半农半读”制度培养新农民

1964年，北京市教育部门试行“半农半读”或“半耕半读”制度，为培养有文化的新一代农民探寻路径。中共北京市教育局党组连续发出举办半农半读小学、半农半读中学的政策文件，推动“半农半读”制度的发展。到1964年8月，全市9个试点县建起半耕半读小学688所，共15 000名学生入学。到1965年半农半读小学达到2 000多所，学生5万人。

1965年，北京市农林局、北京市教育局颁布《关于在郊区农村中学实行半农半读举办中等农业技术学校的意见（修改稿）》，文件要求：郊区中学除县城中学和完全中学保留全日制以外，其余三五年内有计划有步骤地分批改为半农半读学校，培养既能脑力劳动又能体力劳动的新型农民。1965年郊区246所农村初中有40所改为半农半读中学，另有社队办的农业中学37所，计划1966年、1967年两年各再改五六十所，到1968年该改的全部改完。

半农半读，是发展新型农村教育的一种改革性尝试，到“文革”期间被当作“资产阶级教育路线”加以批判，改革尝试遂告终结。

二、改革开放后北京市的农民教育

（一）补偿教育

十年“文革”，教育成了重灾区，农业教育更是遭到了灭顶之灾。北京农业大学搬出北京，北京农业劳动大学、北京市农业学校相继解散，郊区农中无一幸存。极“左”思潮认为：农业知识与技术，只存在于生产实践，因此农村是学农的“大学校”，农民的实践经验才是“真知”，贫下中农是最好的老师。这样，北京地区的农业职业教育自1967年至1974年完全成了一个断层。

“文革”结束后，市委市政府为将“被耽误的一代”培养成有知识有文化的社会主义建设者，在全市青壮年职工中开展了“双补”（即初中文化补课、初级技术补课）活动。根据中共中央、国务院1981年2月发布的《关于加强职工教育工作的决定》及北京市人民政府办公厅转发国务院办公厅《关于加强职工培训提高职工队伍素质的意见》的通知精神，北京市政府及其成人教育行政部门和各区县、各部门、各企事业单位从实际情况出发，于1981年开始在全市范围内开展青壮年职工的“双补”活动。双补教育，使首都数十万城乡青年提高了文化科技素质，许多人还考入成人高校甚至是普通高校深造，成为新时期的建设骨干。

（二）农民教育体系建设

农民教育需要依托完善的教育体系。新中国成立初期各地先后办起的农村冬学、半耕半读学校、农业中学到"文革"后全部不复存在了。"文革"期间盛行的学习班、宣传队也不能承担新的职能。新时期的农民教育需要有全新的教育体系承担使命。为此，党和政府先后发布了一系列文件推动新型农民教育机构的建立与发展。

1980 年 12 月 20 日，国家农委等十个单位联合发出通知，宣布共同举办中央农业广播电视学校，它标志着我国最大规模的，开放式的农民教育体系就此诞生，并开创了农业职业教育的新模式——农业广播电视教育。

自 20 世纪 80 年代后，我国在全国范围内形成了中央、省、地、县、乡五级办学的"农业广播电视学校"体系，以及县级农民科技学校、乡镇成人学校、村办农民文化科技学校的三级农民教育体系。

与全国同步，北京市农民教育体系建设也迎来了一轮发展高潮。1982 年北京市农业广播学校建立了市县乡三级教育体系。同时，将 13 个区县举办的 13 所农村科学技术学校（原"农民五七大学"）建设成为国家承认学历的成人中专学校。1984—1986 年分三批通过验收。全市 200 多个乡镇，80%的乡镇举办了成人文化技术学校，成为对农民进行教育的主阵地。

（三）教育规模

在 20 世纪 80 年代中期，各种各样的成人中、高等专业学校纷纷成立，全市举办的职工大学、管理干部学院、广播电视大学、函授大学、夜大学和成人教育学院达 151 所，年招生数达 7 万人，毕业 6.7 万人，在校生达 20.9 万人；举办的干部、职工、农民中等专业学校和广播电视中专学校、农业广播学校以及其他成人中专学校 160 所，面向全市城乡年招生约 2.5 万人，毕业 2 万人，在校生 7.5 万人。

三、新世纪的农民教育的发展

进入 21 世纪后，我国农民教育事业迎来了新的发展契机。在全面建设小康社会、建设社会主义新农村、实施乡村振兴战略的宏观背景下，农民教育的地位、条件、任务、目标都发生了质的变化。北京市在实施"三个北京"战略，促进城乡一体化发展的进程中，把农民教育提到了前所未有的高度，全市的成人教育特别是郊区农民教育事业出现了蓬勃发展的新局面。

2000年，市政府在《北京市国民经济和社会发展第十个五年计划纲要》中明确提出，在全市"率先构建起终身学习和学习型社会的基本框架"。2004年，北京市委、市政府召开了首都教育大会，印发了《关于实施首都教育发展战略，率先基本实现教育现代化的决定》，提出了"到2010年在全国率先基本实现现代化，学习型城市初步建成"的奋斗目标。这样，学习型乡镇建设成为农民教育发展的新的契机。

2005年，市委在《关于制定北京市国民经济和社会发展第十一个五年规划的建议》中提出"加强成人教育、继续教育，推进城乡教育的信息化建设，努力构建终身教育体系，积极推动学习型城市建设"。2005年8月，北京市教育委员会、市首都精神文明建设委员会办公室和市农村工作委员会分别发出了《关于评选创建学习型农村社区先进乡镇的通知》和《关于评选创建学习型新村先进村的通知》，并相应制定了《北京市创建学习型农村社区先进乡镇评估指标体系》和《北京市创建学习型新村先进村评估指标体系》。2006年，市教委组织专家对创建学习型城市先进村镇进行评估，评选出一批创建学习型村镇先进单位。2007年，市委、市政府召开了建设学习型城市工作会议，发布了《中共北京市委、北京市人民政府关于大力推进首都学习型城市建设的决定》，市学习型城市领导小组办公室组织专家重新修订了创建学习型企业、机关、学校、街道及乡镇的指标体系，并深入各区县，指导各区县结合区域社会经济发展的实际，制定建设学习型区县的规划和实施意见，使北京市学习型城市建设工作进入到了一个全新的发展阶段。经评估，全市2007年又有9个企业、16个街道、6个乡镇被评为北京市创建学习型组织先进单位。几年来，通过评估工作的开展，有效推动了全市学习型组织创建工作，大大促进了成人教育的快速发展。

第二节　农民职业技术教育

改革开放以来，北京市依靠技术进步与劳动者素质提高，推进农业农村发展，实施了一系列农民教育培训系统工程。主要有"绿色证书工程""跨世纪青年农民培训工程""阳光工程""新型农民培养工程""新型职业农民培育工程"。

一、“绿色证书”工程

（一）“绿色证书”

“绿色证书”是农民技术资格证书的习惯说法。所谓农民技术资格证书，就是农民达到从事某项工作岗位规范要求具备的基本知识和技能后，经当地政府认可的从业资格凭证。“绿色证书”是农民技术资格证书的习惯说法。劳动者从业的岗位不同，岗位规范的要求就不一样。颁发的证书的名称也不尽相同，如农民技术资格证书、农机驾驶证、农村会计的会计证等。但是，“绿色证书”都有以下共同点：对象是农民，有岗位规范的要求或技术资格标准，取得证书者需要参加学习和培训，经考试、考核合格，由地方政府或授权机关认可并发给证书。

（二）“绿色证书”制度

所谓“绿色证书”制度，对农业劳动者实行的先培训、后就业的持证上岗制度，也就是农民技术资格证书制度。它是指通过立法、行政等手段，把农民的技术资格要求、培训、考核、发证等规定下来，并制定相关配套政策，作为农民从业和培训的规程，确保从业人员的技术业务素质。但由于我国农村经济发展不平衡，农民的文化程度参差不齐，农村生产力水平较低，“绿色证书”制度还不完善，所以在实施的范围、对象、标准等方面，与国外的“绿色证书”制度有所不同，其中有的需要在实践过程中不断完善,有的则是由我国的国情决定的。

(三)我国"绿色证书"教育的起源

20世纪80年代初期,我国"绿色证书"制度的兴起,源于北京市大兴县(现大兴区)。该县1988年4月11日印发了《大兴县人民政府关于承包果树必须取得技术资格的几项规定〈试行〉》。规定要求:1989年底以前,凡承包果树者,必须经过乡总公司组织有关人员进行培训、考核、颁发技术许可证后,方可承包。大兴县林业局在制定实施范围、对象与技术资格标准的同时,提出把培训、考核、发证与持证人员的使用和管理结合起来,是我国最早实行的绿色证书制度。

(四)实施"绿色证书"工程

1990年,农业部在全国开展绿色证书制度试点工作,1991年5月在河北省兴隆县召开"全国农民技术资格证书(绿色证书)制度试点工作研讨会"。来自22个省、市、自治区和部分试点县的代表约130人出席了会议。农业部副部长洪绂曾出席开幕式并做了题为"积极稳妥地开展农民技术资格证书制度试点工作"的讲话。会上讨论了农业部制订的《农民技术资格证书制度试点工作暂行管理办法》(讨论稿),会后印发全国。

1994年3月,国务院办公厅转发农业部《关于实施"绿色证书工程"意见》。绿色证书教育培训在全国展开。

北京市自1988年大兴县试行"绿色证书"制度后,从1990年起,通过农业广播电视学校、乡镇成人学校、区县农民科技学校、农业技术推广站等教育培训机构普遍开展绿色证书培训,并制定了《绿色证书技术岗位规范》,作为各个岗位培训、考核、颁证的依据。到"十一五"期间"绿色证书"工程已普及到全市所有区县,全市有50多万人次参加绿证培训,约15万农民获得了绿色证书,其中近万名"绿证"持有者获得了各级农民专业技术职称。培训范围由果树专业推广到粮食、蔬菜、畜禽养殖、畜禽防疫检疫、水利水产、农机、乡企管理、农村观光旅游等各种涉农行业,在有计划地提高农村劳动者文化素质方面取得了显著的成绩。

2004年郊区各区县紧密结合京郊经济发展和本地区城市化进程,结合区域经济发展的特点,拓展农民"绿色证书"的培训内容和培训方式,共培训农民科技骨干7.2万人次,其中1.6万农民获得绿色证书,全市累计获得绿色证书的农民已达到

21.1 万人，占全郊区务农劳动力的 32.9%。

二、实施“跨世纪青年农民科技培训”工程

(一)项目内容

“跨世纪青年农民科技培训工程”由农业部、财政部、共青团中央联合实施。工程于 1999—2000 年在全国范围内选择 100 个示范县进行试点，2001—2005 年在全国范围内全面组织实施。7 年内有计划、有组织、有目标、有步骤地按照农业产业化岗位规范的要求，对我国 500 万青年农民实施农业政策法规、经营管理知识和农业科技培训。每个村民小组培训一名骨干青年使这些骨干青年成为 21 世纪农业现代化建设的中坚力量。

(二)北京市实施“跨世纪青年农民科技培训”工程

2002 年，北京市农村工作委员会指定北京市农业广播电视学校牵头实施“跨世纪青年农民科技培训”工程。农广校出台了《关于实施跨世纪青年农民科技培训工程的意见》，编制《跨世纪青年农民科技培训教学计划》，指导昌平、通州、大兴、顺义、怀柔、平谷、房山等区县研究制定了本地的培训规划，跨世纪青年农民科技培训全面铺开。

(三)实施效果

2002—2005 年，北京市深入开展跨世纪青年农民科技培训。平谷、昌平、延庆、门头沟、房山等区县农广校作为项目实施单位，直接参加了培训。4 年共培训 16 000 人次。北京市 2005 年共有 3 953 个行政村，跨世纪青年农民科技培训平均为每村培养 4 人，成为农村经济社会发展的骨干力量。

三、实施农村劳动力转移培训“阳光工程”

(一)“阳光工程”的内容

2003 年，国务院办公厅下发《2003—2010 年全国农民工培训规划》，对全国农村劳动力转移就业培训工作做出了具体部署。为贯彻落实党中央、国务院的要求和部署，加强农村劳动力转移培训工作。农业部、财政部、劳动和社会保障部、教育

部、科技部、建设部从2004年起，共同组织实施农村劳动力转移培训阳光工程（简称为“阳光工程”）。

“阳光工程”是在粮食主产区、劳动力主要输出地区、贫困地区和革命老区开展的将农村富余劳动力转移到非农领域就业前的职业技能培训示范项目。按照“政府推动、学校主办、部门监管、农民受益”的原则组织实施。加强农村富余劳动力职业技能培训，加快农村富余劳动力向第二、三产业及城镇转移，是促进农民增收，推进城乡经济协调发展的有效途径。通过“阳光工程”的实施，能提高农民工的综合素质和就业能力，把沉重的人口负担转化为强大的人力资源优势，增强农民在劳动力市场就业的竞争力，加快全面建设小康社会的步伐。

（二）“阳光工程”的转型

2009年国家对“阳光工程”培训项目的思路进行了重大调整，指导思想是：按照“政府推动、学校主办、部门监管、农民受益”的原则，在农业领域和农村地区实施的重大工程项目，围绕服务当地县域经济社会发展所需的第二、三产业从业人员，大力开展农村劳动力就地就近转移就业培训、创业培训和农村带头人培训，引导农民转变就业观念，提高农民就地就近就业能力、创业能力和辐射带动能力，促进农业劳动力向农业产业延长链转移，由单纯外出务工向就地就近转移就业转变，由偏重服务城市发展向注重支撑农村经济社会发展转变，推动城乡统筹协调发展和社会主义新农村建设。主要任务：一是围绕农业农村重大工程项目和服务当地县域经济社会发展所需的第二、三产业从业人员开展培训；二是大力开展农民创业培训；三是围绕农民合作社发展开展培训；四是围绕优势产业发展开展培训；五是围绕返乡农民工再就业开展培训。

（三）北京市实施“阳光工程”的成果

2004年，北京市委、市政府颁布了《关于做好2004—2010年北京市农村富余劳动力转移培训工作的意见》，《意见》提出到2010年，培训农村富余劳动力50万人，转移就业30万人的任务。2004年，农村富余劳动力转移培训工作被列入市政府56件实事，当年全市共完成农村富余劳动力转移培训15.2万人次，完成了年初下达的10万人次转移培训任务的152%。其中，技能培训8.6万人次；4.1万人取得职业技术鉴定证书；5.5万人实现转移就业，超额完成了市政府实事要求的任务。到2010年全市有50余万农村劳动力接受职业技能培训,30余万人转移到城镇第二、三产业就业。

2009年阳光工程转型后,北京市农民教育培训系统每年培养约一万名创业骨干、农村经济带头人。使郊区农民的科学素质及职业技能得到显著提升。

四、农村实用人才培养

(一)国家关于农村实用人才培养工作的部署

2003年底,党中央、国务院召开了新中国历史上的第一次全国人才工作会议。会后下发了《中共中央、国务院关于进一步加强人才工作的决定》,明确提出了新的历史条件下人才工作的指导思想、根本任务和政策措施,提出了新世纪我国人才工作的行动纲领。

2004年,人才强国战略作为专章列入"十一五"规划纲要。2005年,国务院制定了国家中长期科学和技术发展规划纲要,对中国未来15年科学和技术的发展做出了全面规划。

2005年11月,农业部制定《关于实施农村实用人才培养"百万中专生计划"的意见》。

2006年中央组织部、人事部制定了《关于贯彻落实"十一五"规划纲要,加强人才队伍建设的实施意见》。

2007年中共中央办公厅、国务院办公厅印发《关于加强农村实用人才队伍建设和农村人力资源开发的意见》。

在上述政策文件的引领下,全国农村实用人才培养工作在"十五"末期、"十一五"初期大规模开展起来。

(二)北京市农村实用人才培养工作

2006年10月31日,市委农工委决定,以北京市农业广播电视学校为依托,开展专家带动培养农村实用人才的试点工作。在试点乡镇实行专家和农户对接培养,开展农村实用人才专家"一对一"帮带,专家签订"培养合同",针对农户生产经营内容制定个性化培养方案,进行专门指导,合同到期组织验收,验收合格,培养对象认定为农村实用人才,颁发证书。对参与培养工作的专家,支付培养费用。

2007年3月,全面启动农村实用人才培养工程,农广校会同相关区县有关部门制定了《农村实用人才培养工作管理办法》和《培养初级农村实用人才实施方案》,作为农村实用人才培养工作的指导性文件。方案要求培养专家在进行个体调研的基础上,针对培养对象制定详细的培养实施方案。

2007年5月28日农村实用人才培养启动仪式分别在大兴礼贤镇、安定镇及密云河南寨镇举行,北京农业职业学院、北京市农林科学院、部分区县农业科研和推广部门的专家与209户农户签订培养合同。2008年,农村实用人才培养工作在全市范围内展开,当年确定培养对象1 800多户。2009年,增加到3 000多户。

2010年以后,北京市落实国家《农村实用人才和农业科技人才队伍建设中长期规划(2010—2020年)》市委农工委制定了《北京市农村实用人才开发培养行动计划(2011—2015年)》,对农村实用人才进行了生产类、技术类、营销(流通)类、管理类、社会(文化)类五个类别的划分,制定了针对性的培养计划,开发出"专家带动""基地(公司、企业)辐射""新老传播""技能+基础"等培养模式。截至2018年底,北京市农村实用人才培养工程共认定了38 055人,其中管理类5 221人、生产类18 273人、技术类9 380人、社会(文化)类4 127人、营销(流通)类1 054人,为北京农村地区培养了一大批具有一定技能、能够起到示范带动作用的农村实用人才队伍。

(三)实施"农村实用人才百万中专生培养计划"

"农村实用人才百万中专生培养计划",是2005年11月10日农业部、中组部制定的人才培养规划,规划要求自2006年起,用10年时间,为农村培养100万名具有中等职业教育学历的农村实用人才,即:以政府资助形式,对农民实施中专学历教育。北京市农业广播电视学校承担了本市培养任务,在市委农工委、市教委支持下,采取"技能+基础"模式,利用十年时间培养了三万名具有中专学历的农村实用人才。使北京市郊区农民的受教育年限从9.8年提高到12年。

第三节 新型职业农民培育

党的十八大以来,党中央、国务院的一系列会议和文件密集部署"三农"工作,其中一个突出的焦点就是提出要“大力培育新型职业农民”，着力解决“谁来种地”“如何种好地”的问题。事实上，大力培育新型职业农民，不仅是发展现代农业、保障重要农产品有效供给的关键环节，而且也是深化农村改革、增强农村发展活力的重大举措。

一、新型职业农民概述

(一)新型职业农民的概念

农民是指长期居住在农村社区，并以土地等农业生产资料长期从事农业生产的劳动者。农民要符合以下四个条件：一是占有(或长期使用)一定数量的生产性耕地；二是大部分时间从事农业劳动；三是经济收入主要来源于农业生产和农业经营；四是长期居住在农村社区。这是构成农民的基本条件，是农业生产特点所提出的基本要求。职业农民也必须符合这些条件，这是与非农民区分开来的重要标志。

与传统农民、兼业农民不同，新型职业农民除了符合农民的一般条件外，还应该具备以下三个条件。

一是新型职业农民是市场主体。传统农民主要靠传统生产方式，以维持生计为目标，是自给自足的农民；而新型职业农民生产的目的在于为市场提供农产品，要充分地进入市场，并通过利用市场信息、提高农产品质量、调整农产品结构、延长农业产业链条、利用农业的多功能性等满足消费者需求，通过一切可能的选择追求报酬最大化。因此，新型职业农民与市场有密切的联系，是市场的主体。

二是新型职业农民具有高度的职业稳定性。职业稳定性是农业对从业者的基本要求，因为农业具有周期长的特点，土地需要精心呵护、地力需要长期培植，农业的可持续发展才能得以实现。此特点用以区别于对农业的短期投资行为。此外，只有稳定性才可能积累农业生产经验，提高农业生产水平，因为农业生产是具有地域性和依赖实践经验的活动，没有长期的经验积累，把农业做好是不可能的。稳定性的另一个表现是新型职业农民把务农作为终身职业，而且有农业生产的后继者。

三是新型职业农民具有高度的社会责任感和现代责任意识。传统农民只需要生产出满足家庭需要的农产品，其责任范围只限于自己和家人。新型职业农民不仅要有文化、懂技术、会经营，而且其社会责任要求也在不断扩大。首先，现代社会

要求新型职业农民的行为要对消费者负责,保障为社会提供安全、可靠的农产品;其次,现代社会要求新型职业农民要对环境负责,在农业生产过程中不污染和破坏环境,如不滥施化肥、农药,不破坏植被等,即承担对环境实施保护的责任;最后,现代社会要求新型职业农民要对后代负责,农业是人类生存的基础,土地要做到永续利用,这就要求现代职业农民必须在农业生产中不断培肥地力,不污染土地,不改变土地性质,为子孙后代留下最宝贵的可利用资源。可见,新型职业农民具有更多的社会责任,不仅要对自己负责,还要求其行为对他人、生态环境、社会和后代承担责任。一般来说,责任的大小与社会地位高低成正相关,随着新型职业农民社会责任的扩大,社会地位也应该越来越高。

由此,我们可以将新型职业农民定义为:以农业为职业、具有较高的素质和一定的专业技能、收入主要来自农业生产和经营的现代农业从业者。

(二)新型职业农民的基本素质要求

新型职业农民的基本素质应包括以下几个方面。

1. 新型职业农民具有现代意识

农民要真正成为现代意义的职业农民,思想观念必须现代化,塑造农民现代的精神品质。没有农民从心理、思想、态度、观念、思维方式以及行为方式、生活方式向现代转型,任何先进的生产技术、管理经验和制度安排都将发挥不出作用。从这个意义上说,农民思维方式、价值观念的现代化是职业农民的根本标志。一要新型职业农民要具有主体意识。改变传统的顺从人格,追求自主与自强。二要具有市场意识。经营能力是职业农民最重要最基本的素质。生产经营要依靠准确的市场信息科学决策,适应市场变化并在市场竞争中赢得最大利润。职业农民要增强市场意识,自觉学习市场经济理论、企业管理和市场营销方面的知识,懂得价值规律、供求规律、竞争规律、平均利润率等市场经济的一般规律,自觉按照市场的需求开展农业生产活动，从种什么到怎么种、怎么销，都要围着市场转。三要具有科技意识。重视科学知识，重视技术技能，提升农产品的科技含量、产品品质和经济价值。四要具有发展意识。处理好竞争和协作、自主和监督、效率和公平、先富和共富、经济效益和社会效益等关系。在处理“积累和消费”的关系，适度改善家庭生活的同时，不断增加农业生产资金投入，发展适度规模经营。

2. 新型职业农民具有较高的思想政治素质

一直以来，传统农民处于封闭自守，安于现状，恐惧风险，拒绝投资，逐代更替的状态，而新型职业农民以开放和进取为特征，掌握或熟悉党和国家对“三农”及其相关工作的方针政策、法律法规，有积极向上的理想，有追求自由幸福生活的思想觉悟，有更高的利益诉求，既不迷信，也不盲从；同样，他们敢于创造和追求新的生活，具有鲜明的创业精神、创业意识和新的就业观念，富有事业心。

3. 新型职业农民具有较高的科学文化素质

新型职业农民不仅具有较高的科学文化知识，具有一定的现代农业生产、劳务经济等方面的一技之长，而且具有一定的经营管理、市场营销与产业开发能力，是农业专业化生产、产业化经营，适应市场经济的劳动者和带头人，成为建设社会主义新农村的中坚力量。

4. 新型职业农民具有较高的责任意识

新型职业农民既要继承传统农民的优良品质，更要有开阔的视野、新的道德观、生态观和责任观。新型职业农民要树立生态文明观念，对生态负责；保障所生产的农产品安全，对消费者负责；保证土地的永续利用，对子孙后代负责。

5. 新型职业农民具有较高的民主法制素质

新型职业农民能够用自己的眼光来看待事物，分析问题。了解相关法律规定，自觉遵守各项法律制度，并懂得用法律手段来维护自身的权益。同时，他们具有较强的公共事务参与能力，具有民主意识和行使民主权利的能力。富于一定的组织性，生产经营及生活方式更趋于组织化。

(三)新型职业农民的分类

依据我国农村基本经营制度和农业社会化分工，新型职业农民主要包括生产经营型、专业技能型和社会化服务型三种。

1. 生产经营型新型职业农民

这种类型的职业农民是指适应现代农业发展和新农村建设要求，以家庭为基本生产经营单元，主要从事农业生产经营，并以其为主要收入来源，具有一定的生产经营规模、较高的生产力水平和明显的示范带动作用，为社会持续有效提供安全农产品的新型生产经营主体。主要包括种养专业大户、家庭农场主、合作社带头人等。

2. 专业技能型新型职业农民

这种类型的职业农民是指在农业企业、专业合作社、家庭农场、专业大户等新型农业经营主体中从事较为稳定的农业岗位工作，并以此为主要收入来源，具有一定专业技能的农业劳动力。主要包括农业工人、农业雇员等。

3. 社会化服务型新型职业农民

这种类型的职业农民是指在经营性服务组织中或个体直接从事农业产前、产中、产后服务，并以此为主要收入来源，具有相应职业素质和服务能力的农业社会化服务人员。主要包括农村信息员、农村经纪人、跨区作业农机手、统防统治植保员、村级动物防疫员等。

二、北京郊区新型职业农民培育的需求

结合北京市“调粮、保菜、做精畜牧水产业”的都市型现代农业结构调整目标，预测到 2020 年农业发展对新型职业农民的需求和可能培养的数量有如下 5 个方面。

(一)种植业新型职业农民

2014 年，北京市从事种植业的农民为 31. 2 万人。预计到 2020 年，北京市的耕地面积为 150 万亩，其中粮食种植面积 80 万亩，设施农业面积 70 万亩，从事种植业的农民数量进一步减少。

以 2020 年北京市新型职业农民收入达到当时城市平均收入预测，劳均种粮面积不能低于 50 亩(在考虑种粮农民还会有部分其他收入的条件下)，劳均设施农业面积不宜低于 4 亩，加上管理和服务人员等，届时从事种植业的新型职业农民预计在 10 万左右。这部分人员中，除家庭农场主、种植大户外，还有合作社管理、财务、

技术、销售人员，务农为主的全科农技员、农机手，从事农田水利、植保等的服务人员。

考虑到目前农村老年人的现状，届时还会有18万左右的60岁以上老年劳动力仍在从事小规模农业，占用农田约50%，虽然这些人不可能成为新型职业农民，但从日本等国家的现实情况看，其农业技术和耕作方法等可在技术人员指导和社会服务的协助下提高，生产技术也有可能达到现代水平，这些人也有接受短期培训的需求。

综合上述因素，种植业每年培养培训新型职业农民总体上不宜低于1.5万人次。在种植业领域培养培训的新型职业农民中，重点应该是以下人员。

一是种植大户。2013年，北京有1 000家左右的种植大户，这些人员目前能力较强，文化程度较高，收入也比较可观，大部分人有继续务农的意愿，经培养后，会成为新型职业农民。到2020年，通过土地流转，种植大户可达到1 500户，在未来5年中，每年培养培训的人数不应低于200人。

二是设施农业规模经营者。目前，北京部分家庭的设施农业已具有一定规模，部分菌类生产还实现了工业化，这部分大户应是新型职业农民培养的重点。未来5年，每年从这部分人中培养新型职业农民3 000人，以使北京设施农业的主体完成现代化。

三是全科农技员。北京已有全科农技员2 831名，其在种植业比例较大。这些全科农技员经过考核，基本达到了新型职业农民的标准，并有继续从事农业的愿望。未来每年全科农技员的培训不低于700人次，以持续提升这部分人的水平。

四是农机手。北京的农机手多数有较强的操作能力，也有较高的文化知识，虽然部分农机手现代农机理论知识不足，但有接受教育培训的愿望。未来10年，需要将北京的全部职业农机手培养为新型职业农民。2014年，北京市专职农机手在2万人左右。考虑到农机效率的提高，农机手收入提高等因素，到2020年，北京农村的专职农机手数量下降到1.7万人左右，因农机手中有部分已经过多次培训，预计未来5年每年培养人员1 000名基本可以满足全市现代农业的机械生产需求。

五是合作社的组织领导人员。2014年，北京有6 000多个农民合作社，分布于种植业、林果业、畜牧业、水产业以及农村旅游、运输、农产品销售等行业，其中种植业占了最大比例。根据目前的条件和培训能力，未来5年，每年需要培养1 000名农民合作社的经营管理人员，同时需要为合作社培养2 000名专业人员（含林业、畜牧业、水产业领域的合作社）。到2020年使农民合作社的经营管理人员和专业人员基本上达到新型职业农民的水平。

（二）林业新型职业农民

2014年，北京市林业从业人员为6.7万人。北京的林业中面积最大的是生态涵养林，目前以养护为主，其社会效益好，但经济效益低，多数养护人员年龄偏大，文化程度较低，但养护林中的技术人员、管理人员有较高的能力和水平，特别需要培养为新型职业农民。全市每年培养400人即可满足生态涵养林的技术指导和管理能力提高的需求。

2020年，北京市的采摘果树面积稳定在100万亩左右，果树在北京有较高的经济效益，桃、苹果、梨、杏、樱桃、枣等在北京销售较好，采摘等的收益可观。北京的干果以板栗、核桃、杏仁为主，北京干果林的面积较大，从业人员中也有技术能手，但比例不高，数量不多。林果业农民教育培训后收入增长明显。从调查看，林业中的技术人员、林果业的从业人员多数有接受教育培训的意愿，未来5年每年培养3 000人次左右基本可以满足林果业技术指导和管理提高的需求。

与种植业类似，林果业中也有相当大比例的老年劳动力，其经营着40%左右的果林面积，这些人也需要短期培训，同样有可能使小规模的林果经营达到现代水平。

另外，北京市计划到2020年使平原造林面积达到115万亩，依据标准每个劳动力管护20～25亩林木，共需要5万左右劳动力。这部分劳动力主要是由种植业转移而来，多数是老年劳动力，其中平原林业的管理、技术等专业人员需要培养为新型职业农民，预计年培养400人左右。此外，考虑还将发展林下经济等，加起来预计年培养1 000人。

（三）畜牧业新型职业农民

2014年，畜牧业从业人员约为5.7万人。由于未来北京市畜牧业发展的限制因素多，生产规模将有所下降，同时，生产的机械化、自动化程度会有所提升，预计到2020年，畜牧业从业人员将下降到5万左右。

目前畜牧业从业人员分工较细，生产的现代化、机械化、工厂化程度较高，农民收入也明显高于种植业，基本达到城市工人的水平。目前业内的技术人员、管理人员已基本达到新型职业农民的标准。从调查看，有较大部分操作工人还需要培养，同时技术和管理人员也有继续接受教育培训的意愿。未来 10 年内，这一行业内年培养人员为 3 000 人，到 2020 年，行业全部从业人员基本能够达到新型职业农民标准。

(四)水产业(渔业)新型职业农民

2014 年，北京水产业从业人员 7 700 人。主要从事水产养殖、捕捞以及观赏鱼养殖等。在北京市水产技术推广站经培养取得职业资格证书的人员 1 000 余人。

水产业接受职业培养的意愿较强，行业组织工作较好。未来 10 年每年还会有 500 人左右接受现代农业职业教育，到 2020 年，北京的水产业从业人员也有可能全部成为新型职业农民。

根据北京市到 2020 年的农业发展条件和劳动力情况，按上述指标完成对分行业新型职业农民的培养(表 6-1)，则可使北京农业基本上实现新型职业农民的基本覆盖，使农业由传统农民经营为主转为新型职业农民经营管理为主，提高北京市农业的现代化水平。

表 6-1　到 2020 年北京市新型职业农民培训年需求表

行业	劳动力数量	年培训人次	新型职业农民
种植	290 000	15 000	90 000
林业	66 000	5 800	35 000
养殖	50 000	3 000	40 000
水产	7 000	500	6 000
总计	413 000	24 300	171 000

说明：到 2020 年的新型职业农民含新进入及已有接受高等教育和长期培训的专业人员，不仅仅是 5 年中培养的人员。同时，培训中还有大量短期培训，包括对已有技术、管理人员的提高培训，对老年劳动力的培训等。

(五)服务业新型职业农民

表 7-1 中的培育人数，是生产经营型和专业技能型职业农民，按照农业社会化服务业发展的需要，预计社会化服务型职业农民应为前述两类职业农民的 10%。即到 2020 年，北京市新型职业农民的总数应为 18.8 万人。此外，通过有计划地培

育，使新型职业农民中高、中、初三个级别的比例分别达到10%、30%和60%，结构趋于合理。

三、北京郊区新型职业农民的培育对象

从北京市务农人员看，未来培育现代职业农民的主体将是现有务农人员，同时，也要重视返乡农民工与复员退伍军人，以及一些农村青年人和优秀外埠农村青壮年的培育问题。

（一）有效培育有潜力的现有农民成为新型职业农民

北京市现有务农人员数量可观，虽然平均文化程度低，年龄偏大，但一是其中有一部分文化程度较高的中青年，二是现有务农人员对农村有一定感情，也有较强的务农意愿，同时还有一定的农业技术基础，这部分人是未来北京市现代职业农民的主体，大约能占到培育对象的90%。

现有农民的特点是在农村有广泛的人际关系网络，愿意生活在农村，务农心态稳定，有明确的专业方向，部分农民的收入较高，多数农民有丰富的经验积累，但缺乏理论和先进技术的指导，农业生产知其然而不知所以然。他们渴望得到具体先进技术的指导，特别需要能够解决他们在生产实际遇到的问题，其中部分人还有一定的自学能力，自行寻求有关专家的帮助，探索解决所遇问题的办法。

由于现有农民需要的技术和培训方向十分明确，要求具体，同时多数人员工作繁忙，家务事多，不可能长时间脱产学习，针对这部分人的培训需要新的培育体系和方法。

（二）着力培育返乡农民工和复员退伍军人成为新型职业农民

外出农民工不仅通过在城市或者非农产业的打拼获得了较高的经济收入，而且还通过现代城市文明和工业文明的熏陶以及市场经济的洗礼，开阔了眼界，开启了心智，更新了观念，学到了技术和本领，转变了落后的思维方式和生产生活方式，提高了自身的综合素质。这部分人回乡从事农业生产与经营或者进行农业创业，不仅能够进一步发挥他们通过打工所形成的优势，而且还能够实现他们建设家乡愿望和亲农爱农情结。北京郊区农村有相当一批农民工在城市和非农产业打拼，他们当中不乏一批这样的人，把他们吸引回来并培育成新型职业农民，将会形成一

支理念先进、思想稳定、“能打能拼”的新型职业农民骨干队伍。

从农村走出去的复员退伍军人因在解放军“大熔炉”的磨炼而形成了吃苦耐劳、坚忍不拔以及能干会管的独特优势，他们也具有建设家乡的愿望和亲农爱农情结。因此，北京郊区农村应着力把这部分人也吸引回来，并将其培育成新型职业农民，将会大大提高北京郊区都市型现代农业的生产经营水平。

(三)大力培育有意愿务农的青年

目前北京市基本普及了大专教育，未来具有务农意愿的青年人应该多数接受过大专及以上教育。从抽样调查的情况看，目前务农的青年人有以下几种情况。

一是在农业企业、农民合作社的就业者。主要是在企业或合作社中从事销售、技术、文秘、会计、机械、检验等技术工作，这些人部分是农业院校的毕业生，同时也有其他院校的毕业生。从抽样调查的情况看，这部分人中的大部分并非一直有务农的意愿，多数是在毕业找工作时认为有些农业企业、合作社提供的条件能够符合自己的要求，同时也认为在农业企业、合作社中会有较好的发展前景。由于就业时能够满足接收单位的要求，证明这些人的知识能力和专业能力较好；就业后，接收单位多数能够以老带新的方式增强这部分人的职业能力。使他们在不长的时间有可能成为能力较强的现代职业农民。初步计算，近几年这部分人每年约有几百人。

二是愿意在农业领域创业的青年人。近几年农业创业得到政府和社会的支持。开始有部分青年人，有些是当年的大专毕业生，有些是毕业几年已经在城市工作，但认为农业创业有良好前景的人。从调查看，这些人的专业分布并无一定规律，其中学农的居多，同时也有部分其他专业的毕业生。这些人文化知识较高，对农业有一定的认知和了解，能够找到农业创业的机遇。但专业知识和实际能力不足，是特别需要进一步培育的有潜力的现代农业职业农民。目前这部分人在北京的数量不多，尚不能形成规模。

三是部分继承家庭农业承包项目或农业企业等的青年人。目前北京市有少量私人农业企业，部分经济效益较好的家庭农场等，这些家庭中的部分子女愿意继承家庭的农业项目，他们在学习时有明确的目的，有清楚的专业选择，在学习前、学习时和毕业后有家长的培育和指导，有丰富的实践，是专业知识和文化能力较强的农业生产经营人员，符合现代职业农民的标准。这部分人的数量很少，目前在北京市只存在于畜牧、水产、农机等少数行业。如果能够为这一渠道创造更好的条件，未来源于这一渠道的现代职业农民有可能增加。

(四)择优吸纳并培育部分优秀的外埠农村青壮年

北京有数量可观的外来青壮年在农业企业、农业合作社等从事农业生产，这部分人文化知识水平一般较高，身体素质较好，且有务农意愿。围绕主导产业需要，有计划地吸引和选拔部分外埠的优秀农村青壮年来京从事农业的生产与经营，可以弥补北京市新型职业农民的不足。

参考资料

1. 马俊哲，郑伯坤，等．关于加快北京市新型职业农民培养的研究．北京农业职业学院学报[J]，2015，01(90).

2. 李凌，等．北京农民培训的问题反思与创新研究[M]．北京：社会科学文献出版社，2018.

思考题

1. 结合实际，谈谈如何提高农民综合素质与培养新型职业农民？

2. 如何理解农民现代化与农业农村现代化的关系？

第七章
乡村集体经济产权制度改革

为适应健全社会主义市场经济体制新要求，进行农村集体产权制度改革，探索农村集体所有制的有效实现形式，盘活农村集体资产，构建集体经济治理体系，形成既体现集体优越性又调动个人积极性的农村集体经济运行新机制，对于坚持中国特色社会主义道路，完善农村基本经营制度，增强集体经济发展活力，引领农民逐步实现共同富裕具有深远历史意义。

第一节　乡村集体经济产权制度改革的历程

自 1993 年始，北京市率先推进乡村集体经济产权制度改革。经过 10 多年的试点、示范，至 2006 年近郊全面推开，远郊扩大试点。到 2006 年底，全市已有 3 个乡镇级、200 个村级的集体经济组织基本完成了产权制度改革。到 2013 年全市 90%以上村集体经济组织完成产权制度改革。

一、农村集体经济组织的形成与演变

(一)农村集体经济组织

农村集体经济组织是指对土地拥有所有权的经济组织，是在社会主义公有制改造过程中，在自然乡村范围内，由农民自愿联合，将其各自所有的生产资料(土地、较大型农具、耕畜)交给合作社，由合作社成员共同占有，统一组织生产经营，农民进行集体劳动，实行“各尽所能、按劳分配”的农业社会主义经济组织。

(二)北京市集体经济组织的起源

北京市农村集体经济组织是在土地改革的基础上，且在中国共产党的领导下，由分得土地的农户按照自愿互利的原则组织起来的。经过初级农业生产合作社与

高级农业生产合作社，到 1958 年人民公社建立以后形成了共同共有的农村集体经济产权制度。

1949 年 1 月 31 日北平和平解放。在北京市委市政府领导下，开展了土地改革运动。到 1950 年 3 月土地改革完成，实现了"耕者有其田"的新民主主义革命的目标。确立了在按人口平均分地基础上的农户私有的产权制度。

土地改革以后，农民分得了土地，激发了劳动生产积极性。但是由于生产力水平低下，生产规模狭小，分散经营的农民仍然不能摆脱贫困。因此中国共产党引导农民走合作化道路，号召农民"组织起来，向生产的深度和广度进军"。

北京郊区从 1952 年春季开始，试办初级农业生产合作社。初级农业生产合作社实行社员按份共有的产权制度。社员将私有的土地投入到合作社以后，其所有权仍然归社员私有。社员投入到初级合作社的牲畜、大车等生产资料以及现金一律折价作为社员持有的股份。初级社的社员共同占有生产资料，共同使用生产资料，共同进行生产劳动，共同享有经营成果。年终收益分配，实行按社员投入的土地和所持有的股份分红与按劳分配相结合（五五分、四六分）。

1956 年，北京市以行政村为单位，将村内若干个初级社联合起来组建高级农业生产合作社。高级社不同于初级社：一是高级社实行土地公有，土地不再参与收益分配；二是取消了股份分红，年终收益完全实行按劳分配；三是高级社具有社区性，承担起社区范围内的社会事务管理职能。

高级社的产权制度属于由社员按份共有向社员共同共有转变的一种过渡形式。

1958 年，郊区在高级农业生产合作社的基础上组建人民公社。到 1962 年全市有 278 个人民公社、3 361 个生产大队、65.21 万户社员。人民公社实行政社合一的管理体制和三级所有，以生产队为基本核算单位的三级核算体制。"集体劳动、统一支配劳动力、生产大拨轰，分配平均主义"是人民公社的特点，也是弊病。人民公社否定了入社自愿、退社自由的原则，否定了农户土地所有权，确立了土地的集体所有权形式。人民公社规定纯收入扣除社员劳动所得以后的剩余部分为不可分割的集体积累，共同共有的产权制度由此确立起来。

（三）集体经济组织的演变

1978 年 12 月，党的十一届三中全会做出了改革开放的决策。

1979—1981 年北京郊区农村推行联产计酬责任制。据 1981 年底统计，全市种植业中 97%的生产队建立了生产责任制，其中联产到组占 75%，联产计酬到劳占 23%，联产计酬到户占 1.6%。

从 1982 年 10 月开始，北京市逐步在郊区农村推行以家庭承包经营为主的包干分配责任制。到 1985 年，种植业实行土地包干责任制的生产队达到 12 206 个，占全市生产队总数的 96.6%。

在推行农业生产责任制的同时，北京市从 1981 年开始对人民公社体制进行改革。1981 年市委市政府在丰台区黄土岗村和昌平县沙河镇进行政社分设试点，1983 年在全市普遍推行政社分设，到 1984 年上半年基本完成。人民公社解体后，其行政职能由乡镇人民政府取代，其经济职能由乡镇农工商联合总公司、村农工商联合公司等经济组织取代。实行包干责任制以后，作为人民公社基层核算单位的生产队出现了分化趋势。1987 年，全市作为独立合作经济组织的生产队有 6 967 个，比 1982 年的 12 916 个减少了 46%；到 1990 年进一步减少到 3 926 个，比 1982 年减少了 69.6%。

1992 年，依据《中共北京市委　北京市人民政府关于加强乡村合作社建设，巩固发展集体经济的决定》(1991 年 1 月 22 日颁布)，乡镇集体经济组织称乡镇经济联合社，村集体经济组织改称村经济合作社(或分社)。当时有乡镇经济联合社 293 个(同时保留了农工商联合总公司牌子)，村经济合作社 4 159 个(同时保留农工商联合公司牌子)，村合作社内部以原生产队为基础组建分社(分公司)3 080 个。

二、北京市乡村集体经济产权制度改革进程

(一)农村集体经济产权

农村集体经济产权是指农村集体经济组织对其所有的资产的占有、支配和收益的权利、义务和责任。

农村集体经济产权既包括集体经济组织所拥有的土地、山场、水面、草原、滩涂等自然资源的产权，也包括集体经济组织所拥有的能以货币计量、纳入账内核算的资产的产权。农村集体经济产权包括所有权、使用权、收益权和处置权四个权能。农村集体经济组织在拥有集体产权的同时，也必须承担由此带来的义务和责任，包

括对全体集体经济组织成员的责任，对国家、对社会所承担的义务。

(二)农村集体经济产权改革的初期试点阶段(1993—2002年)

1993年，北京市农村集体经济产权制度改革首先在丰台区东罗园村拉开序幕。东罗园村作为产权制度改革试点，只将少部分集体净资产的收益分配权量化给现有集体经济组织成员。1995年该村把量化给社员的股份变为所有权，可以继承和转让。改革初期，股份量化对象还只限定于现有集体经济组织成员。而到了2000年至2002年，在丰台区草桥村、成寿寺村和石榴庄村试点时，乡村集体经济产权制度改革把转居转工人员和其他脱离集体经济组织的人员也纳入进来，按照他们的投资和劳动贡献进行资产处置。随着改革的深入，股份量化的标准也从只有劳动贡献，发展到把农户土地承包经营权转化为集体经济组织成员的基本股，使享受改革成果的人员扩大为全体集体经济组织成员。到2002年末，全市完成产权制度改革的村有24个。这一阶段虽然进展比较缓慢，但是由于步子迈得比较稳健，为后来的改革积累了丰富的经验，逐步摸索形成了一整套关于产权制度改革的操作程序和经验做法。

(三)农村集体经济产权改革的扩大试点阶段(2003—2009年)

2003年，中央召开了十六届三中全会，《中共中央关于完善社会主义市场经济体制若干问题的决定》中提出，建立归属清晰、权责明确、保护严格、流转顺畅的现代产权制度。同年，北京市委、市政府下发了《关于进一步深化乡村集体经济体制改革，加强集体资产管理的通知》，明确了“资产变股权、农民当股东”的方向和“近郊全面推开远郊扩大试点”的方针，农村产权制度改革进入向远郊地区扩展阶段。2004年出台了《关于积极推进乡村集体经济产权制度改革的意见》等配套文件，各区县也结合本地实际，普遍制定了具体的配套政策和措施。这一阶段农村集体经济产权制度改革主要在城市化和工业化进程较快、集体经济实力较强、集体资产数额较大、农民又有强烈要求的乡村进行并开展了乡级集体经济产权制度改革试点。集体经济产权制度改革逐步扩展到远郊区县以后，改革也从采取存量资产量化型股份合作制一种形式，拓展到土地股份合作型、农民投资入股型和资源加资本型等多种形式。到2009年末，全市有812个乡村完成了农村集体经济产权制度改革工作，占乡村集体经济组织的19.4%。

(四)农村集体经济产权改革的全面推进阶段(2010年至今)

全面推行农村集体经济产权制度改革是推进城市化和城乡一体化、切实保障农民权益的基础性工程。特别是2009年北京市委书记刘淇提出“首都的农民是拥有集体资产的市民”以来，北京市农村集体经济产权制度改革进入一个全面快速改革的新时期。2010年，在市农委的统一领导下，确定了加快农村产权制度改革的目标和任务，并由市委农工委、市农委制定下发了《关于进一步加快推进农村集体经济产权制度改革工作的意见》，召开了全市农村产权制度改革工作会议，总结了产权制度改革的九种模式，改革进入全面推进阶段。2010年和2011年全市农村集体经济产权制度改革力度最大和进度最快，两年新完成改制单位2 833个，完成的改革单位数是前17年改革单位数总和的3.5倍。截至2011年底，全市累计完成产权制度改革的单位达到3 645个，其中村级3 635个，村级完成产权制度改革的比例达到91.4%，有301万农村居民当上了农村新型集体经济组织的股东。

到2018年3月，全市累计完成农村集体经济产权制度改革的单位有3 920个，其中村级3 899个、乡级21个，村级完成比例98%。

三、乡村集体经济产权制度改革的主要类型

北京市农村集体经济产权制度改革涌现出了多种改革形式，有“整建制农转居”“个人投资入股”“土地承包经营权入股”“产权+林权”“资源+资本”“乡村联动”“先重组，后改制”，以及“土地股份合作制统筹”等。基于不同资源结构决定不同制度结构的理论视角，将北京市农村集体经济产权制度改革模式归纳总结为三种基本类型，即存量资产量化型、土地承包经营权量化型和林权量化型，分别对应着城乡接合部为代表的城镇化地区、平原地区、山区三类不同资源禀赋类型的地区。

1. 存量资产量化型

在城镇化地区，农村集体经济组织经济实力一般比较雄厚，拥有较多的存量资产。在妥善处理合作化初期的老股金和原集体经济组织成员留置资产的基础上，将属于现有集体经济组织成员的净资产划分为集体股和个人股，集体股份一般都控制在30%左右，个人股份控制在70%左右。

2. 土地承包经营权量化型

相对结合部地区的改制村，平原地区的农村集体经济组织经济实力一般相对

较弱，只拥有少量的存量资产。这类地区改制主要是结合农村土地确权，将农户土地承包经营权作为股权进行量化完成产权制度改革。

3. 林权量化型

北京山区距离中心城区偏远，又主要定位为生态涵养功能，产业发展受到一定的限制。因此，山区农村集体经济更为薄弱，几乎没有存量资产和经营性收入。2010年，北京市实行了生态效益林补偿政策，即按照40元/亩的标准，对山区进行生态效益补偿，其中：40%用于集体统一管护费，60%分配到具有林地承包经营权的个人。这项政策对于推进山区林权改革具有重要的推动作用。

资产量化的核心是把集体林权作为资源性资产纳入集体经济产权改革范围。在林权确权基础上，参照土地承包经营权量化入股的办法，将集体林地及地上林木等资源性资产作价后纳入集体资产范围。人员界定环节类似土地承包经营权量化型。法人治理结构相对更为简单，类似土地承包经营权量化型，一般是采取原有村级治理结构基础上通过兼任的方式完成。

第二节　乡村集体经济产权制度改革的做法与成效

一、集体经济产权制度改革的主要形式

在坚持"资产变股权、社员当股东"的原则和"变共同共有为按份共有"大方向的前提下，北京市现存集体经济产权制度改革的具体方式呈多样化的趋势。主要有四种形式：

（一）存量资产股份量化型

在城乡接合部、城镇化地区，农村集体经济组织经济实力一般比较雄厚，拥有较多的存量资产。

1. 资产股权量化

一是分清非量化资产与量化资产。老股金一般不参与量化，而是采取退偿的方式予以清理。对合作化初期农民入社股金的清退补偿金额一般为原始股本金的15～16倍。

二是确定集体股与个人股比例。对集体净资产按一定比例设立集体股，作为社区合作社的量化资产份额，其性质是社员未参与股份量化的部分。剩余为个人股部分。根据2010年对丰台区河东地区48个村的调研，集体股比例为33.76%，个人股比例为66.24%。

三是确定个人股中基本股（户籍股、土地股）与劳龄股之间的比例。个人股的量化一般分为基本份额和劳龄份额，分别依据人口、劳动力人数和个人劳动时间量化到个人。根据对丰台区河东地区48个村的调研，基本股占个人股比例为22.97%，劳龄股比例为57.01%。

四是确定普通股与优先股。将量化给集体经济组织（合作社）和个人的资产份额转为普通股和优先股"两"类股份。一般量化给集体经济组织在册成员的资产份额为普通股，其他人员为优先股。根据对丰台区河东地区48个村调研，优先股占个人股比例为9.46%。此外，还有吸纳的现金股占5.79%，其他股占4.77%。

2. 人员界定

一是户籍股人员界定。确定参加基本份额量化人员主要包括改革基准日仍为本村（乡）农业户籍人口。主要包括：一轮土地承包时已经取得本集体经济组织土地承包经营权的农户及其衍生的农业人口，各类政策性移民。

二是劳龄股人员界定。主要是从1956年以来，到改革基准日年满16周岁在乡村集体经济组织内部劳动一年以上劳动力，以年为单位进行量化。

3. 建立完善法人治理结构

改制后的社区股份合作社按照现代企业制度要求逐步建立和完善公司法人治理制度，如股东代表大会制度、董事会、监事会以及经理层。此外，改制后形成的新型集体经济组织要到经管部门登记为股份合作社，或到工商部门登记为集体所有制（股份合作）企业，还有的登记为有限责任公司。

其做法：

一是做好基础性工作，包括清产核资、产权界定、资产评估、集体经济组织成员身份界定、核实人口和劳动年龄。

二是进行资产处置。包括处置合作化初期的老股金和原集体经济组织成员的留置资产。处置历史上已经转居转工的原组织成员留置在集体的资产份额，分别采取一次性现金兑现、量化为优先股、转化为新型集体组织债务等办法。

三是进行股份量化。将资产处置后剩余的属于现有集体经济组织成员的净资产划分为个人股和集体股两部分。个人股包括按人口量化的基本股和按照劳龄量化的劳动贡献股。有的地方还适当吸收股东现金入股。个人股份可以继承，可以在集体经济组织内部转让。

四是组建新型集体经济组织。由股东民主选举股东代表，召开股东代表会议选举新型集体经济组织董事会、监事会，聘任经营管理干部，进行法人登记。

（二）土地承包经营权量化型

相对结合部地区的改制村，平原地区的农村集体经济组织经济实力一般相对较弱，只拥有少量的存量资产。这类地区改制主要是结合农村土地确权，将农户土地承包经营权作为股权进行量化完成产权制度改革。

1. 资产股权量化

资产股权量化与存量资产股份量化型改制程序类似，一般是先处置原始入社股金，然后将集体净资产量化为集体股与个人股。在保持原来土地确权的基本经济关系不变的基础上，通过土地承包经营权入股，设立了土地确权股。土地确权入股量化的计算标准一般参照当地区域征地补偿最低标准计算土地资产总值，按照个人股份比例平均分配给拥有土地确权资格的集体组织成员，除以基本股值得出每人土地确权股数，以此作为分红依据。

2. 人员界定

平原地区产权制度改革的人员界定相对城乡接合部地区简单，比山区相对复杂，主要原因是不同类型地区人口流动程度的差异所造成的。

3. 法人治理结构

由于平原地区缺少大企业，主要以租赁服务业为主，经营管理上比较简单，在改制后的治理结构上出于节约成本、提高效率的考虑，一般实行董事会、监事会和经理的交叉任职。实践中，往往在原有党支部、村委会基础上进行兼任，行使相应职责。

其做法：

在确立农户土地承包经营权并保持长期不变的基础上，集体经济组织将全村集体土地进行价值评估，以股份的形式平均量化给全体享有土地承包经营权的集体经济组成员。村集体经济合作社改称村股份经济合作社。年终集体经济组织经营利润的一部分留作集体积累进行扩大再生产，其余部分按照农户所持土地股份分配给集体经济组织成员。

(三)资源＋资本型

其做法首先将具有旅游开发价值的集体山场作价量化为集体经济组织的股份。其次发动本村农户自愿用现金入股。再次吸收具有经济实力的村外社会法人或自然人投资入股。在此基础上组建股份制或股份合作制企业，企业具有利润按照股东所持股份进行分红。集体山场资源股所分的红利平均分配给集体经济组织成员。如密云南石城自然村采用的就是该形式。

(四)农民投资入股型

农民投资入股型分四种形式：

一是发动社员群众投资入股组建股份合作制企业；二是在股份合作制企业的基础上，将原有的村经济合作社改革为工贸集团；三是采取股份合作制的形式组建养猪合作社；四是采取确权入股的方式将农民土地承包经营权变为股权，实现土地流转和规模化经营。北郎中村采取了以上四种形式。

二、乡村集体经济产权制度改革的特点

北京市乡村集体经济产权制度改革起步早、历时长、工作细，在深入试点的基础上稳步推进，在改革中不断探索，形成了自身特点。

第一，在改革资产范围方面，98%以上的村集体都采取对经营性资产进行折股量化的股份合作制改革。此外，以昌平区和平谷区部分村为代表的少数村集体，探索将土地等资源性资产纳入股份合作制改革范围。对集体经营性净资产进行的股份合作制改革，主要是在妥善处理合作化初期的老股金和原成员留置资产的基础上，将属于现成员的经营性净资产量化折股。

第二，集体产权制度改革的成员界定多以户籍为基础，综合考虑土地承包关系、劳动贡献、社会保障等因素，各村集体形成了不同的操作模式，但总体上兼顾和

平衡了各方利益。

第三，个人股权管理方面，形成了固化管理和动态调整两种模式。北京市已完成产权制度改革的村集体中，60%多的村股份经济合作社实行股权固化管理模式，近40%的村股份经济合作社实行动态调整模式。

第四，大部分股份合作社都设置集体股，比例大体为30%。集体股代表和管理主体有集体资产管理委员会、股份经济合作社、村委会等多种形式。

第五，大多数村股份合作社收益与村集体收益并未严格区分，形成了按股分红和福利分配共存的收益分配模式。虽然集体股和个人股比例大约为3∶7，但实践上大部分股份经济合作社都没有严格按照比例提取集体股收益，而是将集体经济收益优先于保障股东分红及为村民发放公共福利。而且从农民的基本认识和意愿来看，农民每年取得的收入只能是有保障的稳步增长趋势，不随集体经营收入增减而变动。

第六，个人股权设置方面，大体上考虑集体成员身份和集体劳动贡献两个主要因素设置为基本股和劳龄股。基本股，有的村也称为普通股、户籍股，是以户籍为基本依据设置的股权；劳龄股，有的村也称为劳动贡献股、优先股，是以参加本集体生产劳动的劳龄为依据量化的股份。各村集体结合本村情况，对基本股和劳龄股比例划分也不一致。有的村集体基本股比例高，有的村集体劳龄股比例高。各村股份经济合作社基本上都针对不同类别的个人股设置了不同的股份权能，持有基本股的社员有权参与股份经济合作社经营管理，仅持有劳龄股的社员不参与股份经济合作社经营管理。

第七，关于个人股的继承，大多数村股份经济合作社章程均规定个人股可以继承，但股东名册登记的只能是一个继承人；有多个法定继承人的，各继承人之间需达成协议并推选一位继承代表人，且继承的只是股份收益权，不能参与股份经济合作社管理。实践中个人股继承形成了以下两种基本的操作模式：一是，有的股份经济合作社规定个人股中的基本股不可继承，社员死亡的，基本股收归集体转为集体股，劳龄股可以继承，因此如继承人为非股份经济合作社社员的，继承人只继承劳龄股，当然不能参与股份经济合作社的管理。二是，有的股份经济合作社规定社员死亡的，死亡社员的个人股不区分具体种类，均可被继承，但基于继承所取得的股权不具有参与股份经济合作社管理的权利。

第八，关于个人股的转让，有的股份经济合作社不允许股权转让，有的股份经济合作社允许股权转让，但股权转让只限于集体内部转让，转让具体规则不一，总体上还不甚完善。

第九，关于个人股权的担保方面，各股份经济合作社大多禁止个人股权担保，试点区积极拓展与银行合作，先行先试股权担保方案。个人股权担保存在的最大风险是，担保债务无法实现时，个人股权将面临被第三方处置的问题。这其中涉及集体资产保障。集体社员权利保障等多方面问题，因此股份经济合作社中个人股权的担保不同于现代公司的股权担保，应当结合集体产权的基本属性、集体经济发展的政策导向，审慎设计其基本规则和方案。

第十，股份合作社法人治理结构流于形式，需结合集体经济特点，完善适合农村集体股份经济合作社发展需求的特色法人治理结构。改革后，股份经济合作社均按要求设计了股东代表大会、董事会、监事会的法人治理机构，起草了股份经济合作社章程。但法人治理结构架构的形成并不能保证其效能的真正实施。目前，股份经济合作社治理结构主要存在以下几方面问题：①合作社成员（股东）参与度低；②依赖能人决策，董事会被架空；③监事会权力“空壳化”。

三、集体经济产权制度改革的主要成效

（一）保护了农民合法权益

改革前在人民公社旧体制下，集体经济产权越来越集中，并且资产任意平调。合作经济组织成员，名义上是集体财产的所有者，但实际上并没有体现所有者应享受的权益。产权制度改革的第一个目的就是把农民的权益还给农民。到 2010 年，全市确权土地已经达到 31.07 万 hm^2。如果按照平均流转价格每公顷每年 7 260 元计算，全市农民比改革前共增加 8.22 亿元土地收益。京郊农村集体经济产权制度改革，更是维护了农民的权益。据北京市经管站统计，2015 年全市共有 1 334 个村集体经济组织实现股金分红，分红总额 45 亿元，平均每个股东分红 3 367.5 元。

（二）改善了集体资产管理，壮大了农村集体经济

农村集体经济产权制度改革，在农民与集体经济之间恢复了产权关系，增强了农民作为所有者关心集体经济的责任感，集体经济组织经过产权改革建立健全了

法人治理结构，强化了内部管理，增强了集体经济内部活力，集体经济得到壮大发展。2009 年北京市经管站对全市 421 个完成产权制度改革的村集体经济组织调查。2008 年底，共有集体总资产 399.6 亿元，比改革前的 211.8 亿增加了 187.8 亿元，增长了 88.7%。到 2015 年底，全市农村集体经济总资产为 5 589.8 亿元，比 1992 年改革前的 297.48 亿元增长了 17.8 倍。净资产达到 2 084 亿元，比 1992 年的 133.8 亿元增长了 14.6 倍。

（三）存量资本带动增量资本，推动农村产业大发展

京郊集体经济产权制度改革的目的，不仅使内部存量资本产权清晰，更重要的是使集体资产参与市场经济，实现市场配置资源。不论乡镇企业的重组转制，还是集体经济资产股份制改革，最后的效果都是吸纳了增量资本，为集体经济产业发展注入资本。1998 年，郊区乡、村集体企业实现重组转制的企业共有 5 388 家，盘活存量资产 27.2 亿元，引进资金达到 46.4 亿元，推进乡镇企业调整了产业结构，实现了二次创业。2000 年，京郊乡镇企业实现增加值 209.9 亿元，比 1998 年增长了 43.8%。

（四）促进农村集体经济组织建立现代企业制度，创建新型集体经济运行机制

京郊农村集体产权制度改革以后，大部分集体经济组织都建立了股东代表大会、董事会、监事会的“三会”制度，形成了所有权、经营权、决策权、监督权“四权”统一协调和制衡的经营管理新机制，按照新型集体经济组织章程赋予的职责管理集体资产，初步建立了现代企业管理的组织架构。

（五）促进了农村社会稳定和谐

进行产权制度改革以后，普通社员与干部一样凭借劳动贡献拥有股权，妇女与男子一样凭借劳动年龄拥有股权，儿童与成年人一样凭借土地承包经营权拥有股权，原集体经济组织成员凭借其投资和贡献得到集体资产份额，普通农民与干部一样凭借股权拥有集体经济经营管理权，长期以来存在的党群矛盾、干群矛盾、转居人员与未转居人员的矛盾得到有效化解。

第三节　进一步深化农村集体经济产权制度改革

2017 年，中共北京市委农村工作委员会、北京市农村工作委员会发布《关于进一步深化本市农村集体产权制度改革发展壮大农村集体经济的若干意见》，对全市农村集体经济产权制度改革做出了新的部署。

一、深化改革的总体目标和工作原则

（一）总体目标

通过深化改革，加快构建归属清晰、权能完整、流转顺畅、保护严格的农村集体产权制度，积极探索农村集体经济有效实现形式，有效保护和发展农村集体经济组织成员的合法权益。

（二）工作原则

开展深化农村集体经济产权制度改革工作，要遵循下列基本原则。

一是把握正确改革方向。充分发挥市场在资源配置中的决定性作用，更好发挥政府作用，依法保障农村集体经济组织市场主体地位，完善农民对集体资产股份权能，把实现好、维护好、发展好广大农民的根本利益作为改革的出发点和落脚点，促进集体经济发展和农民持续增收。

二是坚守法律政策底线。坚持农民集体所有不动摇，不能把集体经济改弱了、改小了、改垮了，防止集体资产流失；坚持农民权利不受损，不能把农民的财产权利改虚了、改少了、改没了，防止内部少数人控制和外部资本侵占；坚持男女平等的基本国策，保证男女同股同权，同股同利。严格依法办事，妥善处理各种利益关系。

三是尊重农民群众意愿。尊重基层实践，充分发挥农民主体作用，支持农民创新创造，把选择权交给农民，确保农民知情权、参与权、表达权、监督权，真正让农民成为改革的参与者和受益者。

四是坚持党的领导。坚持农村基层党组织的领导核心地位不动摇，农村集体经济组织要在党组织的领导下开展各项工作，紧紧围绕巩固党在农村的执政基础深化农村集体产权制度改革，确保农村集体经济组织依法依规运行，逐步实现共同

富裕。

二、进一步开展清产核资，全面加强集体资产监督管理

（一）开展清产核资，进一步摸清底数

在原有工作基础上，对资源性资产、经营性资产和公益性资产全面进行清产核资。

（二）建立健全集体资产监管制度

在清产核资基础上，建立健全集体资产台账，结合农村集体资产产权年检制度，进行年度清查核实，并利用农村集体“三资”监管平台，实行信息化、规范化和常态化动态管理。

三、全面推进和深化改革，强化农村集体经济组织规范管理

（一）全面推进和深化村级集体产权制度改革

因地制宜推进剩余村的村级集体产权制度改革。对于有经营性资产，但存在成员界定难度大、历史遗留问题多、产权关系相对复杂等问题的村，要积极探索创新，坚持问题导向，攻坚克难，采取经营性资产量化方式完成改革；对于前期仅完成清产核资和成员界定的村，要继续深化改革，进一步采取量化股份的方式，完成股份合作制改革；对于经营性资产少，而集体山场等旅游资源相对较多的村，可以依法将山场等资源性资产确权到集体经济组织成员，再与社会资本开展合作，盘活利用集体闲置资产，发展乡村旅游产业，增加农民收入；已经完成改革但集体股比例较高的村，要按照以成员股为主的要求，通过深化改革，逐步降低集体股比例，具体比例由本集体经济组织成员民主讨论决定。

（二）稳步推进乡镇级集体产权制度改革

有集体经营性资产的乡镇集体经济组织，要加快推进乡镇级集体产权制度改革。集体经营性资产规模较大且实行乡镇和村两级所有、两级核算的乡镇集体经济组织，要积极推进以村集体为团体股东的经营性资产股份合作制改革；实行乡镇一级所有、一级核算的乡镇集体经济组织，要加快推进直接以集体经济组织成员个

人为股东的股份合作制改革。集体净资产较少的乡镇,可结合本地实际,加大镇域统筹力度,在明晰乡镇和村两级产权关系的基础上,通过多种形式的股份合作,由乡镇集体经济组织统筹发展集体产业。

(三)加强农村集体经济组织登记管理

全市农村集体经济组织作为特别法人,按照本市现有规定进行登记注册。村经济合作社和改革后成立的村股份经济合作社,乡镇合作经济联合社和改革后成立的乡镇股份合作经济联合社等农村集体经济组织应到区农村合作经济经营管理部门进行登记注册。集体产权制度改革后成立企业的,到工商部门登记注册,取得营业执照。

(四)健全内部机构,明确管理职责

改革后在工商部门登记为集体所有制(股份合作)企业的,要按照《北京市农村股份合作企业暂行条例》的要求,建立健全内部管理机构,完善企业法人治理机制。

(五)按时换届选举,严格履行选举程序

积极探索推进农村集体经济组织成员(股东)代表、董(理)事会及监事会换届选举与村"两委"换届选举工作同步进行,提倡有成员(股东)身份的村民代表经民主决策自动成为成员(股东)代表。董(理)事会、监事会成员与具有集体经济组织成员身份的村"两委"班子、村务监督委员会成员可以交叉任职,提倡农村集体经济组织负责人由村党支部书记兼任。

(六)理顺分配关系,大力推进按股份分配

认真处理好集体积累和分配的关系。已经完成农村集体产权制度改革的农村集体经济组织要加大按股份分配力度。加快由实物分配向按股份分配转变,逐步减少实物分配,切实防止在集体收益分配中产生侵害农村集体经济组织成员权益等不正之风。

(七)严守集体所有制底线,保障集体成员权益

农村集体资产受法律保护,禁止任何组织或者个人侵占、哄抢、私分。加强对农村集体经济组织在改革过程中设立公司的监管,农村集体经济组织及其下属企业,投资参股、控股、设立公司的,应到区经管部门进行备案。切实防止农村集体经

济组织内部少数人控制、侵害农民集体资产权益;防止农村集体经济组织由少数人员设立公司转移或者剥离集体优质资产;防止农村集体经济组织通过下设多层级公司的方式绕开民主决策,逃避民主监管;防止农村集体经济组织不经民主讨论决定,擅自对外投融资,参与市场竞争性行业。对于已经发生上述情况的,要及时予以纠正,切实保护好集体成员权益。

(八)加快推进农村集体经济组织和农村自治组织职能分离

认真贯彻落实《北京市实施〈中华人民共和国村民委员会组织法〉的若干规定》和《北京市农村集体资产管理条例》,在农村基层党组织统一领导下,加快推进村民委员会事务和集体经济事务分离工作。

四、进一步规范股份管理,完善集体资产股份权能

(一)建立健全集体资产股东股份管理系统

村集体经济组织将集体经营性资产以股份或者份额形式量化到集体成员,作为其参加集体收益分配的基本依据,应当建立健全集体资产股东股份管理台账,建立股东备案制度,确保股权证书发放到位。要及时根据股东股份变动情况对股东姓名、身份证号、联系方式、股份数额或份额以及股份继承、转让、抵押担保、股份分配等情况进行整理和登记。利用全市集体"三资"监管平台,建立股东股权登记管理信息系统,推进股东股份台账登记信息化、动态化管理。切实保障农民对集体资产股份占有和收益权。

(二)分类引导股份固化

提倡集体资产股份固化管理。农村集体经济组织章程中已经约定实行固化管理的,应按照章程约定严格执行。各区可根据实际,在严格履行民主程序的基础上,积极探索股份固化到户的方式,采取新衍生人口通过分享家庭内拥有的集体资产权益的办法,按章程规定获得集体收益分配。

(三)探索集体资产股份退出

现阶段,股份退出严格限定在本集体经济组织内部。股份退出主要有集体成员内部转让(赠予)和集体赎回两种方式。提倡采取集体成员内部转让(赠予)方式

退出。对受让人或受赠人的持股比例进行控制，防止出现超大股东。严格限定集体赎回股份条件。对因特殊情形经民主决策允许赎回的，应在确保集体资产不流失的前提下，明确赎回的条件和要求，并对赎回成本进行严格控制。

（四）稳妥开展集体资产股份权能有序继承和抵押、担保

各区要按照保持集体资产的完整性和便于集体经济组织管理的原则，指导农村集体经济组织稳妥探索和规范集体资产股份权能继承。现阶段，集体资产股份在本集体经济组织章程规定的存续期内可以继承，作为其参与集体收益分配的基本依据。集体资产股份的继承，原则上本集体经济组织成员具有优先权，具体办法经成员（股东）民主决策同意后，由农村集体经济组织章程规定，应明确继承的程序、要求、权利、义务等。继承人为本集体经济组织成员的，要充分保障其参与集体经济的经营管理权益。按照农业部试点工作要求，在大兴区、海淀区审慎开展集体资产股份抵押担保试点。

五、积极探索创新，发展壮大集体经济

（一）落实国家现有税收优惠政策

认真贯彻落实《财政部　国家税务总局关于支持农村集体产权制度改革有关税收政策的通知》，对进行股份合作制改革后的农村集体经济组织承受原集体经济组织的土地、房屋权属，免征契税；对农村集体经济组织进行清产核资收回集体资产而承受土地、房屋权属，免征契税。对因农村集体经济组织进行清产核资收回集体资产而签订的产权转移书据，免征印花税。

（二）加大推进农村集体产业结构升级力度

各区要按照全市“疏解整治促提升”的总体工作要求，根据区域功能定位，加大对农村集体经济发展的支持力度。对财政拨款、减免税费等形成的资产归农村集体经济组织所有，其中，形成的经营性资产可结合集体产权制度改革量化的股份比例量化为集体资产股份。结合地区实际，分类发展集体经济。平原地区农村集体经济组织要调整产业结构，退出高消耗产业，通过集体建设用地乡镇统筹利用，建设租赁住房等物业，加快发展符合首都功能定位的集体产业，实现“腾笼换鸟”和转型升级；山区农村集体经济组织要充分发挥绿水青山等资源优势，抓住机遇，结合

沟域经济建设，大力发展乡村旅游和休闲观光产业，通过土地入股、联营联建等多种方式发展乡村酒店，促进乡村旅游提档升级，培育旅游品牌，发展壮大农村集体经济。

（三）通过合作进一步盘活利用好农村资产

进一步发挥村集体经济组织的带动和引领作用，通过村集体经济组织领办、参办农民专业合作社以及通过集体资产入股专业合作社等多种方式，在提高农民组织化水平的同时，促进集体增收。要大力发展集体经济组织主导或领办农民住宅合作社，进一步盘活利用农民闲置住房，发展特色民宿，增加农民财产性收入和集体经济收入。进一步引导和发展农产品产销专业合作社，提高土地产出率和资源利用率，增加集体和农民土地经营收入。

（四）创新集体资产经营机制

认真贯彻落实《北京市人民政府办公厅关于引导农村产权流转交易市场健康发展的若干意见》（京政办发〔2015〕40 号），各区应制定标准和办法，明确一定标的额以上的农村集体资产必须进入市场公开交易。具备条件的农村集体经济组织，可以采取入股、合作等多元化经营方式引入社会资本，在确保农村集体经济组织及广大成员利益的基础上，审慎探索发展混合所有制经济，提高农村集体资产经营效率。

参考文献

1. 罗瑞芳．北京市农村产权制度改革的十大特点．求知导刊[J]，2017，29(24)：37-38.

2. 焦守田．京郊农村集体经济产权制度改革的伟大成就．北京农村经济[J]，2018，01.

3. 北京市农村经济研究中心调查组．北京市乡村集体经济产权制度改革的调查报告．红旗文稿[J]，2008，(4)：36-38.

4. 北京市农村工作委员会．关于进一步深化本市农村集体产权制度改革发展壮大农村集体经济的若干意见，2017. 12.

思考题

1. 本地集体经济产权制度改革有哪些成功经验?
2. 为什么要深化集体经济产权制度改革?
3. 集体经济产权制度改革的意义是什么?
4. 结合实际分析集体经济产权制度改革的成效。

第八章
北京农村基层治理模式

第一节　农村基层治理模式的历史演变

不同时代，所采用的治理体制不相同，研究历代基层治理体制的演变，对当代进行基础民主政治建设，实现国家治理水平和治理能力现代化具有积极意义。

一、里邑制与乡遂制

据史书记载，夏朝是中国历史上第一个世袭制王朝，已有正式的国家机器和官职，夏朝设有“六卿”“车正”“牧正”“庖正”“兽臣”“仆夫”等官职。发展到商朝时期已有强大的国家机器，政权机构设官分职比较完整，地方行政官吏设置依次是侯、甸、男、采、卫、帮伯、里君。商朝国都四周方圆一千里均是商王直接统治地称国畿，国畿之外方圆五百里为侯畿，以下每隔五百里分别为甸畿、男畿、采畿、卫畿，而这些地方的君主封爵就是侯、甸、男、采、卫。帮伯是商朝国畿内的州长，最底层的里君是基层政权组织“里”的行政官吏。

“里”在夏朝是居民聚居的单位，先民在居住地周围筑起防御的围墙，称为“邑”。《尔雅》中记载“里，邑也”。《公羊传》的注文中也说“在田曰庐，在邑曰里”，可见“邑”就是“里”，里君是基层组织的行政官吏，也就是里长。

商朝的社会基层组织是宗族，民众按族而居，一族居住之地即为一个行政单位“里”。所以里长一般就是族长，称之为“尹”或“族尹”，族尹是商朝的基层行政官吏。是典型的政权系统与宗法系统相结合的体制。

商朝里长的职责涉及较广，除组织农业生产劳动、狩猎和战争外还包括维护治安，管理户籍，征收税赋，看护仓库、兵器和牲畜，主持祭礼等，涵盖了“里”居民生活的方方面面。

武王灭商，建立周朝，是为西周。周原本是历经夏商两朝的一个地方诸侯国，人口较少。商朝灭亡后，周朝为更好地统治商朝的土地，采取分封的办法，把征服的土地连同当地居民分赏给王室子弟和功臣，用分封的方式巩固自己的政权。这些受封的贵族通过移民迁移的方式进入封地，构筑城堡，建立诸侯国，统治被征服的居民。周朝初期，共分封了 71 个诸侯国，其中本族姬姓 53 个，异姓诸侯国 18 个。

根据西周宗藩制度，王室中如果没有可以继承爵位的王子，可以在王畿（王室直接统治地区）范围内得到部分土地，叫作“采邑”；同样诸侯国君也把一部分土地，作为采邑分封给自己的兄弟和卿大夫，所有这些“采邑”，也跟诸侯国一样筑有城堡，加以镇守。这些城堡统称为“国”或“都”，居住在城堡中的贵族和平民称为“国人”，而那些原来商、虞、夏各族的居民，居住在国之外的农村，被称为“鄙”和“野”。

西周在划分“国”“野”的基础上，地方行政区划分别实行乡、遂两种制度。即在“国”中行乡制，在“野”中行遂制。由于周室和各诸侯国实际上既有国也有野，所以他们都普遍实行乡、遂制度，如王畿有六乡、六遂，诸侯国也有实行三乡三遂的。

西周所谓乡制即乡政权的六级组织形式：五家为比，五比为闾，四闾为族，五族为党，五党为州，五洲为乡，一乡约 12 500 家。

乡组织与军事组织相结合，成为军事组织，乡以下各级官吏也就是军队的各级军官。与行政组织对应的是：伍长、两司马、卒长、旅帅、师帅、军帅。

所谓遂，是在鄙、野之地实行的政权组织形式：五家为邻，设邻长；五邻为里，设里宰；四邻为酂，设酂长；五酂为鄙，设鄙师；五鄙为县，设县正；五县为遂，设遂大夫。

西周时期，通过乡遂组织把居民纳入国家治理体系之中。

二、郡县——乡里制

春秋时期是奴隶社会向封建社会转变的大变革时期。随着封建生产关系和阶级关系的发展，产生了一种新的地方行政制度——县制，战国时期又发展成郡县制。此后郡县制就长期成为我国封建社会的地方政权组织形式。

县，起源于原始社会先民的聚落。县即“悬”，古代部落之间发生战争，战胜的一方总是采取高压方式，以示战争的胜利和对该地区的占领，后来进一步引申为地方政权组织。

春秋时期县制有了重大变化，这一时期，铁制农具和牛耕广泛用于农业生产，生产力大幅提高，垦荒作为私田现象普遍，小土地私有者和自耕农取得了合法地位，为适应这种社会变化，许多诸侯国把县从分封制体系中剥离，变成基层政权的组织形式，县的官员不再世袭，而是由国家任免，从而形成了新的县制。

从公元前七世纪开始，各诸侯国纷纷推行县制，设县的途径大致有三种情况：一是通过战争掠夺别国土地以设县，秦楚等国都是灭掉许多小国而设立县。史有“楚灭九国以为县”的说法；二是由封邑发展成县，到公元前四世纪，晋国四十九县，大多数是在原大夫们的封邑推行县制而来。三是通过政治改革设立。齐国管仲变法将齐国农村居民按“三十家为邑，十邑为卒，十卒为乡，十乡为县，十县为属”进行区划，共设五十个县。

春秋时期县的管理不同。秦、楚由国君直管，因为他们的县多是靠战争得来的。晋国由大夫管理，因为这些县原来就是大夫们的封邑。各国县的大小不一，有的县很小，相当于邑，有的较大，相当于“国”。

战国时期，各国通过变法，加强统治，巩固中央集权，其地方政权组织，不仅普遍推行县制，还进一步发展成郡县制。

郡，最早出现在春秋末期的晋国，设于边境地区。由于那些地区偏僻荒凉，地广人稀，所以郡的地位虽比县低，但管辖的面积却比县大。后来由于人口增多，土地得到开垦，经济繁荣，郡直辖又划分若干个县，于是郡县两级制就产生了。郡的长官称“守”也称“太守”，多由武官担任，且具有征发一郡丁壮出征的权力。郡守和县令均由国家委派，郡县的政治、经济和军事大权都由国君直接掌管，从而起到加强中央集权的作用。

在郡县制下，乡里组织也发生了很大变化。出现了乡、里、什、伍四级组织。此外还有与乡同级的亭，它是设在城镇和交通要道地方，管理城市居民的一种基层组织。乡亭之下管辖十个里，一里约百家，辖十个什，每什十家，包括两个伍，每伍由五户居民组成。

主管乡政的官吏主要有“三老”一人，主持乡政，负责思想教化。有秩或啬夫（满 5 000 户的乡设秩，不满 5 000 户的乡设啬夫）主管诉讼、刑狱，征收租税征发徭役。

主管亭政的官吏主要为亭长，主持一亭事务。设啬夫，主管诉讼。刑狱，征收租税，征发徭役，管理交通，传递政府文书。设亭佐，辅助亭长工作；设校长，缉捕盗贼。设亭卒若干，早晚按时开闭亭门，追捕盗贼。

里的长官称“里典”，里以下的居民按什、伍编制，里典、什长、伍长做具体事务性工作。

自秦始皇统一六国，建立封建王朝始，国家政权的组织形式基本是大一统的中央集权制。封建王朝将全国划分为若干行政区域，按层级设置官吏从而实现对国家的统治管理。秦始皇采纳李斯建议，废分封、设郡县，初期分天下为36郡，后增加10郡，每郡辖10至20县。郡县长官由中央任命，对中央负责。

汉以后，郡县体制不断发展完善，成为封建社会基本的行政制度。在个别历史阶段“分封制”虽有回潮，但始终不是主流。

中国历代封建王朝的地方政权建制均以“县”为基础，县域内的广大乡村则采取乡里体制。

所谓乡里体制是指将县以下的各级基层行政组织划分为乡里什伍的制度。

秦汉时期，王朝将县以下的治理组织分为四级，即：乡、里、什、伍，统治者把乡村居民每五户编为一“伍”，两个“伍”组成一个“什”，十个“什”即100户人家组成一个“里”，十个里编为一个“乡”即1 000户人家。城市治理体系，设“亭”，“亭”相当于“乡”，管理1 000户居民。

古代乡里各层级所承担的职能，主要是为封建王朝进行社会管理。具体职能是：一是维护社会治安。二是征收赋税、摊派徭役。三是户籍管理。四是公共事务管理。

三、宗主督护制

宗主督护制是北魏时期实行的基层治理体制。东汉后期，地方武装割据盛行。西晋灭亡后，北方社会陷入了上百年的混战时期，原有的乡里组织遭到了彻底的破坏，宗族组织在这一时期成为维护地主阶级政治经济利益的社会组织。当时黄河流域的宗族组织多是构筑围墙，实行武装割据，这种围墙叫作坞壁、堡、垒（现有村名坞、堡）。坞壁的主人称坞主、壁帅、堡帅、垒主。北魏建立以后，统治者为了维护其政治统治和稳固社会秩序，宣布承认汉族居住地坞壁主对本乡的统治权力，任命他们为“宗主”，以督护（督察、监领之意）百姓。这就是宗主督护制度，也是北魏时期地方基层政权制度。

坞壁是以宗族为基础建立起来的集经济、政治、军事于一体的组织。这些坞壁有的依山傍水而建，有的则是平地筑城。坞内有田园、陂池、山林、牧场以及农艺和畜牧业。此外还有各种小作坊，经济上基本实现自给自足。各个坞壁人数不等，少的几百家，多的几千家，甚至上万家。一些小的坞壁依附于较大的坞壁，大小坞壁相连成群，连州跨郡，由坞壁主统一管理。

坞壁中的居民，最多的是属于坞壁主的部曲、佃客和奴婢。部曲是武装力量，平时生产，战时打仗；佃客是专门从事农业和手工业的农民，他们收获的一半要缴给坞壁主。

四、三长制

北魏孝文帝时期，在全国推行三长制，以代替过去以宗族为核心的宗主督护制，重建乡官体系。所谓三长制，就是邻长、里长、党长。全国居民按五家为邻，设一邻长，五邻为里，设一里长，五里为党，设一党长的原则进行编制建立政权组织，隶属于县。

北魏此次改革，使秦汉以来的乡、亭制度发生了重大变化。第一，邻、里、党完全以人户为划分依据，管辖的范围大为缩小，一个党仅有 125 户；第二，基层政权的职能范围缩小，仅剩征发赋税和徭役一项；第三，官吏人数减少，不拿俸禄只免徭役。

五、保甲——职役制

唐朝以前，基层治理均实行“乡官制”，即乡一级官员属政府序列，拿国家俸禄。

到北宋时期，改乡官制为“职役制”，乡里管理人员不再是官员，而是国家雇佣的“职役”。北宋初期，县以下为乡，乡下置里，里下为户。不过此时的乡、里规模均与唐朝大不相同。唐朝的乡为五百户，里为百户，而宋朝初期的乡、里规模均大于此。北宋中后期特别是王安石变法实行保甲制度后，乡里制度发生了重大变化，新法将十户编为一保，五保编为一大保，十大保编为一都保，以保甲制度取代乡里组织。保甲制的特点有：一是以职役管理乡里行政；二是连坐相保；三是通过保甲的教练，把募兵制过渡到征兵制；四是为国家节省大量的军费开支。

保甲制削弱了乡里社会的自治色彩，表明了专制国家对乡里社会基层渗透的增强。至此乡里制度真正地转变为了职役制，中央集权政治体制得到进一步强化。乡和里的地位下降，尤其是乡一级，其作用已经几乎近于财政区划的性质，不再具有一级行政组织的职能了。乡里之长由领取薪俸的乡官转向具有强制性徭役的职役，乡举里选的用人传统消亡，而由县令直接定夺。

第二节 村民自治制度

改革开放以后，全国恢复乡镇政府建制，生产大队亦即恢复村建制，1982 年修订的《中华人民共和国宪法》中的明确，村一级实行村民自治制度。近 40 年来村民自治制度不断发展完善，成为我国乡村治理的基本制度。

一、村民自治组织

（一）村民委员会

村民委员会是村民实行自我管理、自我教育、自我服务的基层群众性自治组织。

村民委员会根据村民居住状况、人口多少，按照便于群众自治的原则设立。村民委员会的设立、撤销、范围调整，由乡镇的人民政府提出，经村民会议讨论同意，报县级人民政府批准。村民委员会可以根据村民居住状况、集体土地所有权关系等分设若干个村民小组。

村民委员会根据需要设立人民调解、治安保卫、公共卫生与计划生育等委员会。

村民委员会的职责：

(1)支持和组织村民依法发展各种形式的合作经济和其他经济形势，承担本村生产的服务和协调工作，促进农村生产建设和经济发展。

(2)依照法律规定，管理本村属于村农民集体所有的土地和其他财产，教育村民合理利用自然资源，保护和改善生态环境。

(3)尊重并支持村集体经济组织依法独立进行经济活动的自主权，维护以家庭承包经营为基础、统分结合的双层经营体制，保障集体经济组织和村民、承包经营户、联户或者合伙的合法财产权和其他合法权益。

(4)宣传宪法、法律、法规和国家的政策，教育和推动村民履行法律规定的义务、爱护公共财产，维护村民的合法权益，发展文化教育，普及科技知识，促进男女平等，做好计划生育工作，促进村与村之间的团结、互助，开展多种形式的社会主义精神文明建设活动。

(5)支持服务性、公益性、互助性社会组织依法开展活动，推动农村社区建设。多民族村民居住的村，村民委员会应当教育和引导各民族村民增进团结、互相尊重、互相帮助。

(二)村民会议和村民代表会议

村民会议由本村十八周岁以上的村民组成。

村民会议有以下权利：

审议村民委员会的年度工作报告，评议村民委员会成员的工作；有权撤销或者变更村民委员会不适当的决定；有权撤销或者变更村民代表会议不适当的决定。村民会议可以授权村民代表会议审议村民委员会的年度工作报告，评议村民委员会成员的工作，撤销或者变更村民委员会不适当的决定。

村民代表会议

村民代表会议由村民委员会成员和村民代表组成，村民代表应当占村民代表会议组成人员的五分之四以上，妇女村民代表应当占村民代表会议组成人员的三分之一以上。

村民代表由村民按每五户至十五户推选一人，或者由各村民小组推选若干人。村民代表的任期与村民委员会的任期相同。村民代表可以连选连任。村民代表应当向其推选户或者村民小组负责，接受村民监督。

村民代表的职责：(1)参加村民代表会议，讨论决定村民会议授权的事项。(2)联系其推选户或者村民小组，反映其推选户或者村民小组的意见和建议。(3)向其推选户或者村民小组传达村民代表会议决定，并动员村民遵守和执行会议决定。(4)村民自治章程中规定的其他职责。

村民小组

村民小组是村民委员会在村民中划的行政小组。召开村民小组会议，应当有本村民小组 18 周岁以上的村民三分之二以上，或者本村民小组三分之二以上的户的代表参加，所做决定应当经到会人员的过半数同意。

村民小组组长负责组织督促本组村民执行村民委员会的决定，完成村民委员会交办的工作任务，办理本组的公共事务和公益事业，并向村民委员会反映本组村民的意见和要求。

村民小组组长、村民代表认为需要由村民委员会研究决定的事项，可以向村民委员会提出。村民委员会不采纳的，应当说明理由。

村务监督委员会

村应当建立村务监督委员会，负责村民民主理财、监督村务公开等制度的落实，履行依法公布村民委员会成员职务的自行终止、监督村民委员会成员的罢免工作等职责。

二、村民自治主要内容

村民自治是广大农民直接行使民主权利，依法办理自己的事情，实行自我管理、自我教育、自我服务的一项基本制度。村民自治制度的基本内容和核心是“四个民主”，即“民主选举、民主决策、民主管理、民主监督”。

(一)民主选举

这里的民主选举主要是指村民委员会的选举。村民委员会由村民直接选举产生，其法律程序包含 5 个步骤。

第一步，召开村民会议、村民代表会议或村民小组会议推选村民选举委员会。村民选举委员会主持村民委员会选举。

第二步，村民登记。

第三步，公布参加选举的村民名单。登记参加选举的村民名单应当在选举日的 20 日前由村民选举委员会公布。

第四步，推荐候选人、候选人与村民见面。

第五步，投票选举村民委员会，由登记参加选举的村民过半数投票，选举有效；候选人获得参加投票的村民过半数的选票，始得当选。

(二)民主决策

按照《村民委员会组织法》涉及村民利益的重大事项，需经村民会议讨论决定方可办理，这些事项包括：①本村享受误工补贴的人员及补贴标准。②从村集体经济所得收益的使用。③本村公益事业的兴办和筹资筹劳方案及建设承包方案。④土地承包经营方案。⑤村集体经济项目的立项、承包方案。⑥宅基地的使用方案。⑦征地补偿费的使用、分配方案。⑧以借贷、租赁或者其他方式处分村集体财产。⑨村民会议认为应当由村民会议讨论决定的涉及村民利益的其他事项。

(三)民主管理

村民民主管理的主要内容通过《村民自治章程》《村规民约》来体现。按照现行法律规定，村民会议可以制定和修改村民自治章程、村规民约，并报乡、民族乡、镇人民政府备案。村民自治章程、村规民约以及村民会议或者村民代表会议的决定不得与宪法、法律、法规和国家的政策相抵触，不得有侵犯村民的人身权利、民主权利和合法财产权利的内容。村民自治章程、村规民约以及村民会议或者村民代表会议的决定违反前款规定的，由乡、民族乡、镇人民政府责令改正。

(四)民主监督

为保证村民的监督权，村应当建立村务监督委员会或者其他形式的村务监督机构，负责村民民主理财，监督村务公开等制度的落实，其成员由村民会议或者村民代表会议在村民中推选产生，其中应有具备财会、管理知识的人员。村民委员会成员及其亲属不得担任村务监督机构成员。村务监督机构成员向村民会议和村民代表会议负责，可以列席村民委员会会议。

村民委员会成员实行任期和离任经济责任审计，审计包括下列事项：①本村财务收支情况。②本村债权债务情况。③政府拨付和接受社会捐赠的资金、物资管理使用情况。④本村生产经营和建设项目的发包管理以及公益事业建设项目招标投标情况。⑤本村资金管理使用以及本村集体资产、资源的承包、租赁、担保、出让情况，征地补偿费的使用、分配情况。⑥本村五分之一以上的村民要求审计的其他事项。村民委员会成员的任期和离任经济责任审计，由县级人民政府农业部门、财政部门或者乡、民族乡、镇的人民政府负责组织，审计结果应当公布，其中离任经济责任审计结果应当在下一届村民委员会选举之前公布。

村民委员会或者村民委员会成员做出的决定侵害村民合法权益的，受侵害的村民可以申请人民法院予以撤销，责任人依法承担法律责任。村民委员会不依照法律、法规的规定履行法定义务的，由乡、民族乡、镇的人民政府责令改正。乡、民族乡、镇的人民政府干预依法属于村民自治范围事项的，由上一级人民政府责令改正。

为保证村民行使监督权，村民委员会必须实行村务公开和财务公开制度。

村务公开的事项：①由村民会议、村民代表会议讨论决定的事项及其实施情况。②国家计划生育政策的落实方案。③政府拨付和接受社会捐赠的救灾救助、补贴补助等资金、物资的管理使用情况。④村民委员会协助人民政府开展工作的情况。⑤涉及本村村民利益，村民普遍关心的其他事项。

三、党组织在村民自治中的地位和作用

《中华人民共和国村民委员会组织法》第四条规定："中国共产党在农村的基层组织，按照中国共产党章程进行工作，发挥领导核心作用，领导和支持村民委员会行使职权；依照宪法和法律，支持和保障村民开展自治活动、直接行使民主权利。"

（一）发挥领导核心作用

（1）中国共产党在农村的基层组织，按照《中国共产党章程》，在村民委员会选举工作中发挥领导核心作用，依照宪法和有关法律、法规，支持和保障村民直接行使民主权利。

（2）村党组织在领导村民自治时要结合本地的实际情况，制定正确的决策，使基层群众自治组织和村民群众自觉自愿地接受。贯彻落实村委会组织法，有领导、有秩序、有步骤地扩大基层民主，实行村民自治，是村党支部的一项重要工作。

（3）村党组织要充分发挥农村党员的先锋模范作用，团结、带领广大群众一道建设农村民主政治。

（二）支持和保障村民开展自治活动，直接行使民主权利

（1）村党组织要利用自己的优势，发挥自己的作用，支持和保障村民开展自治

活动，直接行使民主权利。要大力宣传实行村民自治制度，使人们思想得到统一，认识得到提高。

(2)村党支部在实行民主选举、民主决策、民主管理、民主监督时要发挥积极的作用，支持和保障村民开展自治活动，直接行使民主权利。

第三节　北京市村民自治制度

北京市是较早试行村民自治制度的地区，在《村民委员会组织法》的实践过程中，制定了一系列具体法规政策，规范乡村村民自治，形成了具有首都特色的村民自治制度。

一、村民委员会选举制度

关于村民委员会的选举，《北京市村民委员会选举办法》(2012 修订)(以下简称《办法》)根据本市实际情况做出了一系列具体规定。

(一)村民委员会换届的组织领导

村民委员会的换届选举工作由市人民政府统一部署。区、县和乡、民族乡、镇人民政府负责组织和指导选举工作的具体实施。

基层党组织是中国共产党在农村的基层组织，按照《中国共产党章程》中有关规定，基层党组织在村民委员会选举工作中发挥领导核心作用，依照宪法和有关法律、法规，支持和保障村民直接行使民主权利。

村民委员会的选举经费由村自行解决，确有困难的，乡、民族乡、镇人民政府应当给予适当补助。各级人民政府组织指导村民委员会选举工作所需经费由同级财政安排。

(二)选举工作机构

村民委员会选举期间，市和区、县人民政府成立负责村民委员会选举工作的机构，组织领导下级人民政府指导村民委员会选举工作。乡、民族乡、镇人民政府成立村民委员会选举工作指导机构，负责制定本辖区村民委员会选举工作实施方案，部署选举工作，动员村民依法参加选举，协助确认登记参加选举的村民资格等工作。

村民委员会的选举工作由村民选举委员会主持。村民选举委员会由主任和委员共5～9人组成，由村民会议或者村民代表会议、各村民小组会议推选产生。村民选举委员会成员名单应当及时向村民公示，并报乡、民族乡、镇人民政府备案。

(三)参加选举村民的登记

《办法》规定，村民委员会选举前，应当对下列人员进行登记，列入参加选举村民名单：①户籍在本村并且在本村居住的村民。②户籍在本村，不在本村居住，本人表示参加选举的村民。③原为本村农业户籍，现已转为非农业户籍，但仍在本村居住或者工作，并且未参加居民委员会选举，经村民会议或者村民代表会议同意参加选举的人员。④户籍不在本村，在本村居住或者工作一年以上，本人申请参加选举，并且经村民会议或者村民代表会议同意参加选举的公民。已在户籍所在地或者居住地登记参加选举的人员，不得再参加其他地方村民委员会选举。

村民有下列情形之一，经村民选举委员会确认，不列入参加选举的村民名单：①丧失行为能力的。②依照法律被剥夺政治权利的。③登记期间，经公告、电话、信函等多种方式确实无法取得联系的。选举日前，以上情形消失的，经村民选举委员会确认，应当列入参加选举的村民名单。

登记参加选举的村民名单应当在选举日的20日前由村民选举委员会张榜公布。村民对登记参加选举的村民名单有异议的，应当自名单公布之日起5日内向村民选举委员会提出申诉；村民选举委员会应当自收到申诉之日起3日内做出书面处理决定，并公布处理结果。对登记参加选举的村民，由村民选举委员会发给参选证。

(四)候选人的产生

村民委员会成员候选人，由登记参加选举的村民直接提名产生。村民选举委员会应当组织召开候选人提名会议，投票产生候选人。提名会议应当有登记参加选举的村民过半数参加。村民委员会主任、副主任、委员候选人数应当分别多于应选名额1～2人，按照获得提名得票多少的顺序确定。每个登记参加选举的村民提名的候选人人数，不得超过应选名额。

村民提名村民委员会成员候选人，应当从全体村民利益出发，推荐奉公守法、品行良好、公道正派、热心公益、具有一定文化水平和工作能力的村民为候选人。

具有《中华人民共和国村民委员会组织法》第十八条规定情形的，不得提名为村民委员会成员候选人。严重违反法律、法规，或者被依法限制人身自由的人，客观上不能履行村民委员会成员职责的村民，经村民会议或者村民代表会议决定，不得提名为村民委员会成员候选人。

（五）罢免、辞职和补选

村民委员会成员受村民监督。本村五分之一以上有选举权的村民或者三分之一以上的村民代表联名，可以提出罢免村民委员会成员的要求。罢免要求和理由应当以书面形式同时向村民委员会和村务监督委员会提出。村民委员会应当在接到罢免要求之日起三十日内，就罢免理由和联名情况进行调查核实，并依法召集登记参加选举的村民进行无记名投票表决。村务监督委员会应当对村民委员会成员的罢免工作进行监督。村民委员会逾期不召集登记参加选举的村民投票表决罢免要求的，乡、民族乡、镇人民政府可以督促村民委员会召集；经督促仍不召集的，乡、民族乡、镇人民政府可以召集登记参加选举的村民投票表决。乡、民族乡、镇人民政府对严重违反国家法律、法规受到处罚的村民委员会成员，可以向村民委员会提出罢免建议。

登记参加选举的村民讨论表决罢免要求时，被提出罢免的村民委员会成员有权出席会议并提出申辩意见。罢免村民委员会成员，须有登记参加选举的村民过半数投票，并经参加投票的村民过半数通过。表决的程序和方法适用本办法规定的选举程序和方法。表决结果当日公布，并报乡、民族乡、镇人民政府备案。罢免未获通过的，届期内以同一事实和理由再次提出罢免要求的，村民委员会可以不再核查处理，但应当说明理由。

村民委员会成员要求辞职的，应当以书面形式向村民委员会提出，由村民委员会召集村民会议或者村民代表会议讨论决定，并予以公告。

村民委员会成员因罢免、辞职、职务终止等原因出现缺额时，可以由村民会议或者村民代表会议进行补选。补选结果当日公布，并报乡、民族乡、镇人民政府备案。补选程序参照《中华人民共和国村民委员会组织法》和本办法有关规定办理。补选的村民委员会成员，其任期到本届村民委员会任期届满为止。

（六）监督管理

本市区、县、乡、民族乡、镇人民代表大会和市、区、县人民代表大会常务委员会对村民委员会选举进行监督、检查，保证《中华人民共和国村民委员会组织法》和本办法在本行政区域内的贯彻实施。

对选举中的违反行为，村民有权向乡、民族乡、镇的人民代表大会和人民政府或者区、县的人民代表大会常务委员会和人民政府及其有关主管部门举报，乡、民族乡、镇或者区、县人民政府应当及时调查并依法处理；违反治安管理规定的，由公安机关依法处理；构成犯罪的，依法追究刑事责任。

二、村民代表会议规则

2013年9月，北京市民政局发布了《北京市村民代表会议规则》，对本市村民代表会议的地位、职责、权利、议事规则进行了规范。

（一）村民代表会议地位、原则

村民代表会议是村民会议授权的议事决策机构，由村民委员会成员和村民代表组成，代行村民会议的部分职权，讨论决定村民会议授权的事项。

村民代表会议讨论、决定村民会议授权的事项，必须坚持少数服从多数的原则，所做出的决定不得与宪法、法律、法规和国家的政策相抵触，不得有侵犯村民的人身权利、民主权利和合法财产权利的内容。村民代表会议的决定违反前款规定的，由乡镇人民政府责令改正。

村民代表会议由村民委员会召集和主持，对村民会议负责。村民会议有权撤销和变更村民代表会议做出的不适当的决议。

（二）村民代表会议的职责和权利

村民代表会议的主要职责：①讨论决定本村涉及村民利益的有关事项。②听取和审议村民委员会工作报告，评议村民委员会的工作，撤销或者变更村民委员会不适当的决定。③听取和审议村务监督委员会工作报告，评议村务监督委员会的工作。④广泛听取村民意见，及时向村民委员会提出工作建议。⑤评议村民委员会成员、村务监督委员会成员及村民或者村集体承担误工补贴的聘用人员。⑥必要时提请召开村民会议。

村民会议可向村民代表会议授权下列事项：①本村享受误工补贴或者村财务开支的人员，以及补贴或者报酬标准。②本村公益事业的兴办和筹资筹劳方案及建设承包方案。③宅基地的使用方案。④征地补偿费的使用、分配方案。⑤村公益事业专项补助资金的使用方案。⑥村日常运行经费的使用方案。⑦审查、批准村务公开方案。⑧讨论决定村民委员会职位、人数。⑨讨论决定村会计、出纳等村级重要工作岗位人员、村民委员会下属工作委员会负责人，推选村务监督委员会成员。⑩按照国家和本市规定应当由村民会议讨论决定的事项。⑪涉及村民利益的其他事项。

村民会议不能向村民代表会议授权下列事项：①村民委员会的设立、撤销、范围调整。②村民自治章程和村规民约的制定、修订。③村民委员会成员的选举、罢免。④村民代表人数的确定。⑤其他必须由村民会议行使的职权。

(三)村民代表的产生和撤换

村民代表由本村有选举权的村民采取无记名投票方式推选产生，代表人数由村民会议讨论决定。一百户(含)以下的村，一般不推选村民代表，可直接召开村民会议；一百户以上或者居住分散的村，可以设立村民代表会议，村民代表应当占村民代表会议组成人员的五分之四以上，妇女村民代表应当占村民代表会议组成人员的三分之一以上。多民族村民居住的村，应当有人口较少的民族的代表。

村民代表由相邻村民按五户至十五户左右推选一人，或者由各村民小组推选若干人。百户以上、三百户以下的村，村民代表总数原则上不少于三十人；三百户以上、不足五百户(含)的村，代表总数一般不少于四十人；五百户以上、不足一千户(含)的村，代表总数一般不少于五十人；一千户以上的村，代表总数一般不少于六十人。

村民代表与村民委员会成员任期一致，每届任期三年，可连选连任。村民代表不依法履行职责的，村民委员会应当向代表所联系的村民提出撤换建议；原推选户或者村民小组的村民三分之一以上认为代表不称职，可以提出撤换要求。

村民代表在任期内迁出或调离本村、辞职、丧失行为能力、被判处刑罚，或者连续三个月不履行职责、连续三次无故不参加村民代表会议的，其村民代表资格终止。经村民代表会议确认后，由村民委员会向全体村民公告。

因撤换或其他原因村民代表出现缺额时，由原推选户或者村民小组及时补选。

任何组织和个人不得指定、委派或随意撤换村民代表。

(四)村民代表的职责和权利

村民代表应当向其推选户或者村民小组负责,接受村民的监督。

村民代表的主要职责:①认真贯彻执行党的路线、方针、政策,模范遵守国家法律、法规和村民自治章程,带头履行公民应尽的义务,维护村民的合法权益。②参加村民代表会议,讨论决定村民会议授权的事项。③联系其推选户或者村民小组,反映其推选户或者村民小组的意见和建议。④向其推选户或者村民小组传达村民代表会议决定,并动员村民遵守和执行。⑤带头执行村民代表会议决议,维护村民代表会议的权威。⑥积极支持和配合村民委员会做好各项工作,动员村民完成村民委员会布置的工作任务。⑦监督检查村民委员会工作和村务公开落实情况。⑧村民自治章程中规定的其他职责。

村民代表享有的以下权利:①单独或与其他村民代表联名向村民委员会提出议题。②在村民代表会议上发表意见和提出建议,评议村民委员会及其成员的工作,提出批评和建议。对工作中造成严重失误和失职的村民委员会及其成员提出质询,村民委员会及其成员应到会予以说明和答复。③对涉及全体村民利益的重大事项进行讨论和决策时,享有表决权。④受村民代表会议的委托,村民代表五人以上有权对村民委员会的某项工作进行调查。⑤三分之一以上村民代表联名,可以提出罢免村民委员会成员的要求。

(五)村民代表会议的召开和会议程序

村民代表会议每季度至少召开一次。村党组织、村民委员会、村集体经济组织、十分之一以上村民联名或五分之一村民代表联名提议,村民委员会应当在5日内召集村民代表会议。

村民代表会议的议题,应先由村党组织、村民委员会讨论,形成统一意见后,在村民代表会议召开的3日前公布,并通知村民代表。村民代表在会前应当征求所代表的村民的意见。

村民代表会议程序:①清点参加会议的人数。到会人数必须超过村民代表会议组成人员总数的三分之二以上,方可召开会议。②宣布会议开始。由主持人报告本次村民代表会议的应到人数、实到人数、缺席人数,确认符合法定人数,宣布会议有效，并报告列席人员名单。③工作报告。汇报上次村民代表会议决议的执行情况，接受村民代表的监督和审议。④向村民代表报告本次会议的议题及实施方案。⑤讨论和审议。村民代表就会议的议题及实施方案进行讨论和审议，充分发表意见和建议。⑥表决与通过。表决应当采取无记名投票进行，所做决定应当经到会人员过半数同意，方为有效。⑦会议小结。由主持人宣布会议决定，对本次会议的情况进行简要总结，部署安排下一阶段工作。召开村民代表会议，应当邀请村务监督委员会成员列席会议，全程监督村级民主决策过程；根据需要可以邀请驻本村的企业、事业单位和群众组织派代表列席会议。

村民代表会议做出的决定、决议，及时向村民公布和公开。村民代表应及时把会议的决定、决议传达到村民。

村民代表会议所做决议在执行中遇到问题，需要修订和变更时，应及时召开村民会议讨论决定。

村民委员会应指定专人真实、客观、全面的记录村民代表会议的全过程，并及时做好会议资料的收集归档工作（主要包括：会议通知、工作报告、议题、出席会议人员名单、讨论内容、表决结果等）。

三、村务监督办法

2013 年 5 月，中共北京市委办公厅、北京市人民政府办公厅印发了《北京市村务监督办法（试行）》，《办法》共五章 26 条。

（一）总则

阐明了本办法制定的目的、适用范围、指导思想。明确了村务监督工作由农村基层党组织领导，以村务监督委员会为主要工作主体并向村民会议和村民代表会议负责，广大村民群众共同参与，区县和乡镇党委、政府及有关部门进行指导与监督。

各级纪检监察机关在村务监督工作中发挥组织协调作用，加强与各相关部门的沟通与联系，建立健全联席会议制度和信息交流制度。

市和区县各有关部门在村务监督工作中应当按照职责分工建立上下联动、责任明确的工作机制，形成支持、促进、保障村务监督工作正常开展的工作合力。

各级党委、政府及有关部门应当对村务监督工作提供必要的经费和人员保障。

（二）监督内容

1. 监督村级事务决策

决策的内容是否科学、合法；决策的程序是否符合有关规定并经过村民参与；决策事项是否得到有效的实行。

2. 监督村务公开工作

公开的内容是否全面、真实；公开的时间是否及时；公开的形式是否科学；公开的程序是否规范。

3. 监督村级集体资金、资产、资源的管理

村级集体资金、资产、资源的经营、管理、使用、处置是否符合有关规定；村级集体资金、资产、资源的经营、管理、使用、处置是否符合村民受益、安全运营的要求。

4. 监督村工程建设项目

工程建设是否符合有关规定；工程建设资金的管理和支付是否规范；工程建设是否存在重大安全隐患；工程建设质量是否合格。

5. 监督村基层干部

监督村基层党组织和村民委员会组成人员执行《农村基层干部廉洁履行职责若干规定（试行）》及有关法律法规的情况。

（三）监督职责

1. 区县党委、政府应当加强对村务监督工作的领导，支持、督促各有关部门依法履行村务监督工作职责，及时协调、解决村务监督工作中的重大问题，组织对村务监督工作落实情况的监督检查。

2. 乡镇党委、政府统筹负责本辖区村务监督工作，结合实际制定开展村务监督工作实施方案；加强对村务监督工作的检查指导；受理村民对村务监督工作的投诉、举报，并依法处理。

乡镇党委、政府的主要负责人及纪委书记对所辖村基层党组织和村民委员会组成人员进行廉政谈话，廉政谈话每年至少开展一次。

乡镇党委、政府依法开展农村基层干部任期和离任审计，对村集体资产运营情

况进行审计监督。

3. 区县和乡镇纪委应当充分发挥职能作用，加强农村基层党风廉政建设。开展村务监督等农村基层党风廉政建设宣传教育工作，协助党委、政府开展对村务监督工作落实情况的监督检查。对反映村基层党组织和村民委员会及其组成人员的投诉举报线索进行调查；涉及违纪违法行为的，要依照有关规定和程序进行责任追究；涉嫌犯罪的，移送司法机关依法追究刑事责任。

4. 村基层党组织发挥对村务监督工作的领导核心作用，配合政府及有关部门，领导和支持村民委员会、村务监督委员会、村民群众依法依章行使职权，组织开展对党员的民主监督工作，引导党员充分发挥先锋模范作用。

5. 村务监督委员会在村务监督中履行以下职责：

（1）参与制定本村村级事务管理各项制度。

（2）参与村基层党组织和村民委员会对村级重大事项的讨论，参与决策方案的制定，列席村民代表大会对村级重大事项决策的表决。

（3）监督村级决策的执行，发现问题及时向村基层党组织和村民委员会反映。

（4）听取村基层党组织和村民委员会成员的述职述廉。

（5）每年至少主持召开一次民主评议会议，对村民委员会委员、由村民或村集体承担误工补贴的其他人员进行民主评议，并依法依规逐步扩大评议范围。

（6）在村务公开事项公开前对公开事项的合法性和及时性进行审查并提出相应的建议。

（7）定期查阅会计凭证、会计账簿、财务会计报告等财务会计资料以及与资产经营管理活动有关的其他资料。

（8）监督村工程建设项目的招标、合同签订和竣工验收工作。

（9）主动收集村民的意见、建议，及时向村基层党组织和村民委员会反映村民对村务管理的意见和建议。

（10）设立意见箱和举报电话，接受村民群众的投诉或询问，并予以调查、解释和答复。

（11）对村基层党组织和村民委员会及其组成人员的违法违纪问题，向乡镇党委、政府和纪委反映，并协助进行调查。

（12）监督村民自治章程、村规民约的执行和落实情况。

(13)监督村民委员会成员的罢免工作。

(14)依法公布村民委员会成员的职务自行终止。

6. 村民有权检举揭发村基层党组织和村民委员会组成人员违反《农村基层干部廉洁履行职责若干规定(试行)》和其他法律法规的行为。

村民有权检举违反村务监督有关政策的行为,有权对村务监督工作提出意见和建议。

参考资料

1. 张厚安,白益华. 中国农村基层建制的历史演变[M]. 成都:四川人民出版社,1992.

2.《中华人民共和国村民委员会组织法》. 第十三届全国人民代表大会常务委员会,2019.

3. 宋腊梅. 论村党支部在村民自治中的作用. 汉江论坛[J],2000,(1).

思考题

1. 乡里制与乡遂制有什么区别?
2. 郡县制是怎样产生的?
3. 村民自治包含哪些内容?
4. 根据《北京市村民代表会议规则》,村民代表会议有哪些权利和职责?
5.《北京市村务监督办法(试行)》规定的监督内容是什么?

第九章
城乡一体化发展与美丽乡村建设

城乡一体化发展是实现农村现代化的重要途径，改革开放以来北京市出台了一系列规划、计划、政策和法规，破解城乡二元结构，推动城乡一体化发展，郊区农村发生了翻天覆地的变化，成为全国农村现代化的典范。

第一节　城市化与城乡一体化

城市化与城乡一体化

城市化与城乡一体化，是现代国家经济社会发展的必然过程。研究城市化和城乡一体化发展的历史、现状及其带来的社会变革，可以让我们准确地认识农村社会发展的客观规律，从而把握农村改革的主动权。

（一）城市化

城市化是指人口向城市地区集聚和乡村地区逐步转变为城市地区的过程，城市化的过程可以具体分为人口城市化、产业城市化和地域城市化三个方面，从产业角度来看是指劳动力从第一产业向第二、三产业转移。城市化是由以农业为主的传统乡村社会向以工业和服务业为主的现代城市社会逐渐转变的历史过程。城市化包括以下几个转变：一是人口职业的转变，农村劳动力的就业领域从第一产业向第二、三产业转移；二是产业结构的转变，农村的主导产业由第一产业转变为第二、三产业；三是土地及地域空间变化，城市、城镇所占地域空间逐渐扩大，农村所占地域空间明显缩小。

我国的城市化从新中国成立初期就开始了。1952 年到 1978 年我国的城市化水平从 12.46%上升到 17.92%，平均每年提高 0.21%，远低于世界其他国家同期的平均水平；城市数量由 151 个增加到 193 个，年均增加 1.4 个；建制镇数量由

1954 年的 5 400 多个减少到 1978 年的 2 173 个。

改革开放后，政治稳定，经济持续、快速发展，城市化也走上了稳步、健康发展的轨道。城市化水平由 1978 年的 17.92%上升到 2008 年的 51%，平均每年提高 0.8 个百分点，相当于改革开放前的 4 倍，高于世界其他国家同期城市化平均速度两倍多；城市数量由 193 个增加到 661 个，相当于新中国成立前的 12.4 倍；建制镇数量由 2 173 个增加到 19 522 个。

根据国家统计局统计数据显示：到 2018 年我国内地总人口 139 538 万人，其中城镇常住人口 83 137 万人，比 2017 年末增加 1790 万人；乡村常住人口 56 401 万人，比 2017 年末减少 1 260 万人；2018 年城镇人口占总人口比重（城镇化率）59.58%，比 2017 年末提高 1.06 个百分点。

到 2018 年，北京城市化率（86.5%），排在上海（88.1%）之后，居全国第二位。已超过发达国家（80%）的平均水平。

（二）城乡一体化

城乡一体化是城市化发展的一个新阶段，是随着生产力发展而促进城乡居民生产、生活和居住方式变化的过程，是城乡人口、技术、资本、资源等要素相互融合，互为资源，互为市场，互相服务，逐步达到城乡之间在经济、社会、文化、生态上协调发展的过程。

城乡一体化是改变城乡二元结构的必由之路。所谓城乡二元结构：即发达地区与落后地区并存的社会经济结构。现代化城区与相对落后的郊区并存、发达的现代工业与传统的农业并存、城市型现代生活方式与农村型传统生活方式并存、收入较高的城市人口与收入较低的农村人口并存。

城乡二元结构对于一个国家或地区的经济社会发展，是一种负能量，其主要危害：一是不利于资源的合理配置与充分利用；二是不利于城市功能的发挥；三是不利于经济社会的可持续发展。

（三）城乡一体化的内容与任务要求

城乡一体化发展的长远目标是实现城乡空间布局一体化、城乡基础设施一体化、城乡产业发展一体化、城乡市场一体化、城乡社会事业一体化、城乡生态环境建设一体化和城乡就业一体化。

城乡一体化的任务包括以下三个方面。

在经济方面，要把城市的优势与郊区的优势结合起来，充分利用各自的资源和优势，通过城市功能空间布局和产业布局的调整，使北京的三大产业在城乡间合理分布，以提高北京总体经济实力，促进首都经济的协调发展。

在社会发展方面，要在城乡经济协调发展的同时，注重城乡居住、就业、教育、医疗、卫生保健、社会保障、文化生活等各方面的协调发展，使乡村社区具备与城市社区同等的人居环境。

在环境方面，要通过调整产业、人口的空间分布，使郊区承担部分城市功能，以缓解城区因多种城市功能叠加而产生的人口密度过大、环境污染严重、人地矛盾突出、生态环境较差、交通拥挤严重等问题。

（四）北京市城乡一体化的八大对策

21 世纪初，北京市提出实现城乡一体化发展的八大对策，为全市城乡融合发展规划了具体路径。

1. 科学统筹配置城乡资源要素，建立有序协调的城乡大市场

通过宣传教育、政策引导等手段，使社会各界逐步树立和强化城乡规划意识、土地集约利用意识、市场化配置资源意识、环境保护意识、历史文化保护意识等，为城乡一体化发展营造良好的思想氛围和意识氛围。同时充分发挥市场配置资源的基础性作用，使城乡各类资源互通有无，配置到最能实现效益和最能促进一体化发展的关键环节和区位。开拓公共资源向郊区大幅度倾斜分配的路径和渠道，统筹城乡要素配置，建立有序协调的城乡大市场。遵循城乡联动发展的产业化路线，探索城乡互动、工农互促的发展模式，促进城乡的协调融合发展。

2. 做好“三个集中”，实现“七个一体化”

城乡一体化发展的长远目标是实现城乡空间布局一体化、城乡基础设施一体化、城乡产业发展一体化、城乡市场一体化、城乡社会事业一体化、城乡生态环境建设一体化和城乡就业一体化。要实现七个一体化，必须扎实做好“三个集中”，即工业向园区集中、农民向城镇集中、耕地向业主集中。

3. 引导新型工业反哺农业，促进乡镇工业化发展

从宏、微观两个层面通过资本吸引、补贴、保护和产业化来探索构建城乡之间

资金反哺农业机制、保护性反哺农业机制、技术反哺农业机制和产业关联反哺农业机制。在补偿制度方面，逐步建立和完善国家产业补偿制度、国家土地补偿制度、国家生态补偿制度、国家自然灾害补偿制度以及国家社会补偿制度等。

4. 建立和发展都市型农业，提升农村发展经济的内在素质

发展融合现代城市、现代农业、乡村文化、观光休闲、生态涵养、环境保护、农事体验于一体的都市型农业，让农民分享第二、三产业的平均利润，淡化城乡行政边界，促进城乡功能协调与融合。

5. 推进城乡信息化建设，以信息化带动城乡一体化

发挥政府的引导和协调作用，逐步提高北京市区域的信息化装备水平和系统载体能力，满足北京城乡发展对各类信息产品的需求；建立北京城乡统一的信息网络化户籍管理制度以及其他网络化行政管理制度，提高城市管理和运营效率；利用信息化手段加强城乡生态环境监测与保护，促进城市与农村，居民与环境的统筹发展。

6. 建设城市群和城镇群，推进农村城市化进程

围绕大中小城市科学规划布局，发展卫星城镇和卫星集镇，形成北京特色的网络化城市群或城镇群。发展特色产业，加快城镇产业结构优化升级，把城镇建设与乡镇企业、农业产业化经营有机结合起来。最终让农民享受与城市居民平等的国民待遇、逐步同等的生产生活条件和等值化生活，“农民”也由身份界定转变为职业界定。

7. 加强制度创新和制度安排，持续推进城乡一体化进程

在农村产权制度方面，赋予农民完全的土地使用权，允许其自由转让、买卖、抵押、出租、入股和继承土地使用权。

对农民私有和集体所有的房产颁发房、地产证，赋予其与城里相同的使用年限，允许其上市流通交易和抵押。推动和深化股份合作制改革，把集体经济组织的资产量化为成员股份，明晰集体资产的产权主体，允许其依法流转。

在土地制度、教育卫生管理体制、劳动就业制度、户籍管理制度、社会保障制度、财政税收体制等方面进行改革创新，为城乡一体化发展提供制度保障。

8. 加强环境保护,发展城乡一体化的绿色经济

确定北京城乡一体化最优经济增长路线,大力发展北京城乡区域循环经济,开发洁净新能源,实现清洁生产,促进废弃物的减量化和资源化利用,走可持续的城市发展之路。

第二节 北京城乡一体化的进程

北京市是最早提出以城乡一体化的思路指导郊区农村工作的地区之一。改革开放 40 多年来,北京市在发展理念、发展规划、发展措施等方面形成了系统的城乡一体化发展的道路。

一、北京城乡一体化政策演进

(一)城乡一体化提出时期

北京城乡一体化的进程是以城市工业支持农村为起点的,是以乡镇企业发展为脉络逐步发展起来的,其目的在于解决郊区经济总量不足和基础设施滞后、发展水平滞后、体制改革滞后的矛盾。1986 年北京市提出把城乡一体化作为发展郊区农村经济的基本指导思想。从城乡一体化的高度把农村建设同城市发展结合起来,变城乡分割为城乡融合,走城乡结合、协调发展的道路,构建城乡一体化产业结构体系、城镇架构体系和生态环境体系。

1988 年,北京市政府农林办领导在全市农口横向工作会议上作了《工农携手、团结协作、促进城乡一体化》的工作报告,报告提出"发展乡镇企业是对城乡二元结构的突破,要从城乡一体化的高度出发来重新确定乡镇乡镇企业的定位"。

1991 年,北京市委六届十二次会议通过《关于贯彻〈中共中央关于进一步加强农业和农村工作的决定〉的意见》提出"加快城乡一体化的步伐",实行城乡统一规划、逐步建立城乡互补的经济体系,建立城乡统一的生态体系,发展以城带乡的教科文卫体系和城乡协调的城镇建设体系,逐步缩小城乡差别。

20 世纪 80 年代北京市城乡一体化的思想认识和相关政策,对于促进乡镇企业发展起到了积极作用。但由于受制于国家层面的城乡二元结构,这一时期提出

的城乡一体化并没有从根本上改变和动摇城乡二元结构，城乡一体化的成效也不明显。

（二）统筹城乡发展的推进时期

2002 年党的十六大首次提出要“统筹城乡经济社会发展”的战略思想。此后统筹城乡发展开始成为全国解决“三农”问题的基本指导思想。

2002 年，中共北京市第九次党代会提出，加快城乡接合部和绿化隔离地区的建设，进一步优化首都经济结构和布局，促进城乡一体化。2003 年 2 月，北京市郊区工作会议的主题是贯彻十六大精神，统筹城乡发展、推进城乡一体化、加速郊区发展。会议要求：

第一，树立城乡一体化的思想观念和思维方式。第二，创新城乡一体化发展道路。第三，建立城乡一体化的领导体制和推进机制。此次会议是北京市推进城乡一体化的新起点，城乡一体化进入新时期。这一时期的主要政策和做法：

一是市委市政府带头确立城乡统筹发展的新观念，引领各职能部门将工作延伸到“全市”。

二是各职能部门贯彻落实“农村春季调研活动”查找与农村工作需求的差距，制定具体措施将公共服务职能向农村延伸。

三是加大对郊区农村基础设施和公共服务的投入。北京市政府固定资产投资用于城区与郊区的比例调整，2003 年为 80：20，2004 年为 60：40，2005 年为 50：50，2006 年为 48：52。

四是社会主义新农村建设，2006 年 3 月，北京市委、市政府出台《关于统筹城乡发展，推进社会主义新农村建设的意见》，突出了统筹城乡发展这一基本要求。制定《加快村庄基础设施和公共服务设施建设的意见》对统筹城乡基础设施和公共服务设施建设做出了具体部署和安排。同时市政府还编制了《“十一五”时期新农村建设和发展规划》《“十一五”时期基础设施发展规划》。进一步强化全市统筹城乡基础设施和公共服务建设。2006 年，北京市委市政府成立了有 35 个职能部门参加的新农村建设领导小组，建立了“部门联动、政策集成、资金整合、资源聚集”的城乡统筹工作机制。领导小组下设综合办公室，办公室设立在农委，农委承担起“统筹协调、搭建平台”的职责。2006 年初北京市确定了 80 个新农村建设试点村，各区县又安排了一批区县级试点村。全市市县两级试点共400个。

(三)率先形成城乡一体化新格局的构建时期

2008年12月北京市委十五届五中全会通过的《北京市委关于率先形成城乡经济社会一体化新格局的意见》(以下简称《意见》)对推进北京城乡一体化发展做了明确和全面的部署和安排,《意见》认为以奥运会和残奥会的成功举办为标志,北京已经进入从中等发达城市向发达城市迈进的新阶段,必须进一步加快农村改革发展,着力破除城乡二元结构,率先形成城乡一体化发展的新格局。《意见》还提出三个"率先",率先在全国建立起以工促农、以城带乡长效机制,率先在统筹城乡规划、产业布局、基础设施建设、公共服务一体化等方面取得突破,率先构建新型的工农、城乡关系,促进公共资源在城乡之间的均衡配置,促进生产要素在城乡之间的自由流动,促进城乡经济发展融合互动、优势互补、互利共赢。

围绕率先形成城乡经济社会一体化新格局这一根本目标,到2020年,北京农村改革发展的基本目标任务是:建立完善城乡一体的社会保障体系,城乡社会保障体系实现并轨,农村保障水平大幅度提高;实现城乡教育、文化、卫生等基本公共服务均等化,农村基础设施和社会事业取得长足进步;都市型现代农业体系日臻成熟,环境友好型实体经济全面发展,农村经济实力显著增强,农民人均纯收入比2008年翻一番;生态质量和人居环境显著改善,生态服务功能显著增强,农村基层组织建设、民主法治建设切实得到加强,农村和谐社会建设取得显著成效。

2010年,北京市委通过"十二五"规划建议,强调了城乡一体化的基本要求,提出两个率先的目标,即率先形成创新驱动的新发展格局,率先形成创新经济社会发展一体化的新格局。

此后制定的"十二五"规划纲要以及专项规划,都贯彻了城乡一体化的基本要求。根据北京市政府2011年12月印发的《北京市"十二五"时期城乡经济社会发展一体化发展规划》,从统筹城乡发展的战略高度出发,综合协调各专业规划的关系,从空间、土地、产业、人口、生态各层面落实率先形成城乡经济社会发展一体化新格局的任务。该规划解决的具体问题是,在城乡一体化进程中如何将解决农业、农村、农民问题的各项规划措施统筹起来,形成配套协调的规划集成和政策集成,达到缩小城乡差距、推进社会公平的目标。"十二五"时期,北京城乡一体化发展的重点任务是推进城乡规划布局、产业发展设施建设、公共服务、就业保障、社会管理等一体化。到2015年，都市型现代农业结构进一步优化，生态服务价值明显增长，农民收入增长速度总体高于城镇居民，相对低收入农户增收速度高于农村居民收入平均增长水平。城镇化和新农村建设步伐全面加快，力争有1/3左右的农民转为城镇居民，城乡社会管理实现基本统一，率先形成城乡经济社会发展一体化的新格局。到2020年，都市型现代农业体系基本成熟，农村居民人均纯收入比2010年翻一番；率先实现城乡就业、社会保障、社会管理一体化，城乡教育、文化、卫生等基本公共服务均等化；农村生态质量和人居环境显著改善，民主法治建设切实加强，和谐村镇建设取得显著成效，城乡经济社会发展一体化格局进一步巩固，并达到较高水平。

2012年11月，党的十八大提出“城乡发展一体化是解决三农问题的根本途径”。2013年11月，党的十八届三中全会通过的《中共中央关于全面深化改革若干重大问题的决定》，提出全面深化改革的战略任务。2014年1月13日，中共北京市委十届四次会议通过了《中共北京市委关于认真学习贯彻党的十八届三中全会精神全面深化改革的决定》，再次强调要率先形成城乡一体化发展新格局，并提出了更加具体的改革任务。

二、北京推进城乡一体化发展的重大举措

（一）实施“五加三”工程

党的十六大以后，北京市积极贯彻落实城乡统筹发展要求。“十一五”时期，新农村建设扎实起步，深入推进。按照城乡一体化的发展思路，统一规划设计、建设、配套农村基础设施，通过实施以村庄街坊路硬化、安全饮水、污水处理、垃圾处理、厕所改造为重点的“五项基础设施”建设和“让农村亮起来、让农民暖起来、让农业资源循环起来的‘三起来’工程”，使农村基础设施和人居环境得到显著改善和提升。

“十一五”期间（2006年以后），政府固定资产投资用于郊区的比例在50%以上，全市新增教育、卫生、文化、体育、计划生育等公共服务事业费用用于郊区县以下的比例在70%以上。北京市各职能部门在上一年投入向农村倾斜的基础上，增

量资金主要用于新农村建设。几年间，北京市财政用于农村基础设施和公共服务建设的资金不断加大。2005—2008年3年里累计投入10.07亿元，实施30万农民安全饮水工程。到2008年全市农民安全饮水目标全面实现，比“十一五”规划确定的时间提前2年。在镇、村建立622处污水处理设施，全市污水处理率已达27%，郊区垃圾无害化处理率达76%，连续3年实现10万户卫生公厕改造。在乡镇政府所在地、民俗旅游村、国道沿线、新建改建卫生公厕1 000余座。在“十五”期末已经实现村村通油路的基础上，3年累计新修通往自然村的公路497条，总计1 003 km。北京市还连续3年安排3.3亿元专款用于农村综合环境治理。市政府用于郊区的固定资产投资保持两位数增长，2006年市财政对“三农”投入78.8亿元，2007年96.7亿元，2008年171.2亿元。北京市发改委投向乡村两级的基础设施建设资金2006年16亿元，2007年18.9亿元，2008年20亿元。

2006年北京市政府在新农村建设中开始实施“三起来”即“让农村亮起来、让农民暖起来、让农业资源循环起来”工程。大力推广太阳能、沼气、秸秆气化、生物质成型燃料等可再生能源的示范应用，以及水资源的示范利用。北京市农村的基础设施得到了根本改观。

（二）实施“新三起来”工程

“新三起来”是2013年北京市委、市政府为着力提高农村土地产出率、资产收益率、劳动生产率，全面提升农村发展水平，在总结基层创新实践的基础上提出的改革思路。围绕“土地流转起来”，完善农村土地经营机制，促进土地集约高效利用；围绕“资产经营起来”，发展壮大农村集体经济，促进农民持续稳定增收；围绕“农民组织起来”，创新农业经营体制机制，提高农民组织化程度。

推动“土地流转起来”，就是要处理好农民与资源的关系，将农村丰富的静态资源，变为农民可以支配的流动资本，促进集体土地节约、集约利用，盘活农民的土地财产，不断增加农民的财产性收入。

推动“资产经营起来”重在处理好农民与集体的关系。通过发展壮大农村集体经济，建立健全新型集体经济组织的法人治理结构，创新多元化的农村集体资产经营方式和机制，实现农村集体资产保值增值，规范集体经济收益分配机制，切实保障农民集体收益的分配权。具体内容包括深化农村集体经济产权制度改革；创新农村集体资产经营机制;强化集体“三资”管理等。

推动“农民组织起来”,就是要处理好农民与市场的关系。创新农业经营体制机制,提高农民的组织化程度,使农民在参与市场竞争的博弈中真正发挥主体性作用,真正拥有维护自身权益的组织资源。主要任务是着力提升基层组织引领发展能力,鼓励镇、村集体经济组织开展社会化服务;积极发展农村社区股份合作社、土地股份合作社;鼓励合作社承担各级政府投资的农业综合开发、绿化造林、农业科技等建设项目,继续为示范合作社配备大学生村官担任理事长助理;促进农民向第二、三产业转移就业,提高农民在企业层面、社会层面的组织化程度。

(三)“疏解整治促提升”专项行动

2017年北京市人民政府印发《关于组织开展“疏解整治促提升”专项行动(2017—2020年)的实施意见》,对深入推进京津冀协同发展,着力疏解非首都功能,优化提升首都核心功能,加快建设国际一流的和谐宜居之都部署了专项行动,这一行动对北京市功能优化,人居环境改善,城乡融合发展具有重要意义。

专项行动包括十项具体内容,分别是:拆除违法建设;占道经营、无证无照经营和“开墙打洞”整治;城乡接合部整治改造;中心城区老旧小区综合整治;中心城区重点区域整治提升;疏解一般制造业和“散乱污”企业治理;疏解区域性专业市场;疏解部分公共服务功能;地下空间和群租房整治;棚户区改造、直管公房及“商改住”清理整治。

三、北京市城乡融合发展的实际成效

(一)“十一五”时期(2005—2010年)城乡一体化发展效果

“十一五”时期,是北京市社会主义新农村建设扎实起步、深入推进的五年,是城乡一体化谋篇布局、重点突破的五年,也是城乡面貌变化最大、农民得到实惠最多的时期。经过五年的改革和发展,已初步建立了“以工促农、以城带乡”的长效机制,基本形成强农惠农的政策体系,农业发生了功能性变化,农民发生了观念性变化,农村发生了由表及里的变化,体制发生了融合性变化。新农村建设的各项规划目标顺利完成,为加快推进北京市城乡经济社会一体化发展奠定了坚实的基础。这一时期城乡一体化的成效主要反映在六个方面。

1. 城乡统筹发展机制基本建立

北京市委、市政府坚持把“三农”工作作为重中之重，连续出台指导“三农”工作的综合性意见。政府各部门积极将职能向农村延伸，推动城市要素向农村流动，形成“部门联动、政策集成、资金聚焦、资源整合”的工作机制。城乡一体化制度设计和建设取得突破性进展，覆盖全市城乡统一的就业、社保等制度设计，覆盖全市城乡衔接的城镇体系和村庄体系的规划，覆盖全市城乡融合的产业、生态等体系建设取得了显著成就，社会力量参与新农村建设力度不断加大，工业反哺农业、城市支持农村的局面逐渐形成。

2. 农村基础设施显著改观

新农村“5+3”基础设施建设等工程累计投资近 200 亿元，硬化街坊路 7 600 万 m^2；改造老化供水管网 8 000 余 km，全面解决了农村安全饮水问题；建设农村雨洪调蓄利用工程 800 处，建设污水处理设施 600 余处，改造户厕 70 余万座；农村普遍安装太阳能路灯、节能灯；铺设卫生节能吊炕 38 万多个；实施大中型沼气和秸秆气化工程 266 个。改善山区农民的生存条件，投入 6.94 亿元，3.4 万农民搬出泥石流易发区和生存条件恶劣地区。改善农村生产条件，“村村通油路”“村村通光纤网络”基本实现，以轨道交通为重点的“大交通”、山区环线网络加快建设。

3. 全面加强生态建设

实施京津风沙源治理等重大工程，累计造林营林 501 万亩，小流域综合治理 1 715 km^2，全市林木绿化率达 53%、森林覆盖率达 37%，分别比 2005 年提高 2.5%和 1.5%。率先实现政府购买公益管理岗位，建立由 6 万多农民组成的护林员、管水员、公路养护员队伍。农村环境整治与生态创建取得重大成效，环境优美乡镇达 117 个，生态村达 956 个，密云、延庆两县成功创建为国家生态县。农村基础设施的改善带动了全市城市化水平的提高，城市化率从 2005 年的 83.6%提高到 2010 年的 85%。

4. 农村社会事业取得突破

建立城乡一体的就业、失业管理制度，35 万名农村劳动力实现转移就业。新型农村合作医疗制度全面建立，农民参合率达 96.7%。城乡居民养老保险制度实现并轨并全面覆盖，农村养老保险覆盖率达 92%。远郊农村低保标准从 2005 年的人均 1 580 元调整为 2010 年人均 2 520 元，近郊实现城乡统一。居民丧葬补贴标准实现城乡一体化。农村免费义务教育全面落实，农村教育设施明显改善。三级卫生服务网络逐步健全，农村医疗卫生人才队伍建设显著加强。“村村通邮”“村村通公交”“村村配置全民健身设施”“广播电视村村通”基本实现。“文化信息共享工程”基层服务网点实现全覆盖。

5. 农村产业融合不断发展

都市型现代农业产业体系基本确立。农业的生产功能、生态功能、生活功能得到强化。“221 行动计划”稳步推进，农业信息化水平显著提高；2010 年种业收入 14.6 亿元，比 2005 年增长了 1.45 倍；设施农业收入 40.7 亿元，比 2005 年增长了 1.19 倍；农业节水灌溉面积占灌溉总面积的比例近 90%；实际经营的农业观光园比 2005 年增加 291 个。第一产业增加值达 124.4 亿元，年均增长 4.9%。农产品加工业延长了农业产业链，乡村旅游的发展促进了三产融合。具有一定规模的农产品加工企业达到 493 家，产值达 630.1 亿元，比 2005 年增长了 66.5%。市级以上农业龙头企业达 105 家。乡村旅游（含观光园）年接待游客 3 328.5 万人次，总收入实现 25.1 亿元，比 2005 年分别增长 1.02 倍和 1.28 倍。

6. 农民生活质量不断提高

农村居民收入增长加快，2010 年人均纯收入达到 13 262 元，年均实际增长 9%，提前 2 年实现“十一五”规划目标。城乡居民收入差距出现转机，由 2005 年的 2.25∶1 缩小到 2010 年的 2.19∶1。

（二）“十二五”时期（2010—2015 年）城乡一体化发展成果

“十二五”时期，市委市政府把城乡发展一体化作为解决“三农”问题的根本途径，加快体制机制建设，加大投入力度，加强统筹协调，全面推进城乡一体化发展。经过 5 年的发展，规划布局、产业发展、基础设施、公共服务、就业和社会保障及社会管理等各项城乡一体化发展任务得到全面落实，规划提出的各项目标基本完成，基本形成了城乡经济社会一体化发展新格局。主要成果反映在六个方面：

1. 都市型现代农业发展水平显著提高

农业调结构转方式全面推进，调减高耗水农作物 33 万亩，高效节水技术覆盖率大幅提升，农业用新水减少 0.6 亿 m^3。农业的多功能性更加突出。

2. 新型城镇化和美丽乡村建设取得显著成效

城乡统筹力度持续加大，固定资产投资投向郊区比例保持在50%以上。城乡接合部地区50个重点村建设任务基本完成，拆迁还绿14.2 km^2。“一绿”地区城市化建设试点深入实施。郊区新城建设取得良好成效。小城镇产业支撑和承载能力进一步增强，48个新型农村社区试点扎实推进。启动1 000余个村庄建设美丽乡村，完成48万户农宅抗震节能改造，农村基础设施长效管护机制基本建立。山区加快转型发展，沟域经济建设取得重大进展，4.4万山区农民顺利搬迁。

3. 郊区生态环境显著提升

全市森林覆盖率达到41.6%，林木绿化率达到59%。全面完成百万亩平原地区造林工程，平原地区森林覆盖率从14.85%提高到25%。京津风沙源治理、三北防护林建设、太行山绿化等国家级生态工程完成人工造林28.38万亩，封山育林124.75万亩。山区建成生态清洁小流域166条，累计治理水土流失面积2 010 km^2。农业生态建设和面源污染治理成效显著，全面完成“十二五”时期农业水污染源减排任务。南水北调工程中线工程通水，污水处理和再生水利用三年行动计划顺利实施。“减煤换煤”压减劣质燃煤380万t，农业秸秆全面禁烧。全市农林水生态服务价值从2010年的8 754亿元提高到2015年的近1万亿元。全市11个郊区(县)被评为“国家级生态示范区(县)。”

4. 农村基础设施显著改善

由轨道交通、高速公路、新城路网、浅山区路网等构建的城乡交通路网体系已具规模。在乡镇地区累计建成集中供水厂136座、村级供水站3 664处，基本实现农村安全饮水。建成乡镇污水处理厂48座、村污水处理站1 001处，郊区污水处理率达到66.2%。生活垃圾分类收集、运输、处理工作不断加强，远郊区垃圾无害化处理率达到98.8%。郊区能源结构加快调整，启动农村电网改造升级，6万余农户实现“煤改电”，阳光浴室、绿色燃气等能源安居工程惠及50多万户农村居民。

5. 城乡基本公共服务均等化水平显著提高

全面推进落实城乡教育“四倾斜”政策，学前教育、中小学教育三年行动计划顺利实施，新建65所城乡一体化学校、105所村办幼儿园，加固改造100所农村校舍，全市16区一次性通过全国义务教育均衡发展督导评估。

建立城乡一体的就业服务管理制度,"十二五"时期共帮助就业和转移就业30.8万农村劳动力。

中心城区优质医疗资源加快向郊区疏解,新城基本医疗和公共卫生服务体系日趋完善,乡村医生补助标准由每月800元调整至1 600元。

一批区级养老机构抓紧建设,新增公办养老床位5 100余张。统筹推进城乡文化体育发展,全市四级文化设施建有率达到98%,率先在全国实现城乡公共文化服务设施基本全覆盖。100%的镇村建有全民健身设施,涌现一批深受农民喜爱的文体活动。

6. 农民收入和农村社会保障水平显著提升

2015年,农村居民人均可支配收入达到20 569元,连续7年快于城镇居民收入增速;低收入农户人均可支配收入达到8 494元,连续5年快于全市农民整体增速。推进养老保险从制度覆盖到人群覆盖,2015年末,174万农村居民参加了城乡居民养老保险,34.1万农村居民领取了城乡居民福利养老金。城乡居民基础养老金由每月280元提高到470元,福利养老金由每月200元提高到385元。参加新型农村合作医疗的人数达到223.9万人,参合率为99.3%。新农合筹资标准由520元提高到1 200元。低保标准、低收入家庭认定标准和抚恤补助实现了城乡统一。

(三)"十三五"(2015—2020年)期间城乡一体化发展的初步成效

2018年北京城乡融合发展监测体系数据显示,全市城乡融合发展进程综合实现程度达到86.6%,在社会发展、生态文明、社会治理、公共服务和民生质量方面均实现较高程度的融合发展。

1. 农村基础设施显著改善

2015年全市实施农村基础设施"六网"改造提升工程。到2018年底,生活污水集中收集处理的行政村占49.9%,比2016年提高7.2%;生活垃圾集中收集的行政村占比达99.8%,比2016年提高0.5%。农户使用水冲式厕所比例进一步提高,使用卫生旱厕、普通旱厕和无厕所的户数比例明显降低为16.5%,比2016年下降4.3%。

2. 农民生活水平不断提高

农民收入是衡量城乡一体化发展水平的重要指标。在城乡一体化进程中，由于免除农业税、对种粮农民直接补贴、鼓励农民转移就业，免除义务教育阶段学杂费、在新农村建设中加大农村基础设施投入以及建立覆盖农民的“新农合”“新农保”等政策措施的实施，农民的负担明显减轻，农民的收入得到较快增长。

据统计，2008 年北京农村居民人均纯收入首次突破 1 万元，达到 10 747 元，2013 年，全市城镇居民人均可支配收入 40 321 元，比上年增长 10.6%，扣除物价因素，实际增长 7.1%。同年北京农村居民人均纯收入 18 337 元，比上年增长 11.3%，扣除物价因素，实际增长 7.7%。从 2009 年起，北京农村居民人均纯收入连续五年高于城镇居民收入增速。

2017 年全市居民人均可支配收入为 57 230 元，比上年增长 8.9%；扣除价格因素后，实际增长 6.9%。按常住地分，城镇居民人均可支配收入 62 406 元，增长 9.0%；农村居民人均可支配收入 24 240 元，增长 8.7%。扣除价格因素后，城乡居民收入实际增速分别为 7.0%和 6.7%。

2018 年，农村居民人均可支配收入达 26 490 元，相比 1956 年，年均增长 8.9%。分阶段看，新中国成立初期，农村居民的收入主要来源于生产性收入。1956 年，农村居民生产性收入占总收入的 90.7%。改革开放带动农村居民收入渠道的逐步拓宽。1998 年以后，农村居民非生产性收入（包括财产性收入和转移性收入）占比逐年增加，得益于农村集体经济产权制度改革、粮食直补等各种政策性补贴的推动，2018 年，农村居民财产性收入和转移净收入占人均可支配收入的 7.1%和 10.4%，比 1998 年提高 4.6%和 6.9%。

农民消费水平逐年提升，生活条件不断改善。全市农村居民家庭人均生活消费支出从 1956 年的 151 元到 2018 年增加到 20 195 元，年均增长 8.2%。改革开放以来，农村居民恩格尔系数从 63.2%降至 23.8%，在服饰方面的支出比重由 11.9%降至 5.4%。农村居民家庭耐用消费品层次不断提升。

改革开放前，农村居民家庭耐用消费品主要是自行车、缝纫机、收音机等。2018 年，农村家庭每百户拥有电冰箱 111 台、洗衣机 100 台、彩电 136 台、家用电脑 66 台、空调 168 台、电话 248 部。农村居民消费水平不断提高，消费内容不断丰富。

3. 绿色生态屏障加快建设

“十一五”以来，北京加大城乡生态环境建设力度，农业的生态功能凸显。绿化隔离带、水源保护林、流域综合治理、京津风沙源治理、三北防护林建设、太行山绿化等绿化工程的实施，大大提高了北京地区的生态环境质量。2012 年，北京实施了为期三年的百万亩平原造林工程。2014 年，平原地区森林覆盖率和全市森林覆盖率分别为 24.5%和 41%，比 2011 年提高了 9.7%和 3.4%。2018 年，全市启动新一轮百万亩造林工程，当年新增造林绿化面积 26.9 万亩，平原地区和全市森林覆盖率分别增至 28.5%和 43.5%。据测算，2018 年北京都市型现代农业生态服务价值年值为 3 754.68 亿元，相当于地区生产总值的 12.4%，比 2010 年增长 22.4%；贴现值为 10 992.22 亿元，比 2010 年增长 25.6%。从年值构成看，生态与环境价值占总价值的 56.7%。

第三节　美丽乡村建设

美丽乡村建设，是党的十九大提出的“美丽中国建设”的具体化，是实施乡村振兴战略的具体途径。2018 年 2 月北京市印发《实施乡村振兴战略扎实推进美丽乡村建设专项行动计划(2018—2020 年)》，对全市美丽乡村建设做出了宏观部署。

一、指导思想和工作目标

1. 指导思想

全面贯彻落实党的十九大精神，以习近平新时代中国特色社会主义思想为指引，坚定不移贯彻新发展理念，牢牢把握首都城市战略定位，坚持以人民为中心，遵循乡村发展规律，以美丽宜居乡村建设为抓手，多措并举，真抓实干，全面提升农村地区生态环境建设水平、基础设施建设水平、公共服务水平、社会治理水平等，创建良好的农村人居环境，满足人民群众日益增长的美好生活环境需要。

2. 工作目标

按照产业兴旺、生态宜居、乡风文明、治理有效、生活富裕的总要求和绿色低碳田园美、生态宜居村庄美、健康舒适生活美、和谐淳朴人文美的标准，在前期美丽乡

北京市怀柔区庄户沟门村

村建设的基础上，以实施农村人居环境整治为重点，进一步提高建设标准，增加建设内容，提升建设水平。2018 年底前，全面实施农村地区环境整治，重点推进主要道路沿线、旅游区及其他重点场所周边村庄的环境整治和美丽乡村创建工作，完成一批村庄的建设规划编制和美丽乡村建设；2019 年底前，基本完成其余村庄建设规划编制，完成新一批美丽乡村建设；2020 年底前，基本完成全市农村环境整治任务，全市美丽乡村建设取得重要进展。

二、工作任务

1. 编制规划

编制村庄布局规划、建设发展规划和美丽乡村建设实施方案。村庄规划编制要全面落实《北京城市总体规划（2016 年—2035 年）》，因地制宜、一村一策，注重农村特色，保持乡村风貌。承担规划编制任务的规划师要驻村并深入实地调查，充分征求农民意见。各乡镇组织村编制环境整治和美丽乡村建设实施方案，建立工作台账，明确具体任务。村庄建设发展规划、环境整治和美丽乡村建设实施方案及具体任务在依法依规充分征求村民意见基础上组织实施。

2. 全面整治农村环境

持续改善农村人居环境，逐步消除村域内存在的“脏、乱、差”现象。坚持首善标准，坚决遏制新增违法建设，依法拆除侵街占道、私搭乱建的违法建设，同步整治农村违法用地、违法经营等行为。全面清理积存的生活垃圾、建筑垃圾、农业秸秆、白色污染和枯枝杂草等，完成村内废旧设施和老旧广告牌等设施的拆除清理工作。

3. 加强村庄绿化美化和生态建设

坚持绿化与基础设施同步规划设计，统筹施工建设。在村庄房前屋后、河旁湖旁、渠边路边、零星闲置地等边角空地，拆违还绿、留白建绿、见空插绿，努力实现以绿治脏、以绿净村、以绿美村。

4. 全面开展农村饮用水水质提升和污水治理工作

加强农村供水设施建设，通过新建或改扩建集中供水厂、改造村级供水站、更新改造供水管网等措施，更好保障农村饮水安全。全面落实河长制，解决农村水环境突出问题。在抓好已建污水处理设施修复改造的基础上，根据村落和农户分布，采用“城带村”“镇带村”“联村”“单村”等模式，集中或分散建设污水处理设施；人口较少的村庄要因地制宜，通过湿地等多种方式进行污水处理。简化农村供水设施、污水处理设施用地审批程序，按照村选址、乡镇审核、区审定的原则进行项目选址。依规将农村污水治理项目纳入“一会三函”工作流程，加快推进建设。2019 年底前，污水处理设施基本覆盖本市重要水源地和人口密集的村庄、民俗旅游村；2020 年底前，全市农村地区污水得到有效治理。

5. 实施农村厕所改造，推进垃圾治理

推进“厕所革命”，加大农村公共卫生厕所升级改造力度，推进户用无害化卫生厕所建设，鼓励农户新建、改建水冲式厕所，力争 2020 年底前，全市农村公共卫生厕所基本达到等级标准，户厕基本达到无害化要求。以垃圾分类和废弃物资源化利用为重点，扎实推进农村垃圾治理工作，实现有齐全的设施设备、有成熟的治理方式、有稳定的保洁队伍、有长效的资金保障、有完善的监管制度，2020 年底前，完成约 1 500 个垃圾分类示范村创建工作；开展畜禽粪便及秸秆等农业废弃物污染治理和综合利用，2020 年底前，规模养殖场全部配备粪污处理设施装备，农田秸秆全部实现资源化利用。

6. 加强农村基础设施和公共服务设施建设

提升农民住宅、农村公共建筑安全和抗震节能水平。进一步加强"四好农村路"建设，完善路灯、停车场等配套基础设施。推进"智慧乡村"建设，完善农村信息化基础设施，逐步实现宽带网络和移动通信网络全覆盖。加强农村卫生、医疗、文化、教育等公共服务建设，提升基本公共服务供给水平。鼓励建设养老机构、老人日托中心、居家养老照料中心等，提升农村基本养老服务水平。推进农村社区建设，完善农村社区卫生服务中心（乡镇卫生院）、村卫生室、文化活动场所、快递便民服务网点、连锁便民店等设施，2020 年底前，基本形成以中心村为核心的 30 分钟公共服务圈。

7. 加快推进农村地区冬季清洁取暖

在朝阳、海淀、丰台、石景山、大兴、通州、房山 7 个区的平原地区村庄基本实现"无煤化"基础上，2018 年全市平原地区村庄基本实现"无煤化"。积极推进山区村庄冬季清洁取暖试点工作，特别要加快 2022 年北京冬奥会延庆赛区周边村庄的"煤改清洁能源"改造。

8. 加快农村产业发展，促进农民增收

坚定走生产发展、生活富裕、生态良好的文明发展道路，利用田园风光、山水资源和乡村文化，大力发展各具特色的农村生态旅游、乡村休闲旅游、民俗旅游和农业传统体验游，促进第一、第三产业融合，打造美丽乡村最亮处、市民休闲好去处。推进绿色农业新业态发展，加快建设北京农产品绿色优质安全示范区，将农村生态环境优势转化为绿色发展优势，带动农民持续增收、低收入户增收达标。

9. 加强农村社会治理，建设乡村文明

扎实推进农村基层党组织建设，发挥党支部作用，引领党员群众齐心协力建设美丽乡村。健全党组织领导下的乡村治理机制和自治、法治、德治相结合的乡村治理体系。不断完善村务公开民主管理，强化村民自治功能。建立健全村人民调解委员会、治安保卫委员会、公共卫生委员会并有效发挥作用。加强农村社会治安治理，持续推进城乡接合部地区公共安全隐患整治，切实维护农村社会稳定。以社会主义核心价值观为引领，加强农村思想文化阵地建设，完善农村公共文化设施，传承提升农村优秀传统文化，开展移风易俗行动，广泛开展"文明乡镇""文明村""文明家庭”“文明户”创建活动，大力培育文明乡风、良好家风、淳朴民风，不断提高乡村社会文明程度。

10. 建立健全长效管护机制

制定农村基础设施管护标准，落实管护资金，建立稳定的管护队伍，将管护责任落实到人；加强管护人员专业培训，提高业务能力；督促管护人员加强日常巡查，及时发现、解决出现的问题，保障美丽乡村建设项目长期发挥效益。建立完善考核机制，明确考核内容和流程，督促各区建立健全长效管护机制，落实主体责任，坚决防止出现“重建轻管、只建不管”的现象。

三、“美丽乡村”的发展模式

1. 产业发展型模式

产业发展型模式主要产生于东部沿海等经济相对发达地区的乡村，其特点是产业优势和特色明显，基本形成“一村一品”“一乡一业”，实现了农业生产集聚、农业规模经营，农业产业链条不断延伸，产业带动效果明显。

规划路径：初步构建美丽乡村旅游产业链，针对每一个乡村特色，以主导产业融合相关产业，衍生文化创意、文化休闲等特色产业，加速产业带动效应。

2. 生态保护型模式

生态保护型模式多在生态优美、环境污染少的地区，自然条件优越，水资源和森林资源丰富，具有传统的田园风光和乡村特色，生态环境优势明显，把生态环境优势变为经济优势的潜力大，适宜发展生态旅游。

规划路径：以优质生态环境为依托、以规模化单一大农业资源为基础、以泛旅游产业集群化为方向的区域生态农业旅游综合开发项目。

3. 城郊集约型模式

城郊集约型模式主要存在于大中城市郊区，其特点是经济条件较好，公共设施和基础设施较为完善，交通便捷，农业集约化、规模化经营水平高，土地产出率高，农民收入水平相对较高，是大中城市重要的“菜篮子”基地。

规划路径：在一、二线城市周边以品质乡村旅游为导向的新型城镇化和新农村社区建设示范项目。

4. 资源整合型模式

资源整合型模式主要在沿海和水网地区的传统渔区，或者在我国牧区、半牧区县（旗、市），或者其他农业资源发达地区，产业以渔业或者牧业，或其他农业资源为主。

规划路径：大农业资源与其他旅游休闲业态有机融合的农业旅游综合项目。

5. 高效农业型模式

高效农业型模式主要在我国的农业主产区，其特点是以发展农作物生产为主，农田水利等农业基础设施相对完善，农产品商品化率和农业机械化水平高，人均耕地资源丰富，农作物秸秆产量大。

规划路径：以当地特有的优质大农业资源与差异化“高、精、尖、新”农业科普展示内容相结合，建立现代都市型生态科技农业产业示范园。

6. 休闲旅游型模式

休闲旅游型美丽乡村模式主要是在适宜发展乡村旅游的地区，其特点是旅游资源丰富，住宿、餐饮、休闲娱乐设施完善齐备，交通便捷，距离城市较近，适合休闲度假，发展乡村旅游潜力大。

规划路径：规划建设家庭休闲农场、家庭农庄、企业乡村会所等。

7. 文化传承型模式

文化传承模式是在具有特殊人文景观，包括古村落、古建筑、古民居以及传统文化的地区，其特点是乡村文化资源丰富，具有优秀民俗文化以及非物质文化，文化展示和传承的潜力大。

北京市城乡一体化发展在全国处于领先地位。据北京市统计局报告显示，2018年北京城乡融合发展进程综合实现程度达到86.6%，在社会发展、生态文明、社会治理、公共服务和民生质量方面均实现较高程度的融合发展。可以相信，在不远的将来，北京乡村一定会成为产业兴旺、生态宜居、乡风文明、治理有效、生活富裕的最美郊区。

四、北京美丽乡村案例

北京最美乡村之一——房山水峪村

房山区南窖乡水峪村——水峪春色

水峪村位于北京市西南房山区南窖乡，距 108 国道 8 km，距房山区政府所在地 52 km，距国家石花洞地质公园银孤洞原区 10 km，现有村民 436 户，1 031 口人。

水峪村为深山区村落，全村沿一条西北东南向的沟岩分布，地势为西南高东北低，平均海拔 500～800 m。村南有一座 10 万 m^3 水库，四季有水；村中水井三眼，水源充沛；自来水入街，供人畜饮用。环山建设引水管道 4 500 m，引水库水浇灌幼树。村中自然生态保持良好，尤为宝贵的是该村东缓坡之上尚有 600 间、100 余套明清时代的四合院民居，目前保留得都比较完整。一条 S 形青石砌成的古道贯穿全村，村落成圆形，面南朝北，依山而建，形成独具特色的建筑风格，其最具代表性建筑有杨家大院、瓮门、娘娘庙等。

杨家大院位于水峪村西山，始建于清朝乾隆年间，主体建设以北方风格为基准，石砌而成，格局四进四出；门楼别致，蟠龙门岭，檐下石雕花卉簇拥，两座清朝风格的石鼓矗立两旁。

瓮门指的是村内东翁桥的桥洞，其上雕有一块白石，石上有"宁水"二字，意在翁桥有拂水安洪之用。

除此之外，该村还是北京市旅游局命名的民俗文化旅游村，远近闻名的"水峪中幡""大鼓会"就出于此地。

水峪村有创下吉尼斯世界纪录的128盘石碾，根据这些石碾研究出了独具特色的中幡表演。数百年的历史积淀还形成了以中幡、大鼓、秧歌等为主的庙会文化。水峪村的中幡起源可以追溯到明洪武永乐年间，盛于清咸丰年间。起初是作为民间自发的堂会，仅限于村民自娱自乐表演。每逢庙会、重大民间节日，村民有耍幡祈雨纳福的风俗习惯，后来演化成集体型表演流传至今。

20世纪70年代中期，村里精通中幡的老艺人组建起了由30人组成的中幡队，经过20多年发展，表演动作由传统的30余个丰富完善为60余个。2007年，水峪中幡成功入选本市非物质文化遗产名录。水峪中幡队还代表房山区参加了奥运会开幕式前"京华情韵迎来客"的演出活动，从此声名远播，专程邀请他们出山表演的组织络绎不绝。中幡表演也成为水峪村招待游客的"保留项目"。

水峪村峪龙苑休闲度假采摘园现有土地1 100多亩，位于国家级AA级旅游景区青龙湖畔，主要栽植薄皮核桃、尜尜枣、小枣、柿、杏、桑葚等水果，得天独厚的地理位置和气候条件，使这里的水果不仅色泽鲜艳，而且口味极佳，是机关、企事业单位团购和家庭采摘的首选。除了观光采摘外，为了给游客提供更全面的服务，水峪生态观光采摘园在现有设施的基础上，将逐步新增花卉观赏、学生军训、学农基地、餐饮旅游、特种养殖、休闲度假等服务项目，建设成以水果采摘为基础，集示范、观光、采摘、体验、休闲、度假、餐饮为一体的现代都市农业园。

在这里可以体验到采摘的乐趣，更可享受到农家的情趣。"花径早已缘客扫，蓬门今始为君开"，采摘园可为休闲度假提供宁静、祥和的环境氛围，让游客在休闲中尽情享受大自然的恩赐，神清气爽、心旷神怡，把一切烦恼和疲劳都抛在脑后，体验到完全不同于都市的感觉，让自己融入自然。“吃农家饭、住农家院、睡农家炕、干农家活”，与憨厚的农民一起分享农家的快乐。

“吃住欢笑农家院，绿色采摘添乐趣”，在这里不仅能体验到农家院生活，还能享受采摘的乐趣，每年的6—10月颗颗果实挂满枝头，游客还可以亲手采摘薄皮核桃、尜尜枣、小枣、柿、杏、桑葚等绿色食品，更能体验丰收的喜悦。

参考资料

1. 张英洪，等．北京市城乡发展一体化进程研究[M]. 北京：社会科学文献出版社，2015.

2. 北京市人民政府．北京市“十二五”时期城乡经济社会一体化发展规划，2011.

3. 北京市人民政府．北京市“十三五”时期城乡一体化发展规划，2016.

4. 北京市人民政府．实施乡村振兴战略扎实推进美丽乡村建设专项行动计划（2018—2020年），2018.

思考题

1. 什么是城市化与城乡一体化？
2. 结合实际谈谈城乡融合发展的必要性。
3. 京郊美丽乡村建设有哪些成果、经验，存在什么问题？

第十章
实施乡村振兴战略

“三农”问题是关系国计民生的根本性问题。没有农业农村的现代化，就没有国家的现代化。实施乡村振兴战略，是解决人民日益增长的美好生活需要和不平衡不充分的发展之间矛盾的必然要求，是实现“两个一百年”奋斗目标的必然要求，是实现全体人民共同富裕的必然要求。为此中共中央、国务院印发了《关于实施乡村振兴战略的意见》等一系列政策文件，对实施乡村振兴战略做出了全面部署，开启了乡村振兴的伟大历程。

第一节　实施乡村振兴战略的背景、意义、要求

一、实施乡村振兴战略的背景

(一)理论背景

实施乡村振兴战略，是十九大提出的重大决策。这一决策的基本依据是党对

新时代中国特色社会主义主要矛盾的科学认识。党的十九大报告提出，中国特色社会主义进入新时代，我国社会主要矛盾已经转化为人民日益增长的美好生活需要和不平衡不充分的发展之间的矛盾。这是对中国特色社会主义进入新时代做出的实事求是的重大判断，具有极其重要的意义。

马克思主义哲学认为，自然界和人类社会发展的根本动力是其内在的矛盾运动，事物的性质是由事物内部的主要矛盾及矛盾的主要方面决定的，科学地分析认识事物的主要矛盾及其变化发展，是辩证唯物主义认识论的精髓。

中国共产党历来重视对不同时代中国社会主要矛盾的判断与把握，并以此作为党在特定历史时期制定路线、方针、政策的依据。毛泽东在《中国革命和中国共产党》一文中指出，中国近代以来社会的主要矛盾是帝国主义和中华民族的矛盾，封建主义和人民大众的矛盾。中国革命的主要任务是：推翻帝国主义、封建主义、官僚资本主义的统治，改变中国半殖民地半封建社会性质，建立一个新民主主义社会。但在不同历史时期，社会的主要矛盾具体表现是不同的。第一次国内革命战争（北伐战争）时期，主要矛盾表现为北洋军阀统治集团与中国人民之间的矛盾。革命的任务是推到军阀赖以生存的帝国主义，打倒北洋军阀统治，统一中国；第二次国内革命战争即土地革命战争时期，社会主要矛盾是代表人民利益的中国共产党与代表大地主、大资产阶级利益的国民党反动派之间的矛盾。1931 年“九一八事变”以后，中日之间的民族矛盾上升为主要矛盾，中国革命的主要任务也相应地发生了改变。毛泽东说“现阶段上中国革命的任务——就是对外推翻帝国主义压迫的民族革命和对内推翻封建地主压迫的民主革命，而最主要的任务是推翻帝国主义的民族革命”。在中国革命的不同历史阶段，中国共产党科学地研判了各个时期的主要矛盾，采取了准确的对策，引导中国革命一步步走向胜利。

中华人民共和国成立后。科学分析、准确把握各个阶段的主要矛盾，仍然是党领导社会主义革命和建设取得成功的前提条件。

1956 年党的第八次全国代表大会第一次对社会主义社会的主要矛盾进行了理论概括。指出：社会主义制度在我国已经基本上建立起来；国内主要矛盾已经不再是工人阶级和资产阶级的矛盾，而是人民对于经济文化迅速发展的需要同当前经济文化不能满足人民需要的状况之间的矛盾，全国人民的主要任务是集中力量发展社会生产力。党的“八大”对社会主要矛盾的论述是科学的，符合实际的。但是1964年以后，党对社会主义社会性质及主要矛盾的认识发生了偏差。把无产阶级同资产阶级的矛盾、社会主义道路同资本主义道路的矛盾上升为主要矛盾，从而导致了“文化大革命”的错误。

党的十一届三中全会后，中国共产党对社会主义的主要矛盾的认识经历了从拨乱反正到理论升华的过程。1979年，邓小平在理论工作务虚会上指出，“我们的生产力发展水平很低，远远不能满足人民和国家的需要，这就是我们目前时期的主要矛盾”。

1981年6月，党的十一届六中全会通过的《关于建国以来党的若干历史问题的决议》，对社会主义社会主要矛盾做出了完整表述：“在社会主义改造基本完成以后，我国所要解决的主要矛盾，是人民日益增长的物质文化需要同落后的社会生产之间的矛盾。”这一认识，成为以经济建设为中心，实行改革开放的理论依据。

经过改革开放，中国特色社会主义进入了新时代。党的十九大报告指出，“经过长期努力，中国特色社会主义进入了新时代，这是我国发展新的历史方位”。“我国社会主要矛盾已经转化为人民日益增长的美好生活需要和不平衡不充分的发展之间的矛盾。”这是自1981年以来，有关我国社会主要矛盾表述的首次改变。对社会主要矛盾做出新判断是中国特色社会主义发展到一定阶段的深刻总结，是党的十九大的重大理论创新和历史贡献。

十九大关于社会主要矛盾的论断，是中国共产党实事求是，与时俱进，不断理论创新的结果。

改革开放以来。我国社会生产力有了巨大发展，经济实力、综合国力大幅提升，人民生活水平迅速提高。1978年，中国GDP总量是3 678.7亿元人民币，人均GDP只有385元人民币。到2019年，中国GDP总量达到98万亿元人民币(15万亿美元)，人均GDP超过一万美元。中国经济已经稳坐“第二大集体”，对世界经济发展的贡献率超过30%，当代中国的社会生产已经不再是“落后的社会生产”。

我国人民的生活水平也已经从温饱提升到了“全面小康”，2019年全国居民可支配收入达到30 733元人民币，人民群众的衣、食、住、行等物质需要已经能够基本满足。特别是2020年全国实现贫困人口全部脱贫，决胜全面小康的历史任务功成之后，人民对物质文化生活的需要，进一步发展为对美好生活的追求。这种追求不仅体现在对更高的物质生活水平的追求，更体现在对更高水平的医疗、教育、社会保障、文体生活、美好环境的追求。

社会成员的需求,是社会发展的动力。满足社会成员不断发展升级的物质精神需要是社会主义的根本任务。邓小平说“社会主义的根本任务是发展生产力”,“发展是硬道理”。进入中国特色社会主义新时代以后,发展仍然是国家的主题,但是发展的基础已经发生了重大变化。我国落后的社会生产已经实现质的飞越,社会生产能力在很多领域进入世界前列,然而发展的不平衡不充分的问题却日益凸显。因此人民日益增长的美好生活需要和不平衡不充分的发展之间的矛盾就成了我国社会主要矛盾。

所谓“不平衡不充分的发展”,主要是城乡发展不平衡,农村发展不充分。这是当今社会主要矛盾的主要方面。抓住并解决这一矛盾主要方面是实施乡村振兴战略的理论背景。

(二)政策背景

中国是一个农业大国,“三农”问题始终是党和政府高度重视的问题。新中国成立以后,国家要实现工业化、现代化,只能依靠农业进行资金积累。从 1949 年到 1978 年的 30 年间,国家依靠农产品统购统销,通过工农产品价格“剪刀差”积累资金,在较短的历史时期内基本完成了国家工业化,建立了比较完整的国民经济体系,这是后来改革开放的物质基础。

在基本实现国家工业化的过程中,农业和农村做出了巨大贡献,也付出了巨大牺牲。新中国成立后的 30 年间,农业自身的发展受到制约,农村现代化进展缓慢,农民的生活水平止步不前。农业农村的落后状况成为国家经济社会发展的瓶颈。

改革开放后,解决好“三农”问题成了改革的重中之重。从 1982 年起至 1986 年,中央连续 5 年发布“一号文件”,对“三农”问题进行顶层设计。五个“一号文件”,为我国农村改革搭建了主体框架,确立了改革总目标,指明了改革方向。家庭联产承包责任制的实施,极大地调动了农民的生产积极性。农业农村呈现出蓬勃发展的局面。但是由于长期体制僵化积累的深层次矛盾的解决难以毕其功于一役。农业的发展在 20 世纪 90 年代末期出现了停滞现象。农民人均收入连续下跌,农村绝对贫困人口增加。

为解决农业农村发展的深层次矛盾,改变农业农村发展滞后的局面。自 2004

年起，国家恢复“一号文件”聚焦“三农”的做法，到2020年已经连续发布十七个“一号文件”。中央“一号文件”对不同时期的“三农”问题，进行了宏观政策安排。十七个“一号文件”分别聚焦下列“三农”问题。

一是减轻农民负担，增加农民收入，缩小城乡差距，实施“工业反哺农业，城市支持农村”的政策。为此必须改变农民收入结构，拓宽农民增收渠道；必须坚持制度创新，优化农业产业结构，将农业科技成果转化为农民收入增加的现实保证。

二是加强农村基础设施建设，从“六小工程”、农田水利、提高耕地质量、发展农村清洁能源、发展新型农业等方面着手改善农业发展环境。

三是推进社会主义新农村建设。

四是健全农产品流通以及商品经济制度，建立和完善农村市场经济体制和运行机制，促进农业和农村经济资源的优化配置。

22个“一号文件”构成了党和国家对“三农”发展的政策体系，乡村振兴战略则是“三农”政策的最新发展。

（三）现实背景

新中国成立以来，特别是改革开放以来，我国农业的发展取得了举世瞩目的成就，农村经济社会发生了天翻地覆的变化。

一是农业综合生产能力显著增强。主要农产品产量大幅提高。2018年全国粮食总产量为13 158亿斤，比1949年增长4.8倍。棉花产量为610万吨，比1949年增长了12.7倍。油料产量达到3 433万t，比1949年增长12.4倍。猪牛羊肉总产量6 523万t，比1952年增长18.3倍。

改革开放后我国禽蛋产业迅速发展，禽蛋产量连续多年位居世界首位。2018年全国禽蛋产量达3 128万吨，比1982年增长10.1倍，年均增长6.9%。2018年全国牛奶产量3 075万吨，比1980年增长25.9倍，年均增长9.1%。

二是农业结构不断优化。新中国成立以来，我国农业实现了由单一以种植业为主的传统农业向农林牧渔业全面发展的现代农业转变，农业主要矛盾由总量不足转变为结构性矛盾，农业发展由增产导向转向提质导向。从产值构成来看，1952年农业产值占农林牧渔总产值的比重为85.9%，处于绝对主导地位，林业、畜牧业和渔业产值所占比重分别为1.6%、11.2%和1.3%。改革开放后，林、牧、渔业开始全面发展，农林牧渔结构日益协调合理。2018 年农业产值占农林牧渔产值的比重为 57.1%，比 1952 年下降 28.8 个百分点；林业占 5.0%，提高 3.4 个百分点；畜牧业占 26.6%，提高 15.4 个百分点；渔业占 11.3%，提高 10.0 个百分点。

三是农业基础设施明显改善，农业生产技术和科技水平显著提高。2018 年我国耕地灌溉面积 10.2 亿亩，比 1952 年增长 2.4 倍，年均增长 1.9%。全国累计建成高标准农田 6.4 亿亩，确保粮食综合生产能力稳步提升。

2018 年全国农业机械总动力达到 10.0 亿千瓦比 1952 年(18.4 万千瓦)提高 540 多倍，拖拉机 2 240 万台比 1952 年(2 000 台)增加 11 200 多倍，联合收获机 206 万台，比 1952 年(284 台)增加 7 250 多倍。2018 年全国农作物耕种收综合机械化率超过 67%，其中主要粮食作物耕种收综合机械化率超过 80%。

2018 年我国农业科技进步贡献率达到 58.3%，比 2005 年提高了 10.3%。农业科技人才队伍不断壮大。第三次全国农业普查结果显示，受过农业专业技术培训的农业生产经营人员达 3 467 万人。

四是农业生产方式发生深刻变革。根据第三次全国农业普查结果，2016 年耕地规模化(南方省份 50 亩以上、北方省份 100 亩以上)耕种面积占全部实际耕地耕种面积的比重为 28.6%。2016 年年末规模化(年出栏生猪 200 头以上)养殖生猪存栏占全国生猪存栏总数的比重为 62.9%，家禽规模化(肉鸡、肉鸭年出栏 10 000 只及以上，蛋鸡、蛋鸭存栏 2 000 只及以上，鹅年出栏 1 000 只及以上)存栏占比达到 73.9%。

新型经营主体大量涌现，现代农业活力增强。国家着力培育各类新型农业生产经营主体和服务主体，农民专业合作社、家庭农场、龙头企业等大量涌现。截至 2018 年底，全国农民专业合作社注册数量 217 万个，家庭农场 60 万个。

但由于历史欠账较多，我国当前最大的发展不平衡仍然是城乡发展不平衡，最大的发展不充分仍然是农村发展不充分，全面小康征程上受发展不平衡和不充分影响最大的群体仍然是农民。尤其是站在中国特色社会主义的新时期，解决农业农村发展不平衡不充分的短板问题更加凸显，广大农民对缩小城乡差距、共享发展成果的要求也更加迫切。

我国“三农”工作还是存在着各种亟待解决的问题：一是农业生产方式仍显落后；二是农业的产业化体系不健全，其经营管理方式还比较落后，产业运营机制也比较单一；三是在“美丽乡村”建设中，农民收入增长动力不足，农村老龄化、留守儿童、空心村等问题突出。

二、实施乡村振兴战略的意义

实施乡村振兴战略是以习近平同志为核心的党中央对“三农”工作做出的重大决策部署。实施乡村振兴战略，对于解决新时代我国社会主要矛盾、实现“两个一百年”奋斗目标和中华民族伟大复兴中国梦，具有深远意义。

(一)为解决新时代我国社会主要矛盾提供路径

党的十九大报告指出：“中国特色社会主义进入新时代，我国社会主要矛盾已经转化为人民日益增长的美好生活需要和不平衡不充分的发展之间的矛盾。”这不仅对社会主要矛盾做出了新的概括，也为解决这一主要矛盾做出了一系列战略决策。其中，最为重要的决策就是实施乡村振兴战略。

如前所述，新时代中国社会主要矛盾的主要方面是发展的不平衡不充分。而发展不平衡不充分的问题则集中表现在城乡之间的发展不平衡及农村农业发展的不充分。

改革开放以来，我国城市化进程加快，城市经济发展迅速，比较而言，农村则发展滞后、农民收入增长较慢、农业生产方式相对落后；在教育、医疗、社会保障、公共服务等方面城乡之间，仍尚有较大差距。同时，仅就乡村而言，经济社会发展的地域差距也十分显著。为此《中共中央国务院关于实施乡村振兴战略的意见》将“坚持城乡融合发展”作为新时代实施乡村振兴战略的基本原则之一，明确提出：“坚决破除体制机制弊端，使市场在资源配置中起决定性作用，更好发挥政府作用，推动城乡要素自由流动、平等交换，推动新型工业化、信息化、城镇化、农业现代化同步发展，加快形成工农互促、城乡互补、全面融合、共同繁荣的新型工农城乡关系。”由此可见，实施乡村振兴战略，为破解发展不平衡不充分难题，进而化解新时代我国社会主要矛盾提供了路径选择。

(二)为决胜全面建成小康社会补齐短板

“小康不小康，关键看老乡”，农业农村发展滞后，农民收入增长难，是全面建成小康社会的最大短板。只有实施乡村振兴战略，把“三农”问题彻底解决好，才能为全面建成小康社会补齐短板。习近平指出:"全面建成小康社会,最艰巨最繁重的任务在农村、特别是在贫困地区。没有农村的小康,特别是没有贫困地区的小康,就没有全面建成小康社会。"只有让包括广大农村地区特别是贫苦落后地区农村的所有人共享经济社会发展的繁荣成果,实现城乡协同发展,才是真正意义上的实现小康。

(三)为实现第二个"一百年"的奋斗目标提供保障

党的十八大确立了"两个一百年"奋斗目标。即"在中国共产党成立一百年时全面建成小康社会,……在新中国成立一百年时建成富强民主文明和谐的社会主义现代化国家"。目前,第一个一百年的目标已经基本达到。我们正处在"两个一百年"奋斗目标的历史交汇期,向第二个一百年奋斗目标进军。党的十九大在科学审视国内外形势,尤其是国内经济社会发展状况的基础上,提出分两步走,在21世纪中叶建成社会主义现代化强国的战略安排,即"第一个阶段,从2020年到2035年,在全面建成小康社会的基础上,再奋斗十五年,基本实现社会主义现代化""第二个阶段,从2035年到21世纪中叶,在基本实现现代化的基础上,再奋斗十五年,把我国建成富强民主文明和谐美丽的社会主义现代化强国"。实现社会主义现代化,是全国各族人民期盼已久的美好愿望,而农业农村现代化作为现代化的有机组成部分,在整个社会主义现代化中具有至关重要的作用。可以说,农业农村现代化能否如期实现,直接关系到社会主义现代化的整体实现。在这个意义上,乡村振兴战略关乎农业农村现代化和整个社会主义现代化建设的大局。实施乡村振兴战略,推进乡村经济快速发展,推动乡村社会治理和生态环境全面进步,提升广大农民综合素质,不仅能够为农业农村现代化的顺利实现提供坚实物质基础,而且为全面建设社会主义现代化国家提供保障。

(四)为建设美丽中国奠定基础

建设美丽中国离不开美丽乡村。实施乡村振兴战略,树立和践行绿水青山就是金山银山的理念,坚持尊重自然、顺应自然、保护自然,统筹山水林田湖草系统治理,加快推行乡村绿色发展方式,加大农村人居环境治理力度,有利于建设生活环境整洁优美、生态系统稳定健康、人与自然和谐共生的生态宜居美丽乡村。

建设生态宜居的美丽乡村。一方面,要以生态环境友好和资源永续利用为导向,推动形成农业绿色生产方式,实现投入品减量化、生产清洁化、废弃物资源化、产业模式生态化,推进农业绿色发展;另一方面,要以农村垃圾、污水治理和村容村貌提升为主攻方向,持续改善农村人居环境。同时,还要加强乡村生态保护与修复,完善重要生态系统保护制度,促进乡村生产生活环境稳步改善,生态产品供给能力进一步增强。

第二节 乡村振兴战略的主要内容

实施乡村振兴战略,是党中央从新时代中国特色社会主义国情出发,为实现全面建成小康社会和“两个一百年”奋斗目标做出的战略决策。全面实施这一战略决策,需准确把握其内涵。

一、乡村振兴战略的内涵

(一)高度概括了对“三农”发展规律的认识

乡村振兴战略是在深刻认识,高度概括我国新时代“三农”发展规律的基础上提出的,同时乡村振兴战略也集中反映了当代农村经济社会发展规律的客观要求。

要实现“两个一百年”的奋斗目标,解决农业农村农民的发展是关键。2017年底在中央农村工作会议上,习近平同志强调要举全党全国全社会之力,“推动农业全面升级、农村全面进步、农民全面发展,谱写新时代乡村全面振兴新篇章”。2018年3月习近平从推动乡村产业振兴、人才振兴、文化振兴、生态振兴、组织振兴五个方面,系统阐述了乡村振兴的目标任务和实现路径。同年9月习近平同志进一步系统阐述了实施乡村振兴战略的总目标、总方针、总要求和制度保障:农业农村现代化是实施乡村振兴战略的总目标;坚持农业农村优先发展是总方针;产业兴旺、生态宜居、乡风文明、治理有效、生活富裕是总要求;建立健全城乡融合发展体制机制和政策体系是制度保障。从“三个全面”到“五个振兴”再到“三总一保障”,这些新理念、新思想、新部署体现了我们党对乡村振兴规律认识的深化。

(二)坚持农业农村优先发展总方针

“三农”问题是关系国计民生的根本性问题,必须始终把解决好“三农”问题做为全党工作的重中之重。党的十九大报告指出,要坚持农业农村优先发展。2019年的"中央一号"文件强调,要牢固树立农业农村优先发展政策导向,优先考虑"三农"干部配备,优先满足"三农"发展要素配置,优先保障"三农"资金投入,优先安排农村公共服务。坚持农业农村优先发展,是党中央为加快补齐农业农村短板做出的重大部署,是决胜全面建成小康社会和全面建设社会主义现代化强国的必然要求,也是推进新时代中国特色社会主义建设必须坚持的一项重要战略原则和政策导向。

(三)构建新型工农城乡关系

走中国特色社会主义乡村振兴道路,必须重塑城乡关系,走城乡融合发展之路。党的十九大报告指出,建立健全城乡融合发展体制机制和政策体系,加快推进农业农村现代化。2017年底召开的中央农村工作会议指出,逐步建立健全全民覆盖、普惠共享、城乡一体的基本公共服务体系,让符合条件的农业转移人口在城市落户定居,推动新型工业化、信息化、城镇化、农业现代化同步发展,加快形成工农互促、城乡互补、全面融合、共同繁荣的新型工农城乡关系。这些重要论述的核心是把城市和农村看成一个有机整体或者说发展共同体,通过城乡要素、产业、居民、社会和生态等的全面融合,构建新型工农城乡关系,实现工农城乡共建共享,进一步丰富了马克思主义城乡关系理论,为推进城乡融合发展指明了方向和路径。

(四)补齐农业现代化短板

推进我国社会主义现代化建设,必须尽快补齐农业现代化这块短板,加强农村现代化这个薄弱环节。因此习近平同志在党的十九大报告中提出了"加快推进农业农村现代化"的思想,把过去单纯的农业现代化概念拓展为农业农村现代化,其内涵更加丰富、科学,更加符合新时代要求。以习近平同志为核心的党中央对如何推进农业农村现代化做出总体安排和部署,明确提出到2035年农业农村现代化基本实现,到2050年乡村全面振兴,农业强、农村美、农民富全面实现。全面实现农业强、农村美、农民富,是全面实现农业农村现代化的重要标志,也是实现乡村全面振兴的根本目标。

(五)坚持质量兴农、绿色兴农

近年来,我国农产品供应日益丰富,总体上解决了农产品供给总量不足的问题，但农产品质量和安全问题仍然突出，优质、绿色、安全的农产品还远不能满足城乡居民需要。实现农业高质量发展，关键是把质量兴农、绿色兴农作为核心任务，提高农业供给体系质量和效率。党的十九大以来，习近平同志多次强调“坚持质量兴农、绿色兴农”，并强调要以农业供给侧结构性改革为主线，加快构建现代农业产业体系、生产体系、经营体系，提高农业创新力、竞争力和全要素生产率，加快实现由农业大国向农业强国转变。

（六）推进乡村治理现代化

乡村治理是国家治理的基石，治理有效是乡村振兴的基础。习近平同志多次强调，要加快推进乡村治理体系和治理能力现代化。我国农村地域辽阔，村庄类型多样，乡村治理必须立足国情农情，走中国特色乡村善治之路。所谓“善治”，就是良好有效的治理。为此，要健全自治、法治、德治相结合的乡村治理体系；建立健全党委领导、政府负责、社会协同、公众参与、法治保障的现代乡村社会治理体制；健全和创新村党组织领导的充满活力的村民自治机制。自治、法治、德治相结合的乡村治理体系，是符合中国国情特点的更加完善有效、多元共治的新型乡村治理体系。其中自治是基础，法治是根本，德治是先导。自治、法治、德治有机结合，构成乡村治理的完整体系，是乡村社会充满活力、和谐有序的重要保证。

二、实施乡村振兴战略的目标任务

（一）近期目标

到 2020 年，乡村振兴取得重要进展，制度框架和政策体系基本形成。农业综合生产能力稳步提升，农业供给体系质量明显提高，农村第一、二、三产业融合发展水平进一步提升；农民增收渠道进一步拓宽，城乡居民生活水平差距持续缩小；现行标准下农村贫困人口实现脱贫，贫困县全部摘帽，解决区域性整体贫困；农村基础设施建设深入推进，农村人居环境明显改善，美丽宜居乡村建设扎实推进；城乡基本公共服务均等化水平进一步提高，城乡融合发展体制机制初步建立；农村对人才吸引力逐步增强；农村生态环境明显好转，农业生态服务能力进一步提高；以党组织为核心的农村基层组织建设进一步加强，乡村治理体系进一步完善；党的农村工作领导体制机制进一步健全；各地区各部门推进乡村振兴的思路举措得以确立。

(二)中期目标

到 2035 年,乡村振兴取得决定性进展,农业农村现代化基本实现。农业结构得到根本性改善,农民就业质量显著提高,相对贫困进一步缓解,共同富裕迈出坚实步伐;城乡基本公共服务均等化基本实现,城乡融合发展体制机制更加完善;乡风文明达到新高度,乡村治理体系更加完善;农村生态环境根本好转,美丽宜居乡村基本实现。

(三)远期目标

到 2050 年,乡村全面振兴,农业强、农村美、农民富全面实现。

三、乡村振兴的总体要求

(一)产业兴旺

乡村振兴,产业兴旺是重点。必须坚持质量兴农、绿色兴农,以农业供给侧结构性改革为主线,加快构建现代农业产业体系、生产体系、经营体系,提高农业创新力、竞争力和全要素生产率,加快实现由农业大国向农业强国转变。

一是要夯实农业生产能力基础。深入实施藏粮于地、藏粮于技战略,严守耕地红线,确保国家粮食安全,把中国人的饭碗牢牢端在自己手中。

二是要实施质量兴农战略。制定和实施国家质量兴农战略规划,建立健全质量兴农评价体系、政策体系、工作体系和考核体系。

三是要构建农村第一、二、三产业融合发展体系。大力开发农业多种功能,延长产业链、提升价值链、完善利益链,通过保底分红、股份合作、利润返还等多种形式,让农民合理分享全产业链增值收益。

四是要构建农业对外开放新格局。优化资源配置,着力节本增效,提高我国农产品国际竞争力。实施特色优势农产品出口提升行动,扩大高附加值农产品出口。

五是要促进小农户和现代农业发展有机衔接。统筹兼顾培育新型农业经营主体和扶持小农户,采取有针对性的措施,把小农生产引入现代农业发展轨道。

(二)生态宜居

乡村振兴,生态宜居是关键。良好生态环境是农村最大优势和宝贵财富。必须尊重自然、顺应自然、保护自然，推动乡村自然资本加快增值，实现百姓富、生态美的统一。

一是要统筹山水林田湖草系统治理。把山水林田湖草作为一个生命共同体，进行统一保护、统一修复。

二是要加强农村突出环境问题综合治理。加强农业面源污染防治，开展农业绿色发展行动，实现投入品减量化、生产清洁化、废弃物资源化、产业模式生态化。推进有机肥替代化肥、畜禽粪污处理、农作物秸秆综合利用、废弃农膜回收、病虫害绿色防控。加强水污染治理、土地污染修复。

三是要增加农业生态产品和服务供给。正确处理开发与保护的关系，运用现代科技和管理手段，将乡村生态优势转化为发展生态经济的优势，提供更多更好的绿色生态产品和服务，促进生态和经济良性循环。加快发展森林草原旅游、河湖湿地观光、冰雪海上运动、野生动物驯养观赏等产业，积极开发观光农业、游憩休闲、健康养生、生态教育等服务。创建一批特色生态旅游示范村镇和精品线路，打造绿色生态环保的乡村生态旅游产业链。

(三)乡风文明

乡村振兴，乡风文明是保障。必须坚持物质文明和精神文明一起抓，提升农民精神风貌，培育文明乡风、良好家风、淳朴民风，不断提高乡村社会文明程度。

一是要加强农村思想道德建设。以社会主义核心价值观为引领，坚持教育引导、实践养成、制度保障三管齐下，采取符合农村特点的有效方式，深化中国特色社会主义和中国梦宣传教育，大力弘扬民族精神和时代精神。加强爱国主义、集体主义、社会主义教育，深化民族团结进步教育，加强农村思想文化阵地建设。深入实施公民道德建设工程，挖掘农村传统道德教育资源，推进社会公德、职业道德、家庭美德、个人品德建设。推进诚信建设，强化农民的社会责任意识、规则意识、集体意识、主人翁意识。

二是要传承发展提升农村优秀传统文化。立足乡村文明，吸取城市文明及外来文化优秀成果，在保护传承的基础上，创造性转化、创新性发展，不断赋予时代内涵、丰富表现形式。

三是要加强农村公共文化建设。按照有标准、有网络、有内容、有人才的要求，健全乡村公共文化服务体系。

四是要开展移风易俗行动。广泛开展文明村镇、星级文明户、文明家庭等群众性精神文明创建活动。遏制大操大办、厚葬薄养、人情攀比等陈规陋习。加强无神论宣传教育，丰富农民群众精神文化生活，抵制封建迷信活动。深化农村殡葬改革。加强农村科普工作，提高农民科学文化素养。

（四）治理有效

乡村振兴，治理有效是基础。必须把夯实基层基础作为固本之策，建立健全党委领导、政府负责、社会协同、公众参与、法治保障的现代乡村社会治理体制，坚持自治、法治、德治相结合，确保乡村社会充满活力、和谐有序。

一是要加强农村基层党组织建设。强化农村基层党组织领导核心地位，创新组织设置和活动方式，持续整顿软弱涣散村党组织，稳妥有序开展不合格党员处置工作，着力引导农村党员发挥先锋模范作用。

二是要深化村民自治实践。坚持自治为基，加强农村群众性自治组织建设，健全和创新村党组织领导的充满活力的村民自治机制。

三是要建设法治乡村。坚持法治为本，树立依法治理理念，强化法律在维护农民权益、规范市场运行、农业支持保护、生态环境治理、化解农村社会矛盾等方面的权威地位。增强基层干部法治观念、法治为民意识，将政府涉农各项工作纳入法治化轨道。

四是要提升乡村德治水平。深入挖掘乡村熟人社会蕴含的道德规范，结合时代要求进行创新，强化道德教化作用，引导农民向上向善、孝老爱亲、重义守信、勤俭持家。建立道德激励约束机制，引导农民自我管理、自我教育、自我服务、自我提高，实现家庭和睦、邻里和谐、干群融洽。

五是要建设平安乡村。健全落实社会治安综合治理领导责任制，大力推进农村社会治安防控体系建设，推动社会治安防控力量下沉。

（五）生活富裕

乡村振兴，生活富裕是根本。要坚持人人尽责、人人享有，按照抓重点、补短板、强弱项的要求，围绕农民群众最关心最直接最现实的利益问题，一件事情接着一件事情办，一年接着一年干，把乡村建设成为幸福美丽新家园。

一是要优先发展农村教育事业。高度重视发展农村义务教育，推动建立以城带乡、整体推进、城乡一体、均衡发展的义务教育发展机制。推进农村普及高中阶段教育，支持教育基础薄弱县普通高中建设，加强职业教育，逐步分类推进中等职业教育免除学杂费。

二是要促进农村劳动力转移就业和农民增收。健全覆盖城乡的公共就业服务体系，大规模开展职业技能培训，促进农民工多渠道转移就业，提高就业质量。

三是要推动农村基础设施提档升级。继续把基础设施建设重点放在农村，加快农村公路、供水、供气、环保、电网、物流、信息、广播电视等基础设施建设，推动城乡基础设施互联互通。

四是要加强农村社会保障体系建设。完善统一的城乡居民基本医疗保险制度和大病保险制度，做好农民重特大疾病救助工作。

五是要推进健康乡村建设。强化农村公共卫生服务，加强慢性病综合防控，大力推进农村地区精神卫生、职业病和重大传染病防治。

六是要持续改善农村人居环境。实施农村人居环境整治三年行动计划，以农村垃圾、污水治理和村容村貌提升为主攻方向，整合各种资源，强化各种举措，稳步有序推进农村人居环境突出问题治理。

第三节　北京市实施乡村振兴战略的措施

实施乡村振兴战略，是党的十九大做出的重大决策部署，北京市为深入贯彻落实《中共中央、国务院关于实施乡村振兴战略的意见》精神，结合本市实际，提出了一系列具体措施。

一、建设美丽宜居乡村

为实现乡村振兴“生态宜居”的总体要求，北京市以“建设美丽宜居乡村”为切入点，全面开展农村人居环境综合整治，全方位配套建设乡村基础设施和公共服务设施，具体措施包括两个方面。

(一)大力整治农村人居环境

2018 年，北京市制定了《实施乡村振兴战略扎实推进美丽乡村建设专项行动计划(2018—2020年)》,计划提出了具体工作任务,重点是着力清脏、治乱、增绿,加快补齐农村人居环境突出短板。

一是对农村地区违法占地、违法建设、违法经营等行为和“脏、乱、差”现象进行长效管控和治理。依据规划拆违还绿、留白建绿、见空插绿,实现以绿治脏、以绿净村、以绿美村。二是扎实推进农村地区垃圾治理工作,巩固“村收、镇运、区处理”的垃圾运转处理体系,积极开展垃圾分类和资源化利用示范区创建活动。三是全面开展农村污水治理工作,加快重要水源地和人口密集村庄、民俗旅游村的污水处理设施建设。四是持续推进“厕所革命”,到2020年底,全市农村公共卫生厕所基本达到等级标准,户厕基本达到无害化要求。

(二)推动农村基础设施提档升级

农村基础设施,是生态宜居美丽乡村的硬件,抓好这一硬件的具体措施是:进一步完善农村公路、供排水、供气、环保、电网、路灯、互联网、物流、邮站、连锁便民店、停车场等基础设施及配套公共设施,实现城乡基础设施共建共享、互联互通。

二、推动乡村高质量发展

北京市为实现乡村振兴“产业兴旺”的总体要求。要充分利用“大京郊”的空间优势,在现有乡村产业有序疏解整治和全面转型升级的基础上,不断培育新产业新业态,推动小城镇协调发展、农业绿色发展、乡村旅游充分发展,构建农村一、二、三产业融合发展体系。

(一)推动小城镇协调发展

构建“新市镇 - 特色小镇 - 小城镇”新型城镇发展体系。创新小城镇建设实施方式,鼓励存量用地集约高效利用,吸引社会资本参与,促进经济转型升级和城镇空间体系有效延伸,带动镇域协调发展。抓住非首都功能疏解、城市功能布局调整、产业转移、重大活动承办等机遇,以功能定位为先导,依托自身资源禀赋和地域特色,聚焦生态、休闲旅游、文化创意、教育、体育、科技、金融等领域,吸引功能性项目、特色文化活动和品牌企业落户,建设特色鲜明、绿色智慧、宜居宜业的小城镇。

(二)推进农业全域绿色发展

将农业绿色发展摆在更加突出位置,加快建立以绿色生态为导向的农业生产补贴机制，大力推广节水农业、生态农业、循环农业，把产出高效、产品安全、资源节约、环境友好的要求落实到每个地块。

全面落实永久基本农田特殊保护制度，加快推进农业布局优化调整，将已划定的永久基本农田分为优化发展区和保护发展区，实施耕地质量保护和提升行动。深入实施农业“调转节”，提升永久基本农田优化发展区的适度规模经营水平，继续调减永久基本农田保护发展区高耗水粮食种植，推进休耕轮作，发展景观农业，突出生态功能，提高一产附加值。

加快推进全市国家农业可持续发展试验示范区、国家现代农业示范区和国家现代种业创新试验示范区建设，充分发挥首都科技、人才、组织优势，培育和发展各类专业化市场化服务组织，利用移动互联网、大数据、物联网、遥感、人工智能等技术，构建现代农业产业体系、生产体系、经营体系，高标准规划建设一批市级现代农业产业园，大力发展籽种农业、现代种业，不断提高农业集约化、规模化、产业化、组织化和社会化发展水平。

加强农业面源污染治理和防控，深入实施化肥农药减量行动计划，开展测土配方施肥，科学划定畜禽禁养区和限养区范围，引导经营性畜禽养殖有序退出，全面加强畜禽养殖粪污治理，推进农业废弃物资源化利用，强化土壤污染管控和修复。

更加突出节水，继续实施规模化高效节水灌溉工程，健全农业灌溉用水限额管理机制，实现全计量、全收费。到2020年，基本构建起具有国际先进水平的高效节水灌溉工程建设、管理、运营体系，灌溉水有效利用系数提高到0.75以上，农作物秸秆综合利用率达到98.5%。

(三)着力提升农产品安全绿色优质水平

强化完善“菜篮子”市长负责制、区长负责制。以让人民吃得放心、吃得健康为目标，深入推进农业供给侧结构性改革，促进农业绿色化、优质化、特色化、品牌化发展，推动农业由增产导向转向提质导向，全面提升“双安双创”工作水平。推进北京农产品绿色优质安全示范区建设，坚持质量兴农、绿色兴农、品牌强农方针，全力打造绿色生产、全程监管、产品优质、品牌过硬、区域协同的北京“安全农业”品牌。

建立完善农业生产环境监测、保护制度，实施放心农资连锁经营与配送，确保农业生产环境安全。强化农产品品牌建设，大力培育具有北京特色的农产品品牌、区域公用品牌、企业品牌。

解决农产品销售中的突出问题,加强农产品产后分级、包装、营销,支持“京味”精品进超市、进社区、进电商、进专卖店。加快建设现代化农产品流通体系,支持供销、邮政、快递及各类企业把服务网点延伸到乡村,鼓励支持各类市场主体创新发展基于互联网的基础设施,提升乡村商业基础设施和企业连锁化经营水平。完善农产品安全风险调查、风险评估、风险监测、监督抽查“四位一体”管控机制,切实做到源头严防、过程严管、风险严控。创新“互联网 + 质量安全”监管模式和机制,将农业生产经营主体信用数据统一归集到全市公共信用信息服务平台,并开展信用评价与等级管理。加快建设和完善农资、农产品追溯信息系统及农产品质量安全监管信息系统。全面推行农产品质量安全网格化管理,将监管工作重心下沉到乡镇、村,强化基层监管力量。探索建立京津冀三地统一的食用农产品合格证制度,规范产地准出、销地准入机制,实现检查协同与监管联动。

(四)加快培育农村新产业新业态

坚持服务首都、富裕农民的方针,努力将乡村生态优势转化为发展优势,走绿色发展、绿色兴业、绿色富民之路。加强乡村统计工作和数据开发应用。运用现代信息技术、先进设计理念、市场运作模式变革传统农业,促进农业与旅游、教育、文化、体育、健康、养老等产业深度融合,培育休闲农业、乡村旅游、特色民宿、养生养老、农村电商等新产业新业态,打造绿色、生态、环保产业链。

三、促进城乡生态宜居

(一)加快绿化隔离地区建设

按照减量集约、疏解提升的要求,全面推进第一道绿化隔离地区城市公园环建设,统筹做好该区域内所有村庄的拆迁腾退、人口疏解、留白增绿、转居转制、发展转型、社会建设等各项任务,实现人口规模和建设规模双控目标。

(二)推进大尺度森林湿地和绿地建设

加快发展现代高效林业,大力建设森林城市、海绵城市,进一步压缩生产空间规模,开展新一轮百万亩造林绿化,更好地满足广大市民日益增长的优美生态环境需要。

(三)加强水生态环境建设

落实节水优先、量水发展的要求,持续推进最严格水资源管理,实施水资源消耗总量和强度双控,进一步提高水资源利用效率。强化水资源战略储备,完善城乡供水设施体系,形成外调水和本地水、地表水和地下水联合调度的多水源供水格局,保障首都供水安全。

四、推进城乡基本公共服务均等化

(一)强化公共就业创业服务

落实农村劳动力转移就业管理制度,扩大就业失业管理制度覆盖面,完善就业创业帮扶措施,实施精细化公共就业服务,对农村劳动力转移就业做到“需帮尽帮”。加强乡村就业创业服务平台建设,改善服务设施,充实服务力量,提高服务能力。

(二)扎实做好低收入村低收入农户帮扶工作

加强对帮扶对象的动态管理,完善帮扶台账,健全帮扶政策体系,把工作重点进一步向尚未超过现行标准线的低收入农户倾斜,因村、因户、因人精准施策,落实好产业、就业、教育、助残、医保、搬迁等方面帮扶措施,实现较高标准的保障目标。

(三)不断提高农村公共服务和社会保障水平

加快推动公共服务向农村延伸,建立健全覆盖全面、城乡一体的基本公共服务体系。全面落实乡村教师支持计划,推动城乡义务教育一体化发展。建立城乡居民基础养老金和福利养老金正常调整机制。完善统一的城乡居民基本医疗保险制度和大病保险制度,做好重特大疾病救助工作。强化农村公共卫生服务,推进健康乡村建设。统筹城乡社会救助体系,做好农村社会救助兜底工作。加强农村养老服务,推进医疗卫生与养老服务相结合,统筹乡镇养老照料中心、农村幸福晚年驿站和邻里互助点建设,构建农村区域养老服务联合体;在残疾人口达到 50 人以上的农村建设村级温馨家园,健全农村助残服务体系。

五、大力培育文明乡风

（一）传承发展提升优秀乡村文化

依托大运河、长城、西山永定河“三个文化带”建设，加强对传统历法、农事节气、民间习俗、乡土手艺、地方餐饮等的研究阐释，促进活态利用，推动优秀农耕文化融入现代生产生活，培育和扶植符合现代需求、饱含京韵、体现“农味”的乡村传统文化。挖掘和保护乡土文化资源，加强名镇名村、传统村落以及农村非遗文化、农业遗产、红色文化、民族文化、历史文物保护和发展，推动合理适度利用，培育一批处处有历史、步步有文化的小城镇和美丽乡村。

（二）加强乡村公共文化建设

按照有标准、有网络、有内容、有人才的要求，健全乡村公共文化服务体系。发挥区级公共文化机构辐射作用，加大公共文化资源向乡村倾斜力度，提供更多更好的农村公共文化产品和服务。整合乡村文化资源，完善乡村文化设施，以乡镇或中心村为重点，打造区域综合文化活动中心，实现乡镇、村两级公共文化服务全覆盖。

（三）培育文明乡风

挖掘农村传统道德教育资源，坚持教育引导、实践养成、制度保障三管齐下，采取符合农村特点的有效方式，深化中国特色社会主义和中国梦宣传教育，弘扬时代精神、集体主义精神和新乡贤文化，涵养明德向善、守望相助、风醇物厚的文明乡风，用好的乡风聚人聚心聚气，推动社会主义核心价值观在乡村落地生根。传承发展中华优秀传统文化，广泛开展群众性精神文明创建活动，大力弘扬自强不息、敬业乐群、扶危济困、孝老爱亲、重义守信、勤俭持家等中华传统美德，实现家庭和睦、邻里和谐、干群融洽。

六、构建乡村治理新体系

扎实推进抓党建促乡村振兴，突出政治功能，提升组织力，把农村基层党组织建成坚强战斗堡垒。

加强乡镇政府服务能力建设，扩大乡镇服务管理权限，促进政府治理与社会调节、基层自治良性互动。推动乡村治理重心下移，尽可能把资源、服务、管理下放到基层。创新基层管理体制机制，完善乡镇实体化综合执法平台，落实“街乡吹哨、部门报到”。优化公共服务和行政审批职能，打造“一门式办理”“一站式服务”的综合服务平台，逐步形成完善的乡村便民服务体系。

进一步规范完善村民自治章程、村规民约，全面推广乡贤公益协同共治模式，加强社会工作服务站、乡贤社会服务中心等党群服务平台建设，充分发挥社会各类群体特别是新乡贤在乡村治理中的作用。大力培育服务性、公益性、互助性农村社会组织，积极开展农村社会工作和志愿服务。建立健全村务监督委员会，重点加强对村务决策和公开、财产管理、工程项目建设、惠农政策措施落实等情况的民主监督。维护好村民委员会、农村集体经济组织、农村合作经济组织的特别法人地位和权利。

提升农村基层矛盾预防化解能力，完善利益表达机制，建立党代表、人大代表、政协委员联系农村基层制度，完善党员干部直接联系群众制度，引导群众理性合法表达利益诉求。健全农村公共法律服务体系，加大农村普法力度，加强对农民的法律援助和司法救助。进一步加强农村社会治安综合治理工作，推动社会治安防控力量下沉。深入开展扫黑除恶专项斗争，严厉打击农村黑恶势力、宗族恶势力，对黑恶势力背后的关系网一律一挖到底，对黑恶势力的保护伞一律一查到底。依法加大对农村非法宗教活动打击力度，严禁农村乱建庙宇、滥塑宗教造像。健全农村公共安全体系，积极开展安全生产宣传进农村活动，持续开展农村安全隐患治理，坚决遏制重特大安全事故。

参考资料

1. 周文彰，蒋元涛．十九大关于我国社会主要矛盾新论断的依据和意义[J]. 先锋，2017，(11).

2. 万璐．中国共产党关于“三农”政策的演变与创新—基于中央“一号文件”的考察与分析[D]. 郑州大学硕士论文，2016.

3. 建国 70 年农业农村发展成就．国家统计局，2019.

4. 魏后凯．把握乡村振兴战略的丰富内涵．理论导报[J]，2019，(3).

5. 郝保权．实施乡村振兴战略意义深远．经济日报[J]，2019.

6. 中共中央国务院．关于实施乡村振兴战略的意见，2018.

7. 北京市人民政府．北京市乡村振兴战略规划(2018—2022年)，2018.

思考题

1. 如何理解实施乡村振兴战略是解决新时代社会主要矛盾的战略举措？
2. 乡村振兴战略的基本内容是什么？
3. 北京市推动乡村高质量发展有哪些具体举措？